Gelebte Utopien
Nach einer Sendereihe
des Hessischen Rundfunks

hr

Gelebte Utopien
Alternative Lebensentwürfe

Herausgegeben
von Joachim Meißner,
Dorothee Meyer-Kahrweg
und Hans Sarkowicz

Insel Verlag

Erste Auflage 2001

Satz: Libro, Kriftel
Druck: Freiburger Graphische Betriebe
Printed in Germany

1 2 3 4 5 6 – 06 05 04 03 02 01

Inhalt

Vorwort

»Wenn ihr wollt, ist es kein Märchen.«

Dieses Motto stellte Theodor Herzl 1902 seinem programmatischen Roman *Altneuland* voran. Er wollte mit seinem Buch alle diejenigen bestärken, die an das Ziel eines jüdischen Staates glaubten und dafür auch zu kämpfen bereit waren.

In den wenigen Wörtern dieses Satzes ist das benannt, was eine »gelebte« Utopie ausmacht: der unbedingte Wille einer Gruppe von Menschen, das klar definierte Ziel und die Absicht, etwas ganz anderes versuchen zu wollen, etwas, das im gewöhnlichen Sprachgebrauch vielleicht als Märchen bezeichnet wird.

Utopien, den Traum vom glücklichen Zusammenleben oder vom besten Staat, gibt es seit der Antike. Schon im vierten Jahrhundert vor Christus hat der griechische Philosoph Platon den Idealstaat definiert und sich dabei auf noch ältere Traditionen berufen. »Der erste Staat, die erste Verfassung und die besten Gesetze sind da«, heißt es in den *Nomoi*, »wo möglichst im ganzen Staate der alte Spruch in Erfüllung geht; dieser lautet aber, daß der Freunde Besitz in Wahrheit ein gemeinsamer ist.« Die Radikalität seiner Forderungen beeindruckt noch heute; denn nicht nur Frauen, Kinder und Geldbesitz sollten gemeinsam sein, sondern auch das »Natur Eigene«, so daß »Augen und Ohren und Hände gemeinsam zu sehen scheinen und zu hören und zu schaffen, und daß auch alle insgesamt soviel wie möglich gemeinsam loben und tadeln, indem dasselbe ihnen Freude macht und Verdruß erregt«. Platon wußte natürlich, daß sich sein Ideal nicht von heute auf morgen würde verwirklichen lassen. Erst ein langer Prozeß würde zur Vollendung führen. Zunächst müsse man mit dem zweitbesten Staat zufrieden sein. Allerdings trägt der von ihm skizzierte teilweise totalitäre Züge, an das demokratische Prinzip erinnert er nicht. Daß Platon von seinem besten Staat, den er noch in seiner *Politeia* propagiert hatte, überhaupt abrückte, war auf seine praktischen Erfahrungen zurückzuführen. Als Berater des Dion von Sizilien und des Dionysios II. hatte er versucht, seine Vorstellungen umzusetzen, und war gescheitert.

Er ging also als erster den Weg vieler Utopisten, die es nicht bei der Theorie belassen wollten.

Die ihm folgten, versuchten das unter zum Teil großen Opfern zu realisieren, was ihnen als ideale Lebensform vorschwebte. Es ging ihnen nicht um eine zeitlich begrenzte Flucht aus dem Alltag oder aus einer nicht akzeptierten politischen Ordnung, sondern um das, was Karl Mannheim als seinssprengende Kraft bezeichnet hat. Gemeint ist damit entweder ein tatsächlicher revolutionärer Akt oder eine alternative Lebensform, die die Befreiung des Individuums bzw. der Gemeinschaft zum Ziel hat.

Dafür den Begriff »Gelebte Utopie« zu verwenden ist nicht unproblematisch. Kann eine Utopie, wenn sie »gelebt« wird, noch eine Utopie sein? Ist sie nicht, wie im Staatslexikon definiert, lediglich der Entwurf einer Gesellschaftsordnung und Staatsverfassung jenseits von Raum und Zeit – und damit der Verwirklichung entzogen?

Wir haben uns trotzdem bei der Konzeption der Sendereihe und damit auch des vorliegenden Buches von dem Begriff leiten lassen. Denn er sagt genau das aus, worum es in den einzelnen Beiträgen geht.

Von Oscar Wilde stammt der Satz: »Fortschritt ist die Verwirklichung von Utopien.« Darin wird deutlich benannt, was heute unmodern scheint: Utopisches Denken ist die unabdingbare Voraussetzung dafür, daß sich das menschliche Zusammenleben positiv weiterentwickeln kann.

Nach dem Untergang des Kommunismus scheint das nicht mehr zu gelten. Richard Saage, der sein akademisches Leben politischen Utopien gewidmet hat, mußte schon 1991 feststellen: Wenn er über sein Forschungsgebiet schreibe, gerate das »immer mehr zum Nachruf«. Aber statt zu resignieren, hielt Saage wacker dagegen. »Ich widerstehe der Versuchung, das utopische Denken als Ganzes zu verabschieden. Tatsächlich hat die Krise des sozialistischen Projekts im Osten wie im Westen Tatsachen geschaffen, die die ihm zugrunde liegenden Utopien selbst in Frage stellen. In allen politischen Lagern unserer Gesellschaft scheint der Konsens darüber zu wachsen, daß das utopische Denken seine Zukunft bereits hinter sich hat. Doch ich sehe das utopische Denken nicht insgesamt diskreditiert.«

Saages trotziges »Jetzt-erst-recht« hat uns ermutigt, nach denen zu suchen, die nicht nur utopisch denken, sondern auch leben wollten. Beim Gang durch die Geschichte überraschte, wie viele es waren. Wir haben uns deshalb für die Sendereihe und das Buch vor allem mit den letzten einhundert Jahren befaßt, allerdings ohne den Blick auf große, repräsentative Versuche aus den Jahrhunderten davor völlig zu vergessen.

Es spielte dabei keine Rolle, ob die Herausgeber oder die Autoren die »gelebte« Utopie positiv oder negativ bewerten. Das Buch will kein Leitfaden sein, wie man es besser machen könnte, aber es will daran erinnern, daß die menschliche Gemeinschaft nicht ohne diese »gelebten« Utopien auskommt und daraus immer wieder Kraft für eine kontinuierliche Erneuerung und Weiterentwicklung zieht. Dabei kann auch eine negative Abgrenzung von Bedeutung sein.

Schlußfolgerungen möge jeder für sich ziehen.

Die Auswahl orientiert sich daran, möglichst repräsentative Beispiele aus den Staats-, Natur-, Lebensreform-, Religions- und Arbeiterutopien zu bringen.

Der Bogen spannt sich dabei von den frühmittelalterlichen Klöstern bis zu Christiania und Auroville, von dem Täuferreich bis zu den Kibbuzim und von den Künstlerkolonien bis zu den Flower-Power-Pazifisten.

Bei denen, die die eine oder andere »gelebte« Utopie vermissen, möchten wir schon jetzt um Verständnis bitten. Aber ohne persönliche Prioritätensetzung läßt sich ein solches Projekt nicht in einem angemessenen Rahmen realisieren.

Das Buch ist aus einer Sendereihe des Hessischen Rundfunks in hr1 und hr2 entstanden. Die Beiträge wurden für die Druckfassung zum Teil stark überarbeitet. Allen Autoren sei dafür Dank.

Ein besonderes Dankeschön geht an Renate Gessner-Gleiß für ihre tatkräftige Hilfe bei den Vorbereitungen für Buch und Sendereihe.

Die Herausgeber

»Mein Reich ist nicht von dieser Welt« – die Utopie der Klöster

von Martin Maria Schwarz

»Mein Reich ist nicht von dieser Welt.« Unmißverständlich hatte Jesus die Vollendung seines Wirkens fern der eigenen räumlichen und zeitlichen Gegenwart gesucht. Die Organisation der Heilserwartung war nach seinem Erlösungstod in die Hände seiner Apostel übergegangen. Ihre Urgemeinde nährte sich von der Zuversicht, zwar unter den Gesetzen einer lasterhaften Welt zu leben, aber sich dennoch dem Himmelreich nahe zu fühlen.

Mit der Anerkennung durch Kaiser Konstantin stieg das Christentum im 4. Jahrhundert in den Rang einer Kirche auf, was ihr Wesen entscheidend veränderte. In staatliche Belange eingebunden, erfüllte sie nicht mehr für jeden den Anspruch, das Idealbild christlicher Nachfolge zu sein. Im Vorderen Orient, in Ägypten und Syrien kristallisierte sich mit dem Eremitentum ein kirchenungebundenes Heilsideal heraus, eine unorganisierte, lose Schar von religiösen Aussteigern, die der Welt den Rücken zukehrte. Als Eremit in die Ödnis zu ziehen war für sie die Voraussetzung, die zwei wichtigsten Tugenden der Nachfolge Christi – nämlich Enthaltsamkeit und Armut – abseits aller sinnlichen Versuchungen zu praktizieren. Zwar fanden sich gelegentlich auch Gleichgesinnte in lokkeren Gruppen zusammen, bildeten sogenannte Einsiedeleien, aber ein geregeltes Gemeinschaftsleben im apostolischen Geist erwuchs daraus nicht.

Das Streben nach einer idealen Gesellschaft, die Sehnsucht nach dem verlorenen mythischen Paradies waren die

Leitgedanken von zwei großen Entwürfen einer idealen Lebensordnung: von Platons *Politeia* und von Augustinus' *Civitas Dei*. Der negative Impuls, aus dem sie ihre Visionen eines von Lastern und Übeln gereinigten Staates entwickelten, der Reflex auf die als desolat, chaotisch und verderblich empfundenen zeitgenössischen staatlichen oder gesellschaftlichen Verhältnisse, bestimmte auch zu Beginn des sechsten Jahrhunderts das Denken des römischen Bürgers Benedikt von Nursia, als er seine *Regula* verfaßte.

In dieser dritten Vision eines besseren Lebens ging es Benedikt aber nicht um den Aufbau einer gerechten Gesellschaft im ganzen, er verfolgte keine Reform des Staatswesens, sondern er dachte sich einen irdischen Vorort des himmlischen Paradieses als monastischen Elitezirkel. Als eine heilige Genossenschaft von Gleichgestimmten, in der Praxis lebbar, weil sie überschaubar ist und auf Freiwilligkeit beruht. Als ehemaliger Eremit blieb er im Gedanken dem asketischen Leben verhaftet, aber Vollkommenheit konnte seiner Ansicht nach nicht durch individualisierte Gottesschau erreicht werden, sondern nur in der Gemeinschaft. Dies ist die Voraussetzung, »damit wir ihn schauen dürfen, der uns in sein Reich geführt hat«.

Freilich sind die Erlösungsmittel, auf die Benedikt in seiner *Regula* setzt, nicht neu und denen seiner antiken Ahnherren verwandt. Die Erziehung zum Glück folgt den Gesetzen strenger Disziplin und erfordert von dem, der daran teilhaben will, die Bedürfnisse des eigenen Ichs rücksichtslos zu bekämpfen. Das betrifft in erster Linie den Verzicht auf eigenes Gut, den das 33. Kapitel seiner Regeln vehement zur Bedingung erklärt:

»Vor allem werde dieses Laster mit der Wurzel aus dem Kloster ausgerottet; keiner darf es wagen, ohne Erlaubnis des Abtes etwas herzugeben, anzunehmen oder in Besitz zu haben und zwar durchaus nicht, kein Buch, keine Schreibtafel, keinen Griffel ... Alles sei allen gemeinsam, wie es in der Schrift heißt, und keiner bezeichne etwas als sein eigen oder nehme es als solches für sich in Anspruch.«

Gleichheit soll unter den Brüdern herrschen, Gleichheit in Armut, Kleidung und Lebensgewohnheiten. Eine Gleichheit, von der einer allerdings ausgenommen bleibt: der Abt, die Führungsfigur. Denn auch Benedikts Staat der seligmachenden Liebe Gottes erfordert Obrigkeit und Unterwerfung, Zucht und Gehorsam, »denn des Abtes Befehl und seine Lehre dringe als ein Sauerteig der göttlichen Gerechtigkeit in die Herzen der Jünger«.

Entscheidend jedoch für die Wirksamkeit und Attraktivität seiner Lehre war das Gebot der ›stabilitas loci‹, des festen Platzes, an dem der Mönch seine paradiesische Qualifikation erwerben soll. Dieses Prinzip stellte eine klare Opposition zum konkurrierenden Wander-Mönchtum dar und versprach Ordnung in den Wirren der Zeit sowie Halt in der Epoche der Instabilität. Das »Claustrum«, also der abgeschlossene Bezirk, eben das Kloster, verleiht diesem Plan auch die notwendige konkrete Gestalt. Die Lage seines eigenen Klosters auf dem Monte Cassino war deshalb von großer symbolischer Bedeutung. Die benediktinische Utopie einer Gemeinschaft der Seligen hat ihren festen Platz, entrückt auf Bergkuppen und lichten Anhöhen. Der Versuch, Gott nah zu sein, wurde damit auch topographisch plausibel und erlebbar vor Augen geführt.

Systematisch ausgearbeitet bis ins kleinste Detail ist das rauhe Paradies des Reformers. Das Klosterleben beruht auf Verwaltung, Hierarchie, Disziplin und Bußordnung, jeder Atemzug, jeder Schritt, jede Handlung sind vorgedacht und durchorganisiert. Das reicht von der Anzahl der Psalmen, die gesungen werden, über genaue Kleidervorschriften für Sommer und Winter bis zum Strafmaß bei Verstößen gegen die Ordnung. Um sich seine heilige Genossenschaft rein zu erhalten, legte er ein strenges Maß für die Aufnahme von Novizen an. Wer Eintritt sucht, dem wird er zunächst verwehrt, erst »wenn es nach vier oder fünf Tagen klar ist, daß er die harte Behandlung geduldig erträgt, soll das Tor geöffnet werden«.

Aber Benedikt war auch nicht zu bescheiden, denjenigen, die sich diesen Maßregelungen freien Mutes unterwerfen, sozusagen eine Garantie für höchste Glückseligkeit zu geben.

»Wer übrigens der Vollkommenheit des Ordenslebens zueilen will, für den sind die Lehren der heiligen Väter. Wer sie beobachtet, der wird zur Höhe der Vollkommenheit geführt.«

Eine Vollkommenheit, die es allerdings erforderlich macht, unablässig tätig zu sein, sei es in der Verrichtung der Gebete oder der Arbeit:

»Der Müßiggang ist ein Feind der Seele. Deshalb müssen die Brüder zu bestimmten Zeiten sich mit Handarbeit und wiederum zu bestimmten Stunden mit der Lesung gotterfüllter Bücher beschäftigen.«

Gehörte auch die Abneigung gegen jede Art von Zerstreuung und zweckfreier Geselligkeit zum Kanon aller radikalen Gesellschaftsentwürfe, so war doch die Stringenz, mit der Benedikt sie bekämpfte, neu. Er ersann eine eigene Zeitstruktur. Eine Zeitstruktur, die die äußere Welt vergessen machen soll. Denn die einfache Bevölkerung lebte überwiegend in agrarischen Verhältnissen, d.h., ihre Zeit- und Arbeitsabläufe waren durch den natürlichen Lauf der Jahreszeiten und des Klimas bestimmt. Gegen die

Manifestation romanischer Kunst: Die Abtei von Cluny (Cluny III), heute nur noch fragmentarisch zu besichtigen (Foto: Werner Neumeister, München)

wetterwendischen Bedingungen im feindseligen äußeren, weltlichen Teil stellte Benedikt die Gleichförmigkeit der Zeiterfahrung im gereinigten klösterlichen Areal. Noch heute, anderthalb Jahrtausende später, hat der immer gleichbleibende Rhythmus des Zeiterlebens Bestand, berichtet Placidus Mittler, Abt der Benediktinerabtei Michaelsberg in Siegburg:

»Wir stehen morgens um 5.20 Uhr auf. Um 5.45 beginnt die Vigil, anschließend die Laudes. An den normalen Wochentagen dauert das etwa eine Dreiviertelstunde, an den Sonntagen und Hochfesten fast eine Stunde. Dann ist Zeit, für die notwendigsten Dinge zu sorgen, das Bett zu machen oder das Zimmer zu säubern. Es besteht auch die Möglichkeit für eine halbstündige Betrachtung oder Meditation. Es folgt das Kaffeetrinken. Um 8 Uhr soll jeder bei der Arbeit sein. Gebetet wird wieder um 12.15 Uhr. Um 12.30 ist das gemeinsame Mittagessen. Anschließend gehen wir im Garten oder, bei schlechtem Wetter, in unseren Kreuzgängen spazieren, man kann sich auch etwas hinlegen. Dann geht die Arbeit wieder los. Um 17.30 Uhr ist Eucharistiefeier. Nach diesem Konventamt nehmen wir das Abendessen ein. Um 19.15 folgt die Vesper, das Abendgebet in der Kirche. Um 20.45 schließt der gemeinsame Tag mit der Komplet.«

Zu Lebzeiten Benedikts hatte der klösterliche Kosmos wenig Erfolg. Der Unterschied zwischen der Theorie und der Realität bis zum frühen 9. Jahrhundert war zu groß. Kirche und weltliche Herrschaft funktionierten die Klöster für ihre Zwecke um, so daß sie zu Institutionen im Dienst der herrschenden Schichten wurden. Über ihren reichen Grundbesitz wachten Bischöfe, Fürsten und Grafen.

Erst mit der Gründung des Cluniazenser-Ordens 909 im

burgundischen Cluny trat die Idee des Klosters als weltunabhängiges Programm aus dem Schatten der Theorie Benedikts heraus. Zu dem durchschlagenden Erfolg, der ihm später beschieden sein sollte, gehörte die Exemtion, die juristische Loslösung aus jedem äußeren Zugriff, sei es des Episkopats oder des Feudalismus. Der reformierte Orden beugte sich nur dem Papst, dessen Einfluß in diesem abgelegenen Teil Frankreichs aber kaum spürbar war.

Mit Cluny tritt ein Schema in die Klosterpraxis, das die Ausrichtung auf Gottes-Nähe neu interpretiert. Die neue Mönchselite hat eine erlesene Lebensgemeinschaft im Sinn. Sie vertraut sich Führern an, die sich von der Korruption der Welt befreit haben. Die Erlösung im Vorgarten Gottes ruht zwar immer noch auf den ordnungspolitischen Eckpfeilern des absoluten Gehorsams, der strengen Kontrolle und der Ablehnung des Müßiggangs. Aber nicht mehr mühselige Handarbeit bringt Vollkommenheit, sondern die exzessive Ausübung der gesanglichen Feier Gottes. Bis zu acht Stunden täglich können Gebete und Messen dauern. Statt 73 Psalmen, wie es noch Benedikt für angemessen hielt, singt der Cluniazenser bis zu 137 täglich. Einstimmig sollte das Loblied des Herrn klingen, merkt Georges Duby in seinem Werk *Die drei Ordnungen* an:

»Auf diese Weise identifizierten sie sich mit dem Chor der Engel. Durch die Erweiterung der Psalmodie wurde die Scheidewand zwischen dem unsichtbaren und dem sichtbaren Universum noch durchlässiger. Sie bildeten jenen Teil der Menschheit, von dem der heilige Augustinus sagte, er wandele zwar noch auf Erden, weile aber dennoch schon unter den Engeln.«

Der Traum Clunys von himmlischer Reinheit siedelte in der Vorstellung, daß das Jenseits nur ein geläutertes Bild des hierarchischen Diesseits darstellt. In konsequenter Fortsetzung des Gedankens bildete sich in Cluny ein exquisiter Sinn für ästhetische Reize aus. Das kultisch-magische Gebets- und Gesangs-Spektakel, die durchchoreographierten Messen wurden mit einem hohen Aufwand an liturgischem Gerät, kostbaren Gewändern und Kandelabern betrieben, die das einfließende göttliche Licht symbolisieren sollten. Und nicht zuletzt breitete sich vor den staunenden Augen der Außenstehenden eine prachtvolle Architektur aus, als optische Vergegenwärtigung des zu erreichenden Ziels. Der gewaltige Klosterbau in Cluny aus dem frühen 12. Jahrhundert muß sich dem Laienvolk als die Summe aller Kirchen dargestellt haben, verschmolzen zu einer einzigen mit ihrer Länge von 130 Metern, dem Kapellenkranz, den zwei Chören, den Chor-Umgängen, den zwei Querhäusern, einer Vorkirche und schließlich sieben Türmen. Damit war zwar das ursprüngliche Armutsideal, von dem die Klosterbewegung ihren Ausgang genommen hatte, konterkariert, das wurde aber mit dem Hinweis gerechtfertigt, daß an diesem Ort Bau und Überbau zusammenkämen als Widerschein jenes Paradieses, auf das die Bibel für das Ende aller Tage verweist. In Cluny wurde jenes Ideal realisiert, welches Max Weber später als das »mystische, orgiastische, ekstatische Erleben« von Religion bezeichnen sollte, das deswegen als heilig erachtet werde, weil es vom Alltag wegführe. Programmatisch zierte ein monumentales Relief mit einem Christus als triumphierendem Weltenrichter den Eingangsbereich. Bis zu diesem Zeitpunkt an der Wende zum 12. Jahrhundert hatte sich keine geistliche Gemeinschaft stärker dazu berufen gefühlt, allein den Heilsweg zu kennen. Wer hier das Recht hatte einzutreten, gehörte zu den Vollkommenen, hatte die berechtigte Aussicht erworben, schon vor dem Jüngsten Gericht auf der Seite der Erwählten zu stehen. Dazu gehörte auch die Organisationsform. Erstmals in der Geschichte des Mönchtums gelang eine Art Verbandsbildung. Der Reiz, frei zu sein von fremdherrschaftlichen Einflüssen, führte zu einer freiwilligen Unterordnung anderer Klostergemeinschaften unter das Gesetz von Cluny. So entstand zuerst eine Kette, später ein ganzes Netz von Klöstern, das Cluny zu einer Art Gemeinschaft unabhängiger heiliger Kleinstaaten machte.

Aber genau so, wie sich dieser Verband nach außen hin verstärkte und Einfluß auf die politischen Gegebenheiten nahm, verlor er im Inneren an moralischer Substanz und Glaubwürdigkeit. Nach zweihundert Jahren des Aufstiegs hatte sich Cluny den Ruf des leichten Lebens erworben, wo man, anstatt nach einjähriger Prüfung wie in der Benediktregel festgehalten, bereits nach einem Monat Mönch werden konnte. Und Mönch in Cluny zu sein hieß, bequem zu leben. Um den Broterwerb sorgten sich andere. Zahlreiche zeitgenössische Quellen beklagen die religiöse Verwahrlosung des Ordens. Meistens waren ihre Autoren ehemalige Cluniazenser und kannten die Verhältnisse aus eigener Anschauung. So bekannte ein Abtrünniger, daß er von den zehn Jahren, die er in Cluny gelebt hatte, keine drei Tage ein Mönch gewesen war – und der Geistliche Robert von Molesme schrieb:

»Ausgestattet mit dem materiellen Reichtum, der dem Niveau ihrer Tugenden entsprach, begannen ihre Mönche in kurzer Zeit, da nun einmal der materielle Reichtum kaum lange Zeit in Übereinstimmung mit den Tugenden bleibt, sich in weltliche Dinge einzumischen, und verwendeten mehr Zeit darauf, ihre eigenen Wünsche und Pläne zu verfolgen als die strenge Beobachtung ihres Gelübdes.«

Im öffentlichen Ansehen büßte der Orden von Cluny

seinen Anspruch ein, ein vorweggenommenes christliches Reich zu verkörpern. Das Ideal einer Heilswelt auf Erden gewann aber neue Energie durch ebenjenen Robert von Molesme, der 1098 den Orden der Zisterzienser ins Leben rief. Diese Reform verstand sich in derselben Weise als Alternativmodell zu Cluny, wie sich die benediktinische Reform gegen die verweltlichte Kirche abgegrenzt hatte. Die Losung lautete: Rückkehr zu den Regeln des Heiligen Benedikt:

»Wir wollen leben in der einen Liebe, unter der einen Regel und nach den gleichen Bräuchen«, heißt es im *Exordium parvum*, dem Grundlagenvertrag des neuen Ordens.

Erneut wurde die Rückkehr zur asketischen Disziplin gefordert, getreu der zweiten benediktinischen Forderung »Labora!« Hatten die Cluniazenser die Regel Benedikts zugunsten der Vorherrschaft des Gebetes ausgelegt, so antworteten die Zisterzienser nicht weniger extremistisch mit der Forderung nach einem Leben in Arbeit. Im Gebot der Arbeit äußerte sich jedoch kein eigener ethischer Wert. Die Arbeit war dem Zweck untergeordnet, dem Kloster neben der theologischen auch die moralische Unabhängigkeit zu sichern, frei zu sein selbst von Almosen und Schenkungen Dritter. Darin wurzelte die Idee, konsequent Eigenwirtschaft zu betreiben, die noch dadurch gefördert wurde, daß Klöster in Einöden angelegt werden sollten. Konsequenter als bei allen benediktinischen Lebensformen bisher wurde Weltferne praktiziert und systematisch organisiert.

»... daher dürfen wir zum eignen Gebrauch besitzen: Gewässer, Wälder, Weinberge, Wiesen und Äcker, abseits von Siedlungen der Weltleute sowie Tiere«, bestimmten die Ordensstatuten, die gleichfalls Auflagen erteilten für das, was den Mönchen zu besitzen verboten war:

»Kirchen, Altäre, Zehnten aus fremder Arbeit und Nahrung. Dörfer, Hörige, Bezüge von Ländereien, Backhäusern, Mühlen und ähnliches, was der monastischen Lauterkeit entgegen ist.«

Dennoch mußte dieses System der angestrebten Autarkie besonders begründet werden, denn körperliche Anstrengung mindert auch die Fähigkeit zu geistiger Arbeit und Kontemplation. Just in dieser konstituierenden Phase stieß mit Bernhard von Clairveaux, einem burgundischen Adligen, der dringend benötigte, rhetorisch beschlagene Sinnstifter zu dem Orden. Er war es, der dem arbeitsamasketischen Gläubigen den Sinn seines Tuns erläuterte:

»Die Mönche dienen nicht der Welt, wie jene, die in der Fron irdischer Sorgen, wenn auch nicht Fehler, im Banne körperlicher Dienste, wenn auch nicht Laster stehen. In einem vergänglichen Weltbild plagen sie sich um den zeitlichen Unterhalt für sich und die Ihrigen, eine Mühe, die nicht gerade zur Verdammnis beiträgt, aber doch keineswegs auf das Seelenheil abzielt. Um diese ewige Speise bemühen wir uns dauernd, selbst dann, wenn uns etwa der Gehorsam oder die brüderliche Liebe mit irdischen Geschäften betraut. Denn wir haben eine ganz andere Absicht als jene, deren Arbeit wir als vergänglich bezeichnet haben. Unsere Arbeit wurzelt in der Ewigkeit, die nie vergeht.«

Um die Moral noch weiter zu festigen und die Tugend der Selbstlosigkeit neu zu beseelen, erklärte Bernhard von Clairveaux erst denjenigen zum Menschen, der in der Gemeinschaft der Mönche, in der geläuterten Gesellschaft von Heiligen, aufzugehen versteht, »denen alles gemeinsam ist, deren Seelen und Herzen eins sind, deren Gemeinschaftsleben auch im Tode keine Trennung kennt«.

Der Zisterzienserorden unter der charismatischen Füh

Zisterziensermönch bei der Getreideernte; aus einer Handschrift der Abtei Cîteaux, Anfang des 12. Jh.s (Bibliothèque municipale, Dijon)

rung seines ›spiritus rector‹ stieg schnell zur neuen und exklusiven moralischen Kraft seiner Zeit auf. Und er rekrutierte seine Mitglieder aus allen Schichten der Gesellschaft, denen der Klosterbezirk je nach Bedürfnislage die Einlösung ihrer Hoffnungen verspricht. Im Gegensatz zu Cluny bekam jede Klosterneugründung das Recht, selbständig ein Tochterkloster zu errichten und sich damit selbst den Rang eines Mutterklosters zu verleihen. Oberstes Leitungsorgan war das Generalkapitel, also die Versammlung aller Äbte. Nur ihm muß sich jedes Kloster beugen.

Dieses dezentral ausgerichtete Ordenssystem bot mehr Karrieremöglichkeiten als ein einzelnes Kloster. Und das war bei der in zahllose kleine Feudalstaaten zersplitterten politischen Landkarte von erheblicher Bedeutung. Für die zweit- und drittgeborenen Söhne der adligen Familien gab es in dieser Epoche sonst kaum Aufstiegsmöglichkeiten, weil sie in der Regel vom Erbrecht ausgeschlossen waren. Den geistlichen Weg einzuschlagen wird zur wichtigsten Alternative, wie der Zisterzienserforscher Werner Rösner festgestellt hat:

»Die Zisterzienser stehen im 12. Jahrhundert an der Spitze der Ordensbewegung. Sie sind die ›Avantgarde der Intellektuellen‹. Abt Eberhard von Salem zum Beispiel stammt aus einem Grafengeschlecht und wird einer der führenden Leute dieser Zeit. Er vermittelt im deutschen Thronstreit und unterstützt die staufischen Könige. Es gab also die Chance, an der politischen und gesellschaftlichen Entwicklung dieser Zeit mitzuwirken.«

Aber nicht nur der adlig-ritterlichen Elite, auch den einfachen Bauern muß die Teilhabe an einem Zisterzienserkloster als sogenannte Konversen als großes Glück erschienen sein. Denn sie waren die eigentlichen Leidtragenden der feudalherrschaftlichen Verhältnisse, der zahlreichen brandschatzenden Fehdezüge, die ihre Höfe und Äcker verwüsteten. Für sie zählte neben dem überzeitlichen Segen vor allem auch die Sicherung der drei Grundbedürfnisse: Nahrung, Kleidung und Behausung. Was das in dieser Zeit für die unteren Schichten bedeutete, geht aus dem Bericht des Dominikanerordensgenerals Umbert de Romans hervor:

»Die Konversen der Zisterzienser kommen oft aus dem Zustand der Armut zu diesem Status, um hier das zu finden, womit sie sich ernähren können. So geschieht es dann, daß ein Mann, der in seiner Familie nur Schwarzbrot ißt, als Konverse eintritt, um Weißbrot zu essen. Am Tage der Profeß, wenn er gefragt, was er sich wünsche, geschieht es dann, daß er antwortet: Weißbrot, und zwar oft!«

Wie schon bei den Cluniazensern bildeten auch bei den Zisterziensern die Konversen oder Laienbrüder die Basis des wirtschaftlichen und schließlich auch des kulturellen Wohlstands. Sie hatten eigene Schlafsäle, Arbeitsräume, ein eigenes Refektorium und einen eigenen Chor. Der Zugang zum Kapitelsaal war ihnen allerdings streng untersagt. Der enorme Zulauf, den die Abteien zu verzeichnen hatten, belegt, daß ihnen hier eine wirkliche Alternative geboten wurde. In der ersten Hälfte des 12. Jahrhunderts funktionierte das neue Reich der Seligen so gut, daß der Chronist des Klosters Petershausen bei Konstanz schon die Vollendung der Gemeinschaft im Sinne des apostolischen Auftrags verkünden konnte, als er schrieb:

»In ihr finden wir die Anhörung des Gotteswortes, hier die heilige Speisung, hier das Gebet, das Zusammenwohnen, hier die Verachtung des Besitzes und die Verteilung der Güter nach den Bedürfnissen eines jeden. Und das alles kommt auch sonnenklar in der Apostelgeschichte zum Ausdruck.«

Die Verachtung des Besitzes, die Anspruchslosigkeit und Selbstdisziplin der Anfangszeit waren es auch, die gleichzeitig zum internationalen Erfolg dieses Lebensmusters und zu seinem Untergang führten. Die Zisterzienser benötigten wenig für sich selbst. Sie sollten nur ungefärbte Gewänder tragen – weswegen man sie auch die »weißen Mönche« nennt – und auf liturgischen Zierat verzichten. Kein skulpturaler Schmuck, ja nicht einmal ein Turmbau durfte ihre Kirchen krönen. Hinzu kam der Zwang zur Autarkie, der es erforderte, die teils verwilderten Ländereien zu roden und urbar zu machen. Nur innerhalb eines Jahrzehnts erwarben sich die Zisterzienser ein erstaunliches Können im Landbau. Da der Eigenverbrauch niedrig war, häuften sich Güter und Geld an, die wieder investiert wurden. So breiteten sich Neugründungen zunächst über das heutige Frankreich und schließlich über ganz Europa aus. In der Mitte des 12. Jahrhunderts wurden bereits 343 Niederlassungen gezählt. Es war die Zeit, in der sich die Öffentlichkeit nicht mehr in Heilsfragen, sondern aus ganz pragmatischen Erwägungen heraus an die Zisterzienser wandte. Sie waren Spezialisten für den Aufbau von Wirtschaftshöfen und wurden als Sachverständige hinzugezogen, wenn es darum ging, Fronhöfe der weltlichen und geistlichen Grundherren neu zu ordnen.

»Die Welt ist zisterziensisch geworden«, lautete ein Schlagwort der Zeit, das aber genau das Gegenteil des angestrebten Ideals bedeutete. Die Zisterzienser hatten sich die Welt angeeignet, statt den eigenen Anspruch, eine moralische Alternative zu sein, zu behaupten. Das ist ganz praktisch zu verstehen, wie aus Aufzeichnungen des englischen Klerikers und Höflings Walter Map hervorgeht.

»Nach ihren Statuten«, klagte er, »sollen sie Einöden bewohnen, jene nämlich, die sie als solche vorgefunden oder erst dazu gemacht haben. Da sie nach ihren Regeln keine Pfarreien besitzen dürfen, rotten sie Häuser und Kirchen aus und vertreiben die Pfarrkinder. Pfarreien zu haben, verbietet die Regel, sie zu zerstören befiehlt sie dagegen nicht.«

Besitzgier, Drangsalierung Außenstehender und Unterdrückung kennzeichneten zunehmend das Gesicht der heiligen Mönchselite. Damit einher gingen auch zunehmend Verstöße gegen harte Tabus wie Zinseinnahmen aus Verpachtung oder der Aufbau eigener Mühlen, in denen bald auch fremde Produzenten ihr Korn mahlen durften. Als schließlich das Ungleichgewicht zwischen den oberen Mönchen und den Konversen immer deutlicher wurde, kam es zu offenen Rebellionen. Regelrechte Klassenkämpfe zersetzten den Rest der inneren Harmonie, nachdem die öffentliche Reputation schon längst Schaden genommen hatte, und signalisierten: Der Orden war in der Wirklichkeit angekommen. Das betraf auch seinen geistigen Führer. Bernhard von Clairveaux hatte längst entdeckt, daß er zu mehr berufen war als in hermetisch abgeriegelten, himmlischen Traumwelten zu leben. Als Diplomat und Weltpolizist reiste er von Hof zu Hof, vermittelte im päpstlichen Schisma und rief zum 2. Kreuzzug auf, bis er schließlich bekennen mußte:

»Ich bin die Chimäre meines Jahrhunderts geworden – nicht Priester, nicht Laie. Ich trage zwar noch das Kleid eines Mönches, aber ohne dessen Leben zu führen.«

Weltflucht war in Weltsucht umgeschlagen, Zisterzienseräbte und -mönche agierten mehr als Manager von Unternehmen denn als religiöse Leitfiguren. Die Vorstellung, Sehnsuchtsort himmlischer Glückserfahrung zu sein, existierte nicht mehr. Die Lenkungsprinzipien ihres Idealstaates gingen in anderen Gesellschaftsformen auf.

Der verschärfte Gegensatz zwischen Arm und Reich, der schon die aufkommende städtische Kultur am Ende des 12. Jahrhunderts prägte, brachte neue religiöse Autoritäten hervor, die Bettelorden der Dominikaner und Franziskaner. Nur wollten die keinen Gottesstaat mehr begründen. Ihr Operationsgebiet war die Stadt, und ihr Auftrag hieß, zur Buße und Umkehr aufzurufen.

Die Frömmigkeit der Radikalen: Geist der Utopie im Täufertum

von Hans-Jürgen Goertz

»Einige hat man gereckt und gestreckt, so daß die Sonne durch sie hindurchscheinen konnte, einige sind an der Folter zerrissen und gestorben, einige sind zu Asche und Pulver als Ketzer verbrannt worden, einige an Säulen gebraten worden, einige mit glühenden Zangen gerissen, einige in Häusern eingesperrt und alle miteinander verbrannt worden, einige an Bäumen aufgehängt, einige mit dem Schwert hingerichtet, erwürgt und zerhauen worden. Vielen sind Knebel in den Mund gesteckt und die Zunge gebunden worden, damit sie nicht reden und sich verantworten konnten. So sind sie zu Tode geführt worden ... Wie die Lämmer führte man sie oft haufenweise zur Schlachtbank und ermordete sie nach des Teufels Art und Natur.«

Das ist ein schrecklicher Bericht, der in einer Chronik aus Mähren überliefert wurde. Er erinnert daran, wie gefährlich es war, sich für die Erneuerung der Christenheit an der Schwelle vom Mittelalter zur Neuzeit einzusetzen. Nachdem die katholischen und evangelischen Reichsstände auf dem Zweiten Reichstag zu Speyer 1529 beschlossen hatten, gegen die »jetzt kürzlich newen aufgestanden irsal und sect des widertauffs« gemeinsam vorzugehen, wurde die Lage für radikale Reformkräfte ausgesprochen ernst. Wer die Taufe an einem Menschen vollzog, der schon als Säugling getauft worden war, und wer sich noch einmal taufen ließ, sollte bestraft werden. Verführte Mitläufer konnten damit rechnen, noch einigermaßen glimpflich davonzukommen, sofern sie widerriefen und Reue zeigten; »fürprediger, hauptsächer, landläuffer und aufrührerische aufwigler« dagegen sollten unerbittlich verfolgt werden – über alle Grenzen hinweg. Auf Wiedertaufe stand, wie schon im *Codex Justinianum* verordnet, Tod in den Flammen. Dieses kaiserliche Gesetz aus dem 6. Jahrhundert wurde reaktiviert und vor allem in den habsburgischen Ländern, in Vorderösterreich und in den Niederlanden erbarmungslos zur Anwendung gebracht.

Behutsamer gingen die Protestanten mit dem Ketzervorwurf um, denn sie standen selber unter Häresieverdacht und setzten alles daran, ihre Rechtgläubigkeit unter Beweis zu stellen. Sie sahen in den Wiedertäufern, deren Ursprung ihnen zur Last gelegt worden war, nicht eigentlich Ketzer als vielmehr Gotteslästerer und Aufrührer, die das öffentliche Leben störten und dem göttlichen Auftrag zuwiderhandelten, die Welt in Ordnung zu halten. Auch in den evangelischen Territorien wurde die Todesstrafe an Unruhestiftern vollstreckt, allerdings nicht in dem Maße wie in den altgläubigen Herrschaften. Doch verfolgt und bestraft wurde auch hier. Abtrünnige, »Schwärmer« und »Enthusiasten« hatten keine Chance, ein ruhiges Leben zu führen. Das waren nicht nur die variantenreichen Bewegungen der Täufer, sondern auch frühreformatorische Gestalten wie Andreas Karlstadt, Thomas Müntzer, Michael Gaismair, zahlreiche Anführer der aufständischen Bauern um 1525, Spiritualisten und Antitrinitarier – der sogenannte »Linke Flügel der Reformation« oder die »Radikale Reformation«.

I.

Ketzer und Aufrührer wollten die Verfolgten nicht sein; sie wollten nur den Spuren Jesu Christi folgen, nicht in der Welt des kirchlichen Zeremoniells, sondern in ihrer Alltäglichkeit. Sie vermieden die »antichristlichen Gebräuche« und suchten nach Formen einfacher Religiosität. Die meisten versammelten sich nicht mehr in Kirchen und Kapellen, sondern in Privathäusern und Scheunen, im Wirtshaus und auf Dachböden, sie trafen sich in Waldhöhlen und in unwegsamem Gelände, um miteinander ihre Gottesdienste zu feiern, sich gegenseitig zu trösten und für den täglichen Kampf der Bewährung zu stärken. Das war Gottesdienst im Untergrund. Diese reformbegeisterten Widerstandskämpfer, wie man sie nennen könnte, verabscheuten theologische Gelehrsamkeit und legten Wert auf eine schlichte, gottgefällige Lebensführung. Sie wollten »anders« sein als diejenigen, die sich in »Babylon« eingerichtet hatten. Viele erwarteten das »neue Jerusalem« und zogen ihm entgegen. Sie hatten einen dornigen Weg vor sich, das wußten sie von Anfang an, und rechneten mit Anfechtung, Leid und Trübsal, ja, mit dem Martyrium in seiner schlimmsten Konsequenz. Es gab viele, die den Verfolgungsdruck nicht aushielten und widerriefen, es gab aber ebenfalls viele, die ihrem Herrn in Demut oder in verbissenem Eifer nachfolgten. Der »Märtyrerspiegel« der niederländischen Taufgesinnten hat zahlreiche Berichte von einem standhaften, erschütternden Martyrium gesammelt, und Jan Luycken hat die Szenen des Elends und der Entrückung in Kupfer gestochen (1660).

Die frühen Jahre der Reformation waren turbulente Jahre, beherrscht von »Pfaffenhaß« und »groß Geschrei«.

**Das erste Capitel von der verende
rung aller stende der Christenheyt/die mag bewert
werden auß den sichtbarn zeychen des himels.**

¶ Nach dem die menschlich schwachheyt mag von der dick
en wolcken wegen der fleyschlichen begirligkeyten/vnnd des
tieffen werfels der laster/die verborgen mayestet gottes nit er
kennen / noch die heymlichen/vnd von der sundligkeyt abge
schyden/ werck der natur begriffen / dem nach will ich den

»Verenderung aller stende der Christenheyt«: Holzschnitt von Joseph Grünpeck zu einer astrologischen Flugschrift von 1508

Priester, Mönche und Nonnen, Bischöfe, Kardinäle und Prälaten wurden verhöhnt, beschimpft und gelegentlich auch tätlich angegriffen: »ganz hochverdammte Bösewichte« und eine »Plage des armen Volkes«. Der Papst, der die Hierarchie der Kirche anführte, wurde als Antichrist stigmatisiert, vor allem und zuerst von Martin Luther, und für den desolaten Zustand der Christenheit zur Rechenschaft gezogen. Ein vehementer Antiklerikalismus hatte die Gemüter erfaßt und den Willen zur Erneuerung kirchlicher und gesellschaftlicher Lebensverhältnisse mit Vitalität und Sprache versehen. Dem häßlichen Priester wurde der fromme Laie entgegengesetzt. Bild und Gegenbild, Wort und Widerwort zündeten im Volk. Wie sollte jemand, der selber heillos verloren war, andere zum Heil führen? Das biblische Gleichnis von den Blinden, die Blinde führen (Luk. 6,39), das bereits in spätmittelalterlichen Texten antiklerikale Verwendung fand, wurde reaktiviert und machte als Scheltwort die Runde.

Vorgeworfen wurde dem Klerus die Usurpation und Nachahmung weltlicher Herrschaft, die Fiskalisierung kirchlicher Dienstleistungen, die Bevormundung der Laien, der Mißbrauch geistlicher Sanktionsgewalt in Rechtsangelegenheiten, der selbstherrliche Verstoß gegen das Armutsgebot und die luxuriöse Repräsentation, die Vernachlässigung der Amtspflichten und eine liederliche Lebensführung, sexuelle Ausschweifung, Geiz und Simonie. Der Klerus tat offensichtlich alles, um Zweifel unter den Laien darüber zu nähren, ob für ihr Heil auch wirklich noch gesorgt werde. Nicht erst in der Reformationszeit, sondern bereits vorher war am Klerus kritisiert worden, daß er Macht über die Menschen ausübte und nicht, dem Beispiel Jesu folgend, den Menschen diente. Die Pfaffen sind Affen, wurde gemunkelt, denn sie setzen alles daran, die Mächtigen nachzuahmen. Für das Volk war das offensichtlich die plausible etymologische Ableitung eines Begriffs, der dabei war, sich von einer neutralen Bezeichnung zu einem Schimpfwort zu wandeln. Immer wieder wurde die »äffische Art« der Geistlichkeit angeprangert. Die Priester wollen Herren sein und, wie Andreas Karlstadt schrieb, »hoher geachtet werden, dan leyen«.

Auseinandersetzungen um eine Erneuerung der Christenheit waren bereits vor der Reformationszeit an der Tagesordnung: Auseinandersetzungen um die Autorität des Papstes bzw. des Konzils, Streit um die Beachtung der klösterlichen Regeln, ebenso Streit zwischen Weltpriestern und Ordensleuten um Seelsorgebezirke und finanzielle Einnahmequellen, politisches Ringen um den Geldabfluß nach Rom, die *Gravamina nationis germaniae* auf den Reichstagen, um die Reichsreform allgemein und um den Aufbau eines landesherrlichen Kirchenregiments. Es gab Streit um die Intensivierung der Bußpredigt und des Wortgottesdienstes, soziale Unruhen in den Städten und auf dem Land, immer wieder auch das »Geschrei«, das gegen das liederliche Leben und die nachlässige Amtsführung des Klerus laut wurde. Es fällt jedoch auf, daß die Auseinandersetzungen, die nach den Ablaßthesen Luthers 1517 einsetzten, heftiger wurden. Die Kontraste traten deutlicher zutage und waren unerbittlicher geworden. Sie erfaßten auch weitere Bevölkerungskreise. Glaube oder Werke, *tertium non datur*: Auserwählte oder Verdammte, Licht oder Finsternis, Christus oder Belial, Reich Christi oder Reich des Antichrist. Solche Dualismen begegnen jedem, der auch nur einen flüchtigen Blick in die Texte der frühen Reformationszeit wirft. Am einfachsten drückte sich ein ungelehrter Laie aus, als er 1527 auf die Abendmahlsstreitigkeiten seiner Tage zu sprechen kam: »Das

Nachtmal Christi und der Pfaffen ist soweit unterschiedlich als schwarz und weiß ist.« Hier gibt es kein Sowohl-als-auch, sondern nur ein Entweder-oder. Entweder man fährt wie der neue Laie, so auf einem berühmten Holzschnitt zu sehen, demütig und gelassen in einem Wagen, von Pferden in geordnetem Schritt gezogen und von reputierlichen Wagenlenkern sorgsam angetrieben, auf das Kreuz Christi zu, hinter dem der Auferstandene bereits wartet – aus der Finsternis ins Licht. Oder man sitzt wie der scholastische Kleriker feist und selbstbewußt in einem anderen Wagen, der umgekehrt ins Dunkel fährt und bald mit den ungestüm, martialisch davongaloppierenden Rössern und den klerikalen Wagenlenkern in die Hölle stürzen wird. So ließ Karlstadt die Entscheidungssituation seiner Tage 1519 in einem Holzschnitt von Lukas Cranach d.Ä. darstellen. Mit diesem Holzschnitt, der sein Reformationsprogramm veranschaulichte, hatte Karlstadt sehr viel Aufsehen erregt. Was sich vor den Augen der Menschen vollzog, so suggerierten es zahlreiche Flugblattillustrationen, war das Drama von Bußfertigkeit und Unbußfertigkeit, von Heil und Unheil, apokalyptisch überhöht, die Scheidung der Zeitgenossen in Gerechte und Ungerechte, Gottlose und Auserwählte.

Wort und Widerwort, Bild und Gegenbild boten sich an, die Situation zu begreifen, in der sich die lang schwelenden Auseinandersetzungen des späten Mittelalters auf einmal ineinander verwickelten, zuspitzten und auf spektakuläre Weise in Szene setzten. Die apokalyptischen Wirren und Trübsale waren angebrochen, so wähnte man, und nahmen einen Verlauf, der in der Heiligen Schrift bereits vorhergesagt worden war. Dort wurde beispielsweise von den »Wehen der Endzeit« (Matth. 24) gesprochen. Die Schrift diente dazu, den Ängsten und Leiden der eigenen

Zeit einen Sinn zu geben und die Elenden zu trösten. Die Welt läuft zwar auf ihr Ende im Jüngsten Gericht zu, doch ein neuer Anfang ist bereits in Sicht: die Reformation, die Gott allein (Luther), oder die »unüberwindliche zukünftige Reformation«, die Gott unter Mitwirkung der Menschen (Müntzer) herbeiführen wird.

2.

Alle Bewegungen, Sammlungen, Gruppen oder Gestalten, die man der radikalen Reformation zurechnet, waren mit dem gegenwärtigen Zustand der Christenheit in höchstem Maße unzufrieden, ja, überhaupt nicht einverstanden. In einem Beschluß des Straßburger Rates wird das besonders deutlich zum Ausdruck gebracht: »Daß sich die widertäufer, so bürger sind, trotzlicher worte hören lassen, darob andere bürger beschwerden haben. Neulich, sagen sie, es muß *anders* zugehen, es muß ein anders daraus werden.« Offensichtlich war der Rat über die Umtriebe der Täufer in der Stadt besorgt und fürchtete die Unruhe, die durch die eigenwillige Religiosität dieser Leute entstehen könnte. Der Rat hatte zwar den Zuzug der Täufer von außerhalb geduldet, zu einer in sich gespaltenen Bürgerschaft aber durfte es nicht kommen. Hier war die Radikalität des reformatorischen Aufbruchs an ihre Grenzen gestoßen. Was darüber hinaustrieb, konnte politisch nicht mehr akzeptiert werden, auch nicht von einer weltlichen Obrigkeit, die den Weg der Reformation selber eingeschlagen hatte.

Was den Täufern vielleicht noch als unruhestiftende Nörgelei an den bestehenden Zuständen hätte ausgelegt werden können, dieses und jenes und alles müsse sich ändern, läßt sich als Grundzug radikaler Religiosität verstehen. Das hatte der Zürcher Reformator Ulrich Zwingli klar erkannt, wenn er meinte, daß »die Töufferey nienerzu dienet, denn die Kylchen (Kirchen) ummzukeren«.

Offensichtlich teilte er die Furcht vor einer Verkehrung der Verhältnisse, wie sie ganz allgemein in der Luft lag. Schon mit einem Holzschnitt in Josef Grünpecks *Wunderzeichen* (1508) wurde die Befürchtung zum Ausdruck gebracht, Bauern könnten ihre Felder verlassen und den Dienst am Altar versehen, Mönche und Priester könnten aus ihrem Stand gedrängt werden und im Schweiße ihres Angesichts hinter dem Ochsenpflug herziehen und die steinigen Äcker bestellen. Alles könnte sich ins Gegenteil verkehren, wie die Kirche auf besagtem Holzschnitt auf die Spitze ihres Turms gestellt worden war: eben verkehrte Kirche. Was noch als Befürchtung geäußert wurde, konnte sich schnell zur Aussicht auf bessere Zeiten verwandeln. Und so wundert es nicht, daß die Forderung, alles müsse anders werden, bei den Täufern (auch Müntzer sprach von der »voranderung der weldt«) im Zentrum ihrer Auffassung von der Glaubenstaufe in Erscheinung trat. In der Taufe wurde die »endrung des lebens« angezeigt und vollzogen. Es war allenthalben ein Bewußtsein dafür erwacht, es könne so nicht weitergehen und alles müsse anders werden.

Buße und Umkehr, neue Kreatur, Reich Gottes waren Begriffe, die einen Veränderungskoeffizienten in sich bargen. Das gilt auch für die täuferischen Verweigerungsgesten, vor allem die Eides- und Kriegsdienstverweigerung. Sie waren allesamt Zeichen eines aggressiven Protests und Zeichen der Hoffnung auf bessere Zeiten.

Das waren die großen Zeichen. Unauffälliger, aber nicht weniger wirksam waren die kleineren Zeichen, die

Die Märtyrerin Maria von Manjou wird im Fluß ertränkt,
Kupferstich von Jan Luyken, um 1700

darauf hinwiesen, daß sich für die Radikalen alles verändert hatte. Die Gottesdienste nahmen einen anderen Charakter an: Die Messe war abgeschafft, die Gewänder waren verschwunden, güldene Kelche und silberne Monstranzen wurden durch hölzerne Becher ersetzt, aus denen der Abendmahlswein getrunken wurde. Der Brotlaib, der gebrochen wurde, ersetzte die gepreßten Oblaten. Der Taufstein wurde, wie in Waldshut, gegen einen großen Milchzuber ausgetauscht, getauft wurde ansonsten in Flüssen und Seen. Zu Gottesdiensten versammelten die Täufer sich an heimlichem Ort. Statt einer Predigt zuzuhören, wurde aus der Heiligen Schrift gelesen und darüber gesprochen. So wurden diejenigen, die im Täufertum die Verantwortung für den Umgang mit der Heiligen Schrift übernommen hatten, »Leser« genannt, unter den Hutterern »Diener am Wort«. Die Predigt im herkömmlichen Sinn war in den Augen der Täufer viel zu sehr eine Äußerungsform der Priester, Gelehrten oder der obrigkeitlich bestallten Geistlichen. Sie wurde als autoritär empfunden, während die Lesung nur wiedergab, was in der Heiligen Schrift stand. Auch die Predigt der Reformatoren erinnerte die Täufer noch an das Auslegungsmonopol der Schrift durch das klerikale Lehramt, sie wollten dagegen mit dem Gedanken Ernst machen, den Luther 1523 propagiert hatte, daß die Gemeinde das Recht habe, die Lehre zu beurteilen und die Pfarrer selber zu wählen. Das war ein Gedanke, der auch von den aufständischen Bauern zu einer der wichtigsten Forderungen erhoben wurde – etwa in den *Zwölf Artikeln* von 1525. Die Täufer wählten ihre »Hirten« nicht nur selber, sondern auch aus den eigenen Reihen, behielten sich ebenso vor, sie wieder abzuwählen, sich von ihnen zu trennen oder den Bann über sie auszusprechen, falls sie zu eigenwillig wurden, von der Gemeindenorm abwichen oder moralisch versagten. Außerdem war in Teilen des Täufertums das Verhältnis von Lesern, Gemeindevorstehern und Gemeindemitgliedern nicht straff geordnet. Jeder wurde akzeptiert, der in der Lage war, aus der Schrift zu lesen und Gespräche darüber in Gang zu setzen – nicht nur Männer, sondern auch Frauen. Zahlreiche Täufer zogen als Sendboten über Land, wie die Apostel einst von Ort zu Ort gezogen waren, und verbreiteten ihre Anschauungen im Volk, kehrten aber auch bei ihresgleichen ein, trösteten und erbauten sie. Sie wurden in die bereits bestehenden Gruppen oder Gemeinden integriert und erhöhten die missionarische Kraft, die von dieser radikalen Religiosität ausging. Überall wurde vom Glauben gesprochen: in den Bauernstuben, in den Wirtshäusern, am Küchenherd, in den Gefängnissen. Der Alltag wurde nicht nur zum Bewährungsfeld des Glaubens, er lieferte auch die Formen, in denen der Glaube sich aussprach und Gestalt annahm. Das kultische Zeremoniell war als Schein durchschaut worden, fiel vom Leben des Laien wie ein böser Zauber ab, so empfand man es, und auf neue Weise war ein Zusammenhang zwischen Religion und Alltag hergestellt. Der Gottesdienst, einst kultisch ausgegliedert, wurde in den Alltag zurückgeholt – nirgendwo so konsequent wie unter den Täufern. Daß alles anders werden müsse, ist nicht eine beiläufige Forderung radikaler Anhänger der Reformation, sondern, wenn auch nicht systematisch entfaltet, ihr Konzept oder Programm.

3.

Damit standen die Radikalen nicht allein. 1516 war die *Utopia* des Thomas Morus erschienen, jener Versuch, aus dem Geist des Humanismus das Modell eines Gemeinwesens zu entwerfen, das den Lesern als Korrektiv zur englischen Gesellschaft um 1500 vor Augen geführt werden konnte – allerdings kein Modell, das auf Verwirklichung drängte, sondern nur anregen wollte, über gesellschaftliche Mißstände und ihre Überwindung intensiver, spielerisch-unverkrampfter als bisher nachzudenken. Hier wurde nicht nur politische Phantasie aufgeboten, hier wurde auch scharfsinnige Kritik, vermischt mit bissiger Satire, am Fehlverhalten der Herrschenden geübt. Kontraste, wie sie bereits im reformatorischen Aufbruch beobachtet wurden, sind auch ein Strukturelement der Utopie: das Schlechte hier, das Gute dort, auch wenn der Ort des Erwünschten noch unbestimmt bleibt, eben *ou-topos* oder *Nirgendwo* ist, steht das eine aber fest: *Utopia* ist *Eutopia*, der gute Ort. Kritisiert werden vor allem die *superbia* (Hochmut, Überheblichkeit), die das Leben der Menschen beherrscht, und die Ordnung des privaten Eigentums, die Habgier, Geiz und Ausbeutung begünstigt bzw. zur Folge hat. In Utopia herrscht dagegen eine Ordnung auf der Grundlage des gemeinen Nutzens, des Allgemeineigentums bzw. der Gütergemeinschaft. Dort gehört alles allen. Literarisch wesentlich schwächer, der Intention nach aber ähnlich, sind utopische Visionen auch in Deutschland zu Papier gebracht worden – und zwar auf ganz unterschiedliche Weise.

Johann Eberlin von Günzburg veröffentlichte in seinen *Bundgenossen* die *Wolfaria* (1521); Hans Hergot, Verleger und Buchdrucker in Nürnberg, war höchstwahrscheinlich der Autor der *Neuen Wandlung eines christlichen Lebens* (1527) und deswegen auf dem Marktplatz zu Leipzig verbrannt worden; Ursula Jost, eine Täuferin in Straßburg, sehnte in ihren *Prophetischen Gesichten* eine Welt voller

Ruhe, Frieden und Harmonie herbei (1529). Bilder von Not und Bedrängnis, von den Trübsalen und Wirren der Endzeit vermischten sich mit Bildern von Zuständen, die eine paradiesische Zukunft eröffneten.

Utopische Ideen drangen auch in die ordnungspolitischen Vorstellungen der Bauern von 1525/26 ein und regten manche parodistischen Aktionen an. »Changing places« wurde gelegentlich das Vertauschen der Rollen genannt, das Bauernsöldner beispielsweise in Klöstern inszenierten – aus dem Landsknecht wurde der Abt, aus Söldnern und Haudegen wurden Mönche, aus dem Abendmahl im Refektorium ein Saufgelage, aus Oben Unten und aus Unten Oben. Hier sollten Mißstände angeprangert und Träume verwirklicht werden. Ein politisch besonders auffälliges Beispiel für den Versuch, ein utopisches Wunschbild in die Realität umzusetzen, war die *Landesordnung*, die Michael Gaismair für Tirol entworfen hatte. Schließlich ist ähnliches im Täufertum zu beobachten.

Die Bruderhöfe der Hutterer in Mähren mit Konsum- und Produktionskommunismus auf der Grundlage des urchristlichen *omnia sunt communia*, mit neuen Formen des gemeinsamen Lebens, sind als »konkrete Utopie« interpretiert worden. Immer schon ist das Täuferreich zu Münster mit Verwirklichungsversuchen utopischer Visionen in Verbindung gebracht worden, mit Gütergemeinschaft und Vielweiberei: das Reich der Täufer, das durch Ratswahlen 1534 als Gegenwelt zur bestehenden Welt errichtet worden war. Züge einer Gegenwelt, jedoch anders als in Münster, trug auch die Sekte der »Träumer von Uttenreuth«. Das auffälligste Merkmal sind hier die Auflösung der traditionellen Eheverhältnisse und die Einführung einer geistlichen Ehegemeinschaft, ebenso die Vorstellung von einem Leben, das von Schrift und Gesetz unabhängig allein dem Befehl Gottes folgt, wie er in Offenbarungen, Visionen und Auditionen mitgeteilt wird.

Beschränkt man das Utopische nicht auf Wunschbilder und visionäre Modelle des Zusammenlebens, sondern bezieht man ein, was »utopische Intention« genannt wurde, den Drang, die schlechte Gegenwart zu überwinden und alles zu tun, um eine bessere Zukunft zu erreichen, dann fällt es nicht schwer, auch die weniger spektakulären Ausprägungen des Täufertums als utopisch motivierte Bewegungen zu deuten. Tendenziell ist jede Bewegung, die danach trachtet, das Gemeinschaftsmodell der Urgemeinde (Apg. 2 und 4) wieder zur Geltung zu bringen, eine utopische Bewegung. Wo gesamtgesellschaftliche Kritik ihre Kriterien in einem Ideal fand und diesem Ideal eine reale Gestalt zu geben versuchte, lagen ein Denken, Verhalten und Handeln vor, das utopisch genannt werden könnte. Utopisch im Sinne Karl Mannheims heißt, die jeweils gegenwärtige Ordnung des Seins zu überschreiten. So wird deutlich, daß sich radikale Religiosität durch einen utopischen Grundzug auszeichnet und auf die praktische Überwindung des Unzulänglichen, Schlechten und Unzumutbaren drängt. Paul Tillich hatte die Utopie die »Negation des Negativen« genannt, die sich in Erwartung des Besseren um die verlorene Natur bemüht, an die eschatologische Bilder zu erinnern vermögen: das Paradies hinter uns und das Reich Gottes vor uns. Und gerade diese Spannung wird von den Radikalen in ihrem Alltag erneuert – oft mit fraglichem Ausgang, häufig gewaltsam und ohne Rücksicht auf die Kosten ihrer Durchsetzung, aber doch in guter Absicht, als ein waghalsiges Experiment, um aus der Bedrängnis der eigenen Zeit herauszufinden.

Das Streben nach Unmittelbarkeit im Verhältnis zu Gott

blieb nicht auf das Gottesverhältnis des frommen Subjekts beschränkt, sondern zielte darauf ab, die gesamte Lebenswelt der Menschen ins unmittelbare Verhältnis zu Gott zu setzen. Gott sollte im Alltag und in der Antizipation seines zukünftigen Reiches in dieser Zeit erfahren werden. Die scharfen Kontraste und den Willen, die schlechten Verhältnisse zu ändern, hat der Utopiecharakter radikaler Religiosität mit dem Antiklerikalismus gemeinsam, ja, es sieht so aus, als sei die utopische Intention der eigentliche Kern dieser Religiosität und die tiefere Rechtfertigung antiklerikaler Agitation in Wort und Tat gewesen. Jetzt wird besonders deutlich, daß es den Radikalen nicht nur um die Abschaffung des klerikalen Standes ging, sondern in einem umfassenden Sinn um die Veränderung der hierarchisch strukturierten Ständegesellschaft insgesamt, in zahlreichen Fällen sogar um ihre Überwindung.

Radikaler Protest und Kritik aus dem Geist der Utopie waren mehr, als die geistliche und weltliche Herrschaftselite zu ertragen bereit war. Häresie, Gotteslästerung und Aufruhr waren Vorwürfe, die im Rahmen des geltenden Rechts damals zu Verfolgung und harter Bestrafung führen mußten, schlimmstenfalls sogar zu Tod durch Feuer, Wasser oder Schwert. Die Konsequenz radikaler Frömmigkeit war das Martyrium. Darauf hatte der Kreis um Konrad Grebel in Zürich bereits in seinem berühmten Brief an Thomas Müntzer vom September 1524 hingewiesen.

»Rechte gläubige Christen sind Schafe mitten unter den Wölfen, Schafe zum Schlachten, müssen in Angst und Not, Trübsal, Verfolgung, Leiden und Sterben getauft werden, sich im Feuer bewähren und das Vaterland der ewigen Ruhe nicht durch Erwürgen leiblicher Feinde erlangen, sondern durch Tötung der geistlichen. Auch gebrauchen sie weder weltliches Schwert noch Krieg.«

Das Leiden wurde vorausgesehen und zu einem festen Bestandteil des Glaubenslebens erklärt, nicht nur unter den Schweizer Täufern. Vom Leiden, das zu wahrer Gelassenheit führt, war vor allem bei den Hutterern, aber auch bei den Spiritualisten Caspar von Schwenckfeld und Sebastian Franck die Rede. Besonders prägnant ist das für Franck herausgestellt worden: »Geschichte ist das Leiden des Menschen, das eigentlich alle Theologie ausmacht.«

Weithin bekannt wurden die Märtyrerlieder, die in verschiedenen Verfolgungsregionen entstanden waren, in der Schweiz, in Mähren und in den Niederlanden. Diese Lieder berichteten von dem Leiden und Sterben zahlloser Brüder und Schwestern, von ihrer Standhaftigkeit und dem Triumph des Glaubens über den Unglauben dieser »Welt«. Sie wurden zu einem Kommunikationsmittel, das, selbst als die Schwere der Verfolgungen nachließ, viel dazu beitrug, die Frömmigkeit der Radikalen ins rechte Licht zu rücken und ihren inneren Zusammenhalt zu stärken. Die Utopie, die den Kern auch dieser Märtyrerlieder bildete, war keine Flucht aus einer schlechten und bedrohlichen Welt. Sie war der Funke in Leid, Furcht und Zittern, wie der Philosoph Ernst Bloch einst über Thomas Müntzer schrieb, ein Funke, der das »zögernde Reich« entzündete.

Narren Gottes? Von Amish, Hutterern und Shakern

Von Inken Heeb

Mit gleichmäßigem Hufgeklapper naht sie heran. Eine kleine, überdachte Kutsche ganz in Schwarz mit vier stählernen Rädern. Unbeirrt von vorbeirauschenden Autos und Lastwagen bahnt sie sich mit nur einer Pferdestärke den Weg durch den Straßenverkehr. Die Zügel fest in der Hand, sitzt ein bärtiger Mann mit kantigem Strohhut, schlicht in Schwarz gekleidet, auf dem Kutschbock. Neben ihm seine Frau im dunkelblauen Kleid, die Haare streng hochgesteckt und unter einer weißen Haube verborgen.

Was wie eine Zeitreise anmutet, ist hier alltäglich. Hier, das ist der amerikanische Bundesstaat Pennsylvania. Und auf dem Highway 340, dem Old Philadelphia Pike, mitten in Lancaster County, sind Kutschen keine Seltenheit. Und auch ihre altertümlich gekleideten Insassen gehören zum Stadtbild. Der bärtige Mann und seine Frau sind Amish, genauer Old Order Amish, von denen einige tausend in Lancaster County ihre Heimat haben. Vor über 270 Jahren, im Jahr 1727, kamen die Amish aus Europa an die amerikanische Ostküste. In Pennsylvania fanden sie eine neue Heimat. Eine Heimat, in der sie ihren Traum von einem einfachen, gottgefälligen Leben Wirklichkeit werden ließen. Ein Leben, in dem der Alltag untrennbar mit dem Glauben verbunden ist. Jeder Moment, jede Handlung sind ein Teil des Weges zu Gott. Moderne Errungenschaften, wie Autos, Fernseher oder gar das Internet, stören da nur. Sind überflüssig. Zerstören vielleicht das kostbare Gleichgewicht ihres Lebens, das geprägt ist von harter Arbeit und einer starken Gemeinschaft von Gläubigen. Weltverzicht fürs Seelenheil.

Die Bewegung der Täufer

Dieser ganz eigene Weg zu Gott begann vor vielen hundert Jahren. Der Glaube der Amish hat seine Wurzeln in der Reformation. Aufgerüttelt durch Martin Luthers reformatorisches Gedankengut, entwickelte sich im 16. Jahrhundert die Gruppe der Anabaptisten, auch Täufer genannt. Radikaler noch als Martin Luther oder Ulrich Zwingli, forderten sie eine strenge Trennung von Staat und Kirche. Außerdem verwarfen sie alles, was die Bibel nicht verbindlich fordert. So lehnen die Täufer den Treueeid genauso ab wie Staatsämter. Sie verweigern den Kriegsdienst und wenden sich gegen die Todesstrafe. Auch eine Vielzahl der kirchlichen Sakramente stößt bei den Täufern auf Ablehnung. Theologische Laien füllen bei ihnen das Predigeramt aus. Zu den Täufergruppen zählen neben den Amish auch die Mennoniten und die Hutterer, wobei es noch zahlreiche Untergruppen gibt.

Wehr- und rachelos weiht ein Täufer sein gesamtes Leben, jeden Moment seines Seins, seinem Glauben. Friedfertiges Miteinander ohne Feindschaft in einer klassenlosen Gesellschaft – so das Ideal. Nur ein Leben im Glauben an Jesus Christus kann ihnen Erfüllung und Freude bringen und sie auf den Tag vorbereiten, wenn der Heiland als Weltenrichter zurückkehren wird. Es sind Extremchristen, Menschen, für die jede einzelne Handlung Ausdruck ihres Glaubens ist. Abgeschottet von den Verführungen der Welt, haben sich die verschiedenen Täufergruppen ihre eigenen gottgefälligen Ordnungen geschaffen. Es sind pietistische

Utopien, die ungerührt von Verfolgung, Unverständnis und Kritik Jahrhunderte überdauert haben. Es ist eine ganz eigene Lebensform, ein Refugium des Glaubens, bestimmt von Einfachheit ohne Überfluß, einem strengen bibeltreuen Regelwerk und getragen von einer starken Gemeinschaft.

In der Glaubenswelt der Täufer muß der Mensch, einmal aus dem Paradies vertrieben, fortan den Acker bebauen und sich davon ernähren, bis zu jenem Tag, an dem er selbst wieder zu Erde wird, von der Gott ihn einst genommen hat. Der Glaube ans Authentische, an ein urchristliches Leben, beflügelte von Anfang an die Anhänger der Täuferbewegung. Die Folge: Sie sonderten sich ab, um ihre Gläubigen vor den Verführungen der Welt zu bewahren. Die Täufer trennten sich von allem, was nicht wahrhaft christlich erschien.

Ihren Namen erhielten die Täufer, weil sie glauben, daß nur Erwachsene getauft werden dürfen. Für sie kommt zuerst der Glaube, dann die Taufe. Nur Erwachsene können die Taufe, als Zeichen des Glaubens, bewußt erleben, so das Kernelement ihrer religiösen Überzeugung. Bestätigung finden sie in der Bibel im Matthäusevangelium. Dort läßt sich Jesus als Erwachsener von Johannes dem Täufer taufen. Bei Matthäus heißt es:

»Aber Johannes wehrte ihm und sprach: Ich bedarf dessen, daß ich von dir getauft werde, und du kommst zu mir? Jesus aber antwortete und sprach zu ihm: Laß es uns jetzt geschehen! Denn so gebührt es uns, alle Gerechtigkeit zu erfüllen. Da ließ er's geschehen.« (Matthäus 3,14-15)

Für Täufer ist die Taufe somit eine Art Initiationsritual ähnlich der Konfirmation. Die Volkskirchen, die katholische wie die protestantische, glauben hingegen an die Taufe Neugeborener, die durch die Erbsünde notwendig geworden sei.

Kaum gab es die ersten Täufer, schon blickten Protestanten wie Katholiken skeptisch auf diese Menschen. Anabaptismus, die Wiedertaufe, wurde schnell zum Reiz- und Schimpfwort. Und so bescherte ihre Radikalität den Täufern neben einer regen Schar von Anhängern zugleich auch mächtige Feinde. Schon im 16. Jahrhundert zogen sie den Groll der Obrigkeit auf sich. Biblische Versprechen von sozialer Gerechtigkeit, aus Täufermund verkündet, ließen die Fürsten um ihre Macht bangen.

Die Täufer standen im Verdacht, die gesellschaftliche und politische Ordnung umstürzen zu wollen. Und einen Machtverlust wollten die hohen Herren keinesfalls zulassen. Gnadenlose Verfolgung war die unausweichliche Folge. Und so kam es, wie es kommen mußte: Im Jahr 1526 erließ Basel ein Täufermandat, das die Anhänger dieser Glaubenslehre verdammte.

Gerade mal ein Jahr zuvor, im Januar 1525, hatte die erste überlieferte Bekenntnistaufe der Täuferbewegung stattgefunden. Mit dabei damals: Felix Manz, Konrad Grebel und Georg Cajakob. Ganz weltlich diente eine Suppenkelle als Instrument für die Taufe, die in Manz' Züricher Wohnung in der Neustadtgasse am 21. Januar 1525 vorgenommen wurde. Caspar Braitmichel, Täuferchronist des 16. Jahrhunderts, hielt das weihevolle Ereignis für die Nachwelt fest:

»Nach dem Gebet ist der Georg vom Haus Jakob aufgestanden und hat um Gottes Willen den Konrad Grebel gebeten, daß er ihn taufen sollte in der rechten christlichen Taufe, auf seinen Glauben und seine Erkenntnis. Und als er mit dieser Bitte niederkniete, hat der Konrad ihn getauft, weil dazu kein verordneter Diener da war, um dies Werk zu vollrichten ... Damit ist die Absonderung von der Welt und von ihren bösen Werken angebrochen.«

Doch gerade diese Absonderung von der Welt und ihren bösen Werken hatte schlimme Folgen. Gnadenlos wurden die Täufer ob ihres Glaubens bedroht. Wer dem Glauben nicht abschwor, starb grausam und wurde zum Märtyrer der Täuferbewegung.

Und der Verfolgung fallen viele Anabaptisten zum Opfer. 1529 stirbt der Täufer Hans Ludi auf dem Basler Richtplatz. Henker hatten ihm zuvor zwei Finger und die Zunge abgeschnitten. Allein in Basel werden in den folgenden zehn Jahren 34 Täufer hingerichtet. Ebenfalls im Jahr 1529, im April, erläßt Kaiser Karl V., ein gläubiger Katholik, folgendes Mandat:

»Das alle und jede wydertauffer und wydergetaufften, mann- und weybspersonen verstendigs alters, von natürlichem leben zum todte mit dem fewer, schwerdt oder dergleychen nach gelegenheit der personen, one vorgeend der geystlichen richter inquisicion, gericht und gepracht werden.«

5000 Menschen bezahlten in den Jahren von der Reformation bis zum Dreißigjährigen Krieg für ihren Glauben mit dem eigenen Leben – Männer wie Frauen. Je mehr sie verfolgt werden, um so mehr sondern sich die Täufer ab. Die Gemeinschaft wird immer mehr zum einzigen Schutz der streng konservativen Täufergruppen vor den Anfeindungen der Außenwelt. Wer nicht zum Märtyrer im Namen seines Glaubens werden will, geht ins Exil. Im 16. Jahrhundert finden viele Täufer Zuflucht im Osten, zunächst in Mähren. Die dortigen Feudalherren gewähren den Glaubensflüchtlingen aus Süddeutschland Asyl. Später führt sie die Flucht noch weiter nach Osten bis nach Rußland. Von dort ziehen sie schließlich über den Atlantik in die Neue Welt.

Mennoniten, Amish und Hutterer entstehen

Zunächst verlaufen die anfänglichen Gehversuche der Täufer jenseits des Atlantiks allerdings glücklos. Der erste Versuch, sich in der Neuen Welt niederzulassen, endet sogar in einem grausamen Blutbad. Damals, im Jahr 1662, hatten sich 25 Familien mit dem Segelschiff »St. Jacob« auf die lange weite Reise nach Westen gemacht. Diese 25 Familien gehörten der Täufergruppe der Mennoniten an. Sie waren somit Gefolgsleute des niederländischen Täuferführers Menno Simons. Simons gehörte zu den zahlreichen reformerischen Führern und Lichtgestalten der Täuferbewegung. Angezogen wurden sie alle nicht nur von der Idee eines urchristlichen Lebens, sondern auch von Idealen wie Toleranz, Wehr- und Rachelosigkeit. Und so erging es auch Menno Simons. Simons stammte aus Holland und war ursprünglich ein katholischer Priester. Auch er hatte im 16. Jahrhundert die Zeiten der Verfolgung miterlebt. Unter seinen Aufzeichnungen findet sich ein Bericht über diese Schreckenszeit. Simons schreibt:

»Wenn die Prediger auf weichen Betten und Polstern liegen, müssen wir uns in verborgenen Winkeln heimlich verkriechen. Wenn sie auf Hochzeiten mit Pfeifen, Trommeln und Lauten sich öffentlich lustig machen, müssen wir uns bei jedem Hundegebell umsehen, ob irgendwelche Häscher da sind. Während sie von jedermann als Doktor und Magister gegrüßt werden, müssen wir uns Widertäufer und Winkelprediger, Verführer und Ketzer nennen lassen und werden in des Teufels Namen gegrüßt.«

Die Neue Welt verheißt einen neuen Anfang und Schutz vor Verfolgung. Nachdem die ersten 25 mennonitischen Familien im Jahr 1662 über den Atlantik gesegelt waren,

Ausfahrt mit einer Pferdestärke: Amish-Kutsche, Pennsylvania 1987
(Foto: Blair Seitz)

legten sie schließlich an der amerikanischen Ostküste in Delaware an. Doch auch hier wartete nicht das Paradies auf die Neuankömmlinge. Ein Überfall von Indianern setzte dem Aufbau ihrer ersten pietistisch-utopischen Kommune in Amerika ein grausames Ende. Die Täufersiedlung fiel in der Neuen Welt einem Konflikt zum Opfer, mit dem sie eigentlich nichts zu tun hatte. Die Mennoniten litten unter den Auseinandersetzungen zwischen den Engländern und Holländern. Denn als sich die Holländer in Neu-Amsterdam einer englischen Flotte ergaben, überfielen Indianer die Täufersiedlung und töteten fast alle.

Der Anführer der Täufergruppe, Pieter Cornelis Plockhoy, entkam schwer verletzt und verbrachte seine letzten Jahre als blinder Bettler in Germantown im Bundesstaat Pennsylvania. Bei seiner Abreise aus der Alten Welt hatte er sich das Leben in Amerika ganz anders vorgestellt. Noch in Europa hatte Plockhoy die Idee einer klassenlosen Gesellschaft entworfen. Eine Gesellschaft, die wie eine Familie und ein Haushalt funktionieren sollte. Doch diese Utopie war nur von kurzer Dauer gewesen.

Das brutale Ende dieser 25 mennonitischen Familien beendete aber nicht die Einwanderung der Täufer nach Nordamerika. Plockhoys Utopie wurde von anderen übernommen und weitergelebt. Im 18. und 19. Jahrhundert zieht es insbesondere die Mitglieder einer Täufergruppe, die sich »Schweizer Brüder« nennt, immer wieder nach Amerika. Sie siedeln hauptsächlich in den östlichen Bundesstaaten Pennsylvania und Ohio und im Mittleren Westen in Indiana und Illinois.

Diese »Schweizer Brüder« sind als Amish bekanntgeworden. Der Name »Amish« leitet sich von ihrem Gründer, Jakob Amman, ab. War schon Menno Simons' Auslegung der Bibel streng, so war dies Jakob Amman noch lange nicht streng genug. Rund 150 Jahre nach Entstehung der Täuferbewegung entwickelte sich so in seinem Gefolge die Gruppe der Amish.

Radikaler als die Mennoniten forderte Jakob Amman, daß jeder, der nicht den Regeln der Bibel folgt, aus der Gemeinschaft der Gläubigen verbannt werden soll. Kirchenzucht stand an erster Stelle. Er stellte strenge Regeln für jeden Aspekt des Lebens auf. Wer sich nicht daran hielt, wurde verstoßen, mußte zukünftig gemieden werden. Gemeinsame Mahlzeiten, Reisen und selbst geschäftliche Verbindungen mit einem verstoßenen Gemeindemitglied waren untersagt. Aber schließlich ging es auch um kein geringes Gut; es ging um das Seelenheil.

Die Täufer in der Neuen Welt

Statt zum Schmelztiegel wird Nordamerika für die religiösen Einwanderergruppen zu einem Refugium, es entstehen Subkulturen religiösen Lebens. »Radikale Beter«, wie sie Bernd Längin, Journalist und Autor von *Gottes letzte Inseln* bezeichnet, finden sich heutzutage in unterschiedlichsten Ausprägungen auf dem nordamerikanischen Glaubensmarkt. Da gibt es nicht nur die Amish und Mennoniten, sondern vielzählige Untergruppierungen, wie zum Beispiel die Old Order Amish und Old Order Mennonites, die New Order Amish, die Mount Tabor Amish, die Summit View Amish, die Reformed Mennonites, die Brethren in Christ oder auch die Old Order River Brethren.

So wird das in der amerikanischen Verfassung verankerte Recht eines jeden, seinen ganz persönlichen Weg zum Glück zu wählen, der persönliche »pursuit of happiness«, zum extremchristlichen Glaubensbekenntnis. Puritanismus wird zu Pietismus. Kompromißlos und konservativ. Und das auch noch im 21. Jahrhundert.

Und darum gehören bis heute pferdegezogene Kutschen zum alltäglichen Bild im Lancaster County in Pennsylvania. Hier gibt es die zweitgrößte Amish-Siedlung in der Welt. »Amish Country« nennen die Amerikaner diese Region. Andere sprechen auch vom »Bible Belt«, vom Bibel-Gürtel. Denn in Lancaster County und in den benachbarten Landkreisen haben viele strenggläubige Christengruppen ein Zuhause gefunden. Die größte Ansiedlung von Amish befindet sich allerdings im Bundesstaat Ohio, in Holmes County.

Die vom gleichmäßigen Hufgeklapper begleiteten, die Straßen entlangrollenden Kutschen, sie werden »Buggies« genannt, sind jedoch nur ein Element eines bis ins letzte Detail geregelten Lebens. Eines Lebens Gott zu Gefallen. Das Individuum hat sich in der Täuferwelt stets dem Kollektiv unterzuordnen. Regeln und Ordnungen bestimmen jeden Moment eines Täuferlebens. Dabei sollen die täglichen Regeln die Bibel nicht ersetzen, sondern sie ergeben sich aus der Interpretation der Bibel. Und alles, was ein Täufer tut – sei er Amish oder Mennonit –, ist Ausdruck seiner tiefen religiösen Überzeugung.

Daher gehört es zum Leben eines Mannes der Old Order Amish, daß er einen dunklen, einfarbigen Anzug kombiniert mit einem pastellfarbenen Hemd trägt. Von einer Amish-Frau wiederum verlangt das bibeltreue Regelwerk, daß sie sich in ein langes, bis zum Hals hochgeschlossenes Kleid mit langen Ärmeln kleidet. Der Stoff des Kleides hat einfarbig zu sein, in Lila, Blau, Grün, Grau oder Braun. Ganz schlicht, ohne Muster. Amish-Frauen und -Mädchen schneiden zudem nie ihre Haare, sondern tragen sie, in der Mitte gescheitelt, ganz eng nach hinten zu einem Dutt gerollt. Darüber kommt eine weiße Organza-Haube. Denn es heißt in der Bibel im ersten Brief des Paulus an die Korinther:

»Eine Frau aber, die betet oder prophetisch redet mit unbedecktem Haupt, die schändet ihr Haupt; denn es ist gerade so, als wäre sie geschoren. Will sie sich nicht bedecken, so soll sie sich doch das Haar abschneiden lassen! Weil es aber für die Frau eine Schande ist, daß sie das Haar abgeschnitten hat oder geschoren ist, soll sie das Haupt bedecken.« (1. Korinther 11,5-6)

Auch wenn sich die Amish bei ihrer Kleiderordnung auf die Bibel berufen, so geht ihr Stil historisch auf die Anfänge der Täuferbewegung zurück. Ihre Kleidung erinnert auch heute noch an Bauersleute des 16. Jahrhunderts, die ersten täuferischen Gläubigen. Jetzt, im 21. Jahrhundert, steht die Kleidung der Frommen für ein Leben in Bescheidenheit und Demut. Unnützes soll genauso wie Hochmut und Eitelkeiten ausgeschlossen werden. Einfachheit ist gottgefällig. Und Gott gefällt es auch, daß die Old Order Amish ihr Feld mit der Hand und dem Pflug bestellen, die Räume von Gaslaternen erhellt werden, daß Pferde ihre Buggies ziehen und daß sie den deutschen Dialekt ihrer Vorväter pflegen. Darum versammeln sich die Amish auch heute noch sonntags zum Gottesdienst in einer Scheune, denn Gott braucht genau wie die Frommen keinen Tempel. Dort lauscht die Gemeinde ihrem gewählten Prediger, wie er das Bibelwort im altertümlich-deutschen Idiom interpretiert, und singt protestantisch ernste Lieder.

Die an der Bibel ausgerichteten, ja eigentlich rückwärtsgewandten Regeln bedeuten für das tägliche Leben der strengkonservativen Gottsucher nicht nur Verlust von Individualität und eine Abkehr von den Möglichkeiten der modernen Welt. Sie sind zugleich ein Schutz für die Gruppe, ganz im Sinne der ersten Täufer. Eine Absonderung von den »bösen Werken der Welt«. Und so wächst vom ersten Moment an ein Kind in die Welt der Amish hinein. Denn selbst im Schulwesen gehen zumindest die Old Order Amish ihren eigenen Weg. Und das mit Genehmigung des Obersten Gerichtshofes der Vereinigten Staaten. Dieser befreite 1972 die Old Order Amish und die ebenfalls konservativ ausgerichteten Old Order Mennonites von der Pflicht, Jugendliche nach der achten Klasse in weiterführende Schulen zu schicken. Bis dahin gehen die Nachwuchs-Frommen auf eigene Schulen. Dort vermitteln die Amish-Lehrer Grundkenntnisse im Rechnen, Lesen und Schreiben. Sonst nichts. Denn für alle Täufergruppen gilt: Weisheit und Verstehen bedeuten ihnen mehr als Wissen und Faktenkenntnis.

Ein Lebensrhythmus in der Gangart der Pferde. Ein Anachronismus inmitten einer von den Datenhighways des Internets getriebenen Welt. Bernd Längin beschreibt anschaulich, in welchem Spannungsfeld die Amish und ihre Glaubensbrüder bis heute leben:

»Es gibt ernst zu nehmende Beobachter, die die Gottesvölker romantisch glorifizierend für die letzten ehrlichen Christen, ihre Kommunen für die besten aller Welten halten. Im krassen Gegensatz dazu stehen Kritiker, die die Separatisten streng verachtend ›Narren Gottes‹ schelten, das Täuferland mit religiösen, zum Untergang verurteilten Folterkammern vergleichen.«

Die Hutterer

Narren Gottes oder Gottesvolk? Die kleinen Kolonien einer gelebten christlichen Utopie üben jedenfalls bis heute eine Faszination aus. Und tatsächlich wachsen die Täufergruppen nicht nur aus sich heraus, sondern es fühlen sich immer wieder Außenstehende von ihrem Leben in Gemeinschaft angezogen. Das gilt im besonderen Maße für die Täufergemeinschaft der Hutterer. Anders als die Mennoniten und Amish kennen die Hutterer kein Privateigentum. Die Welt der urchristlich-kommunistischen Hutterer ist der Bruderhof, wo alle Familien gemeinsam leben und arbeiten. Das täuferische Wir-Gefühl bis zum Extrem umgesetzt.

Die Keimzelle der hutterischen Bewegung liegt in Mähren. Dorthin sind die Täufer aus Angst vor Verfolgung geflohen, und der aus der Grafschaft Tirol stammende Jakob Hutter wurde schnell zu einem religiösen Führer der Täufergemeinde. Für Jakob Hutter war die Kirche ein vom Papst erfundener Götzentempel, und er entwarf statt dessen eine eigene Glaubenswelt. Mit Geschick und Sinn für Organisation wurde unter seiner Führung nun ein weiteres Element frühchristlicher Vorstellungen Wirklichkeit: die Gütergemeinschaft. Wie in einer Mehrgenerationenfamilie bauten die Täufer in Mähren ein Gemeinwesen für alle auf, aus dem niemand persönlich einen Gewinn ziehen konnte. Bis zu vierhundert Menschen teilten sich als Produktionsgemeinschaft einen Bruderhof, jeder arbeitete kostenlos für das Gemeinwohl. An die Stelle des Individuums traten die Werte des Kollektivs, der Gehorsam gegenüber den Normen des Zusammenlebens und der feste Glaube, der einzig wahren Kirche anzugehören.

Die urchristliche Utopie eines friedfertigen Miteinanders ohne Neid, Zorn, Rachgier oder Feindschaft war das Ziel. Der Bruderhof als Mikrokosmos, in dem wie bei den Amish und Mennoniten das tägliche Leben untrennbar mit der Religion verbunden ist. Nicht der Glaube an sich, sondern die Teilnahme an dem religiösen Ereignis dieser Gemeinschaft macht einen zum Hutterer.

Und das Bruderhofsystem erwies sich schon in seinen Entstehungsjahren als Erfolg. Schnell übertrafen die Huttererhöfe die eingesessenen Betriebe in Mähren an Produktivität. Dieser Erfolg wurde jedoch für den Täuferführer und Laienprediger Jakob Hutter zum Todesurteil. Die Obrigkeiten aus seiner Heimat im österreichischen Tirol fühlten sich durch ihn bedroht. Sie erklärten ihn zu einer der meistgesuchten Täuferpersönlichkeiten und sandten Häscher aus. Und so wurde er schließlich gefangen und nach Innsbruck gebracht. Doch wie viele Täufer vor ihm und noch viele nach ihm hielt Jakob Hutter an seinem Glauben fest. Trotz schlimmster Folter. Damit war sein Schicksal besiegelt: Am 25. Februar 1536 wurde Hutter öffentlich auf dem Platz vor dem Goldenen Dachl in Innsbruck auf dem Scheiterhaufen verbrannt. Die hutterische Chronik vermerkt über ihren standhaften Glaubenskämpfer:

»Von diesem Jakob Hutter hat die Gemein den Hutterischen Namen geerbt, daß man sie die Hutterischen Bruder genennt hat, deß sie sich bis auf den heutigen Tag nicht schamt, denn er ist der Wahrheit mit aller Freudigkeit bis in den Tod beigestanden.«

Mit dem Flammentod Jakob Hutters nahm die Verfolgung seiner Anhänger noch lange kein Ende. Den Hutterern erging es wie auch den anderen Täufergruppen. Ihr Weg zum Paradies war von Ausgrenzung und Wanderdasein gekennzeichnet. Immer weiter nach Osten zog es die

Gemeinde. Nach Ungarn, später nach Rumänien und Rußland. Und schließlich verließen auch die Hutterer den europäischen Kontinent und brachen in die Neue Welt auf. 1847 wurde im US-Bundesstaat South Dakota der erste Bruderhof auf amerikanischem Boden gegründet. 450 Personen zählte damals die überschaubare Gruppe der hutterischen Einwanderer. Unterdessen ist ihre Zahl auf fast 34 000 Menschen angestiegen, die in rund 380 Kolonien leben. Es gibt heute Bruderhöfe verstreut über verschiedene Staaten der USA und Kanadas: in Montana, Minnesota, Washington, North und South Dakota sowie in Manitoba, Saskatchewan und Alberta. Ein Erfolg des Glaubens.

Die Shaker

Während das hutterische Glaubenskonzept bis heute von Menschen mit Leben gefüllt wird, ist eine ähnliche Glaubensgemeinschaft vom Aussterben bedroht: die Shaker. Eine pietistisch-kommunistische Gütergemeinschaft wie die Hutterer, wird das Miteinander der Shaker jedoch vom Zölibat bestimmt. Während die Hutterer wie ihre Täuferverwandten, die Amish, Verhütungsmittel ablehnen und jedes ihrer Kinder – es sind manchmal zehn in einer Familie – als Geschenk Gottes annehmen, leben die Mitglieder der Shaker enthaltsam wie Bruder und Schwester zusammen.

Doch das ist nicht der einzige Unterschied: Die Shaker lehnen die Taufe genauso wie alle anderen Sakramente ab. Daneben gibt es viele Ähnlichkeiten mit den Gemeinschaften der Täufer: So wird das Leben der Shaker wie bei den frommen Täufergemeinden von strengen Regeln be-

Andachtshaus der Shaker-Gemeinde in Canterbury, New Hampshire, erbaut 1792 (Foto: Bill Finney)

stimmt. Die Außenwelt wird als Bedrohung von Moral und sozialer Ordnung angesehen. Die Gemeinschaft steht an erster Stelle, Einfachheit ist eine Tugend. Ihre Lebensgrundlage sind die Landwirtschaft und die handwerkliche Fertigung von Gebrauchsgegenständen. Auch ist das gesamte tägliche Leben der Shaker religiös ausgerichtet, doch nicht wie im täuferischen Glauben mit dem Ziel einer späteren Auferstehung. Für die Shaker ist das Leben an sich Spiritualität. Anders als andere protestantische Bewegungen glauben die Shaker auch nicht an die Dreifaltigkeit, sondern sehen Gott als Mann und Frau zugleich.

Die Geschichte der Shaker nahm ihren Anfang in England im Jahre 1770. Lichtfigur und Gründerin der Shaker ist Ann Lee, eine englische Arbeiterin aus Manchester. Eine Frau, die erleben mußte, daß ihre vier Kinder starben, so daß sie mit dreißig Jahren wieder allein mit ihrem Mann dastand. Im Jahr 1770 wurde Ann Lee ins Gefängnis geworfen, weil sie Kritik an der anglikanischen Kirche geübt hatte. Dort, im Gefängnis, hatte sie eine Vision, die ihr Leben verändern sollte. In ihrer Vision erkannte sie, daß fleischliche Beziehungen der Grund für Streit und Feindschaft in der Welt sind. Männer und Frauen sollten statt dessen unschuldig wie Kinder miteinander leben. Sie träumte von einer paradiesischen Gemeinschaft, in der Menschen wie Engel frei von sexueller Begierde, frei von Krieg, Habgier und Ausbeutung leben sollten. Gleichheit für alle, das war ihre Vision. Als Ann Lee drei Jahre später, 1773, erneut im Gefängnis saß, zeigte ihr eine zweite Vision den Weg, wie ihre paradiesische Gemeinschaft Wirklichkeit werden sollte. Der Weg führte direkt in die Neue Welt. Und so entschloß sie sich zur Reise über den Atlantik. Schon ein Jahr später kam Ann Lee mit acht Anhängern in New York an.

Unter Ann Lees Gefolgsleuten waren neben ihrem Ehemann ihr jüngerer Bruder William Lee und ein entfernter Verwandter namens James Whittaker. In den ersten Monaten im verheißenen Land mußte die kleine Glaubensgruppe um ihr Überleben kämpfen. Anns Ehemann verließ sie, weil sie um jeden Preis am Zölibat festhielt. So fest war der Glaube an ihre Vision, daß Ann Lee und ihre kleine Schar von Anhängern sich von keinerlei Rückschlägen entmutigen ließen. Über fünf Jahre lang konnten die Shaker keine neuen Mitglieder gewinnen. Ann Lee wurde sogar als Hexe verfolgt, war als britische Spionin verschrien. Das änderte sich schlagartig im Frühjahr 1780, als New York und Neuengland von einer religiösen Welle erfaßt wurden. Angezogen von ihrer Vision, scharten sich neue Anhänger um Ann Lee. Der Baptistenprediger Joseph Meacham war einer der ersten, der sich ihr anschloß.

Der zunehmende Erfolg der Shaker war der Obrigkeit in Amerika genauso suspekt wie über zweihundert Jahre zuvor der Erfolg der Täufer den Feudalherren in Europa. 1780 mußte Ann Lee ein halbes Jahr lang erneut ins Gefängnis. Diesmal in Amerika. Aber sie ließ sich nicht entmutigen. Kaum wieder frei, begann sie eine Bekehrungsreise, von der sie krank zurückkam. Wenig später, im September 1783, starb Ann Lee mit 48 Jahren.

Ihr Tod war aber nicht das Ende der Shaker. Im Gegenteil. Joseph Meacham und Lucy Wright, eine junge Frau aus Massachusetts, traten das Erbe Ann Lees an. Sie schufen die kollektive Familie der Shaker, in der alle Arbeit und Gewinn teilen. Eine kollektive Familie, die Friedrich Engels 1880, rund hundert Jahre später, als »utopisch sozialistisches Experiment« bezeichnete, wobei er den religiösen Aspekt der revolutionär-gesellschaftlichen Bewegung der Shaker vernachlässigte.

Um ihre Idee der Glaubensgemeinde umzusetzen, riefen Joseph Meacham und Lucy Wright ihre Anhänger im Jahr 1787 dazu auf, ihre Besitztümer und ihr bisheriges weltliches Leben zu verlassen und auf nebeneinandergelegene Bauernhöfe zu ziehen. Der Grundstein für die zölibatäre Gemeinde der Shaker war gelegt.

Wer von nun an den Shakern beitreten wollte, mußte nach und nach verschiedene Rangstufen durchlaufen. Überhastete Beitritte sollten verhindert werden. Die Leitung der Glaubensgemeinschaft übernahmen in jeder neugegründeten Gemeinde zwei »Älteste«. Joseph Meacham und Lucy Wright änderten sogar die Weise, wie der Gottesdienst abgehalten wurde. Sie schafften Ann Lees drehenden, schüttelnden und hüpfenden Tanz ab, der den Shakern ihren Namen gegeben hatte. Statt dessen schritten die Gläubigen von nun an in der Andacht ruhig vor und zurück.

Unter der Führung von Vater Joseph und Mutter Lucy blühte die Glaubensgemeinschaft auf. Lucy wurde nach Ann Lee zur zweiten Mutter der Shaker. Als Lucy Wright 1821 starb, hatte die Gemeinschaft rund 4000 Mitglieder, die in mehreren Gemeinden in den Neu-England-Staaten sowie in Ohio, Kentucky, Indiana und New York lebten. Und die Zahl der Anhänger wuchs. 1840 zählten die Shaker schließlich 6000 Mitglieder.

Vielen stranggläubigen Shakern waren die neuen Anhänger jedoch suspekt. Sie befürchteten, daß etliche neue Mitglieder nur konvertierten, weil die Shaker-Gemeinde ihnen durch die starke Gemeinschaft ein sicheres Leben versprach. Denn jedem Mitglied, das für die Shaker sein privates Eigentum aufgab, versprachen die Shaker eine Gemeinschaft, die sie mit Arbeit, Essen, Kleidung, Medizin und Unterstützung im Alter versorgen würde. Doch eigentlich sollten nicht Sicherheiten, sondern das Streben nach Seelenheil Grund für den Beitritt sein. Und so wurden die Regeln der Shaker immer strenger, der Beitritt immer schwieriger.

Heute gibt es Shaker nur noch in einer von einstmals 19 Gemeinden. In Sabbathday Lake im Bundesstaat Maine. Bis 1992 hatte es noch zwei Gemeinden gegeben. Die zweite war Canterbury in New Hampshire, die ursprünglich 1792, zwei Jahre vor Sabbathday Lake, gegründet worden war. Doch mit dem Tod von Ethel Hudson starb der letzte lebende Shaker von Canterbury. Schon 1965 hatte die Gemeinde von Canterbury beschlossen, keine neuen Mitglieder mehr aufzunehmen. Sie hatte damit ihren eigenen Untergang besiegelt.

Shaker heute

Auch wenn es also nur noch in Sabbathday Lake einige wenige Vertreter der Shaker-Gemeinde gibt, so erleben die Shaker dennoch in den USA ein Comeback. Nicht als Religionsgemeinschaft, sondern als Hersteller von Möbeln. Die Produktion und das Design von Möbeln waren schon zu ihrer Blütezeit die Spezialität der Shaker. Mit sparsamer Effizienz stellten sie Stühle, Tische, Kommoden, Regale und Schränke her, die ihre Wertvorstellungen von Ordnung und Harmonie widerspiegelten. Ohne Gardinen vor den Fenstern, die nur das Licht blockieren, oder Teppiche, die lediglich als Staubfänger dienen, richteten sie ihre Räume mit funktionellen Möbelstücken ein, die in die Innenarchitektur integriert wurden. Heute werden die minimalistischen Möbel im Stil der Shaker hochpreisig gehandelt. Die bilaterale Symmetrie ihres Designs, die ursprünglich dem Geist dienen sollte, schmückt manchen modernen Wohnraum. Die religiöse Utopie einer charismatischen Frau wird als Möbelstück erstanden.

Und so ergeht es den Shakern ganz ähnlich wie auch den Täufergemeinden. So wie die Old Order Amish unfreiwillig Touristen als Fotoobjekte dienen, wandeln auch Besucherscharen durch die 25 Gebäude in Canterbury, das einst zielgerichtet als spirituell erfülltes Dorf errichtet wurde. Die Leitlinie der Shaker »Hands to Work, Hearts to God« läßt sich in den verlassenen Räumen nur noch erahnen. Unterdessen haben Marketing-Experten die altertümlichen Buggies als ungewöhnliches Element für die Autowerbung entdeckt. Zuvor hatte bereits mancher Regisseur den eigenwilligen Lebensstil der Amish auf die Leinwand gebannt. Narren Gottes? Vielleicht. Narren der Unterhaltungsindustrie? Bestimmt.

Rückständige Illusionisten?

Dabei unterliegen viele Einschätzungen dieser extremchristlichen Frommen einer Fehlinterpretation. Fortschritt, nicht Rückschritt ist der Kern der Entstehung sowohl der Shaker als auch aller Täufergemeinden. Sie alle begannen nicht als weltflüchtige Gottessucher, sondern als innovative Reformer. So entwickelten die Hutterer ein für das 16. Jahrhundert überlegenes Schulsystem, das erstmals pädagogische Ideen aufgriff und nicht nur auf Strafen setzte. Die Shaker wiederum waren bekannt für ihre Kräutermedizin und die Fähigkeit zu spirituellem Heilen. Mit ihren Buggies schließlich schufen die Amish im 18. Jahrhundert ein wendiges und schnelles Fahrzeug, das die üblichen Karren hinter sich ließ.

Auch die Produktivität ihrer Landwirtschaft war lange unübertroffen und ist noch heute hoch. Ob mit Pflug und Pferdegespann wie die Old Order Amish oder mit moderner Agrartechnik wie auf den hutterischen Bruderhöfen, die Täufergemeinden – aber auch die Shaker konnten ihren Lebensunterhalt immer mit den Dingen bestreiten, die sie als Geschenk Gottes ansehen: Zeit, Land und Energie.

Und die Erstarrung in der Vergangenheit ist bei den einzelnen Gruppierungen auch unterschiedlich stark ausgeprägt. So halten die Hutterer zwar an ihrer sozialen Ordnung fest, in der jedes Mitglied einen festen Platz im Gefüge hat, haben aber eben schon längst einen Kompromiß mit der modernen Technik geschlossen. Ähnlich sieht es bei verschiedenen Ausrichtungen der Mennoniten aus. Viele von ihnen leben nicht ohne Strom und Landwirtschaftsmaschinen, wie es die Old Order Amish und die Old Order Mennonites vorziehen.

Alle diese christlichen Glaubenssucher erschufen zudem einmalige Gemeinschaftsstrukturen. Einen Mikrokosmos, der seinen Mitgliedern Sicherheit verspricht. Diese Gemeinschaft ist zugleich Stärke und Schwäche der Glaubensgruppen. Eine Gemeinschaft, die das Kollektiv über das Individuum stellt. Eine Gemeinschaft, die menschliche Werte vor moderner Technik sieht. Eine Gemeinschaft, die schützt und einengt zugleich. Und diese Gemeinschaft ist so stark, daß die Frommen trotz ihrer Friedfertigkeit nicht als Opfer aus den Anfeindungen herausgehen. Ja, sie ist so stark, daß sie den Märtyrern ihres Glaubens ewiges Leben in der Erinnerung der Gemeinschaft garantiert. Ein Sieg des Glaubens über das Böse der Welt. Zumindest in der Vorstellung der Gläubigen.

Die Uhren Voltaires oder: die Stunde Europas

von Dieter Hildebrandt

Im Voltairemuseum in Genf hat man ihn vor sich: Da sitzt der einst berühmteste Schriftsteller Europas an einem kleinen Sekretär mit schönen Blumenintarsien, in einem eleganten Rock, dessen Schöße neben dem Sessel bis auf den Boden reichen, mit Seidenstrümpfen und zierlichen spitzen dunklen Schuhen, der Rücken fast bucklig, der Kopf mit frischgelockter Perücke auf die Brust gesackt, das berühmte Lächeln bei zahnlosem Mund bis ins Kinn herabgerutscht, und in der Hand eine Feder – François Marie Arouet, genannt Voltaire, bei der Arbeit.

Hier hat er tatsächlich, vor fast zweieinhalb Jahrhunderten, gesessen, an diesem Pult geschrieben. Aber die Museumspuppe, ausgestopft und eingeweidet, hingesetzt wie hingerichtet, gibt ein völlig falsches Bild des Mannes, des Genies, des großen Verstörers und noch größeren Anregers. Wir müssen dem seltsamen Museumsobjekt erst Leben einhauchen, die Figurine zur Figur machen und die Mumie zum Meister des Worts, ehe wir diesen Voltaire wahrnehmen, wie er wirklich in diesem Haus gesessen hat: gekrümmt ja, aber nicht im mindesten gebeugt, zahnlos ja, aber immer noch bissig, hinfällig auch, aber doch mit jenem Triumph des Spötters, der auch der eigenen Hinfälligkeit spotten gelernt hat. Wir erblicken dann einen Mann von 65 Jahren und europäischer Reputation (und Verhaßtheit), der aber dennoch erst anfängt, zur überragenden Instanz zu werden und sich in die Unsterblichkeit einzuschreiben. Und der gerade im Begriff ist, sich sein eigenes kleines Fürstentum zu schaffen, ein praktisches Paradies – als Patriarch von Ferney.

An diesem Schreibtisch, in dieser schönen Villa »Les Délices« vor den Toren Genfs, hat er soeben ein Werk vollendet, das seinen Namen, mehr als alle seine Tragödien, in die Nachwelt transportiert. 1758 hat er, binnen weniger Monate, den *Candide* geschrieben, eine der großen Satiren der Weltliteratur, eine der bittersten, der weisesten und frechsten.

Candide: ein Name als ironisches Programm; und so lernen wir den Helden kennen:

»In Westfalen, auf dem Schlosse Herrn Barons von Thunder-ten-tronckh, lebte ein junger Mensch, dem die Natur das sanfteste Gemüt verliehen hatte. Sein Antlitz gab Kunde von seiner Seele. Er besaß ein gerades Urteil bei einfachstem Verstand. Deshalb, glaube ich, wurde er Candide genannt.«

Einer von den reinen Toren also. Und der wird nun von Voltaire in die Welt hinausgeschickt, die von den Philosophen gerade als die beste aller möglichen ausgerufen worden war. Er erlebt die Segnungen der Realität: Spießrutenlauf und Schiffbruch, Piraterie und Galeeren, Mord und Grausamkeit, Inquisition und Folterung, Betrügerei und Frömmlertum. Der Autor setzt seinen Helden einem irrwitzigen Desillusionierungsprogramm aus. Das liest sich und soll sich lesen wie ein toller Abenteuerroman, ja, man kann es mit einem rasant geschnittenen Actionfilm vergleichen. In Wahrheit aber ist es ein rabiater zeitgeschichtlicher Einspruch. Dieses Buch zerstört die große optimistische Feier der Plausibilität, zu der sich Leibniz und Bolingbroke, Shaftesbury und Wolff zusammengetan hatten. Voltaires Satire zerschlägt mit panischer Ungereimtheit den Reim, den sich das 18. Jahrhundert auf Güte und Blüte gemacht und den Alexander Pope auf den Nenner gebracht hatte:

»Whatever is, is right.«

Der *Candide* nimmt sarkastisch vorweg, was als die Losung unserer Tage gilt: das Ende der Ideologien. Die damals herrschende, gegen die Voltaire schon mit dem Untertitel des Werks spottet, ist »Der Optimismus«. Die philosophische Schönrednerei. Das allgemeine Harmoniebedürfnis. Das fatale »Laßt mal gut sein!« Voltaires Einsicht:

»Optimismus ist die Raserei zu behaupten, alles sei gut, wenn alles ganz schlecht ist.«

Denn es sei ebensolcher Selbstbetrug, der verhindere, daß überhaupt etwas zum Besseren gewendet werden könne.

Candide ist ein armer Teufel, aber er ist nicht nur eine Spottfigur. Er ist auch ein Leidensgenosse seines Autors. Denn auch Voltaire hat eine Zeit der Abenteuer hinter sich, Jahre von Flucht und Verfolgung, von Denunziationen und Mißgeschicken, von Nachstellungen und Irrfahrten. Der weltläufige Schriftsteller, immer auf der Jagd nach Ruhm, war selber zum Gejagten geworden. Er, der die Nähe der Großen suchte, hatte bitter erfahren müssen, daß sie ihre Größe der Unnahbarkeit verdanken. Nur wenige Jahre lag sein verzweifeltstes Erlebnis zurück: das zweieinhalbjährige Gastspiel bei Friedrich dem Großen in Berlin, an dessen Ende er sich böse Stichworte zu einem Wörterbuch für den Umgang mit Königen notierte:

»Mein Freund! bedeutet: Mein Sklave!

Mein lieber Freund! bedeutet: Sie sind mir mehr als gleichgültig.

Ich werde Sie glücklich machen! bedeutet nichts weiter

als: Ich werde Sie so lange ertragen, wie ich Sie brauche. Speisen Sie heute abend mit mir? besagt nur: Ich werde mich heute abend über Sie lustig machen.

Dieses Wörterbuch kann lang werden. Aber im Ernst, es geht leider ans Herz.«

Im Frühsommer 1753 hatte Friedrich Voltaire in Frankfurt sogar in Arrest nehmen lassen. Aber auch die Heimkehr nach Frankreich war ihm durch Ludwig XV. verwehrt worden. Der umschwärmte Schriftsteller sah sich heimatlos, exiliert. Deshalb zunächst die Niederlassung bei Genf, das eine kleine Republik für sich war. In der aber alles nichts galt, was für Voltaire Lebenselixier war: das Theater, der Witz, freimütige Kritik an Religionsdingen. Und über die er diesen Vierzeiler reimte:

»O stolze Stadt, so reich und so borniert,
Wo nur Rendite zählt und Lachen stirbt im Nu,
Wo immer nur der Rechenknecht regiert
und Bälle und Komödien sind tabu!«

Als er den *Candide* fertig hat, weiß er, daß auch sein Aufenthalt vor den Toren Genfs gefährdet ist, denn in der Stadt selbst wird das Buch öffentlich verbrannt. Zwar hat es Voltaire – wie viele seiner Arbeiten – anonym erscheinen lassen. Aber das hilft ihm nur wenig: Es gibt nur einen Schriftsteller in Europa, der so schreibt wie er, in so epigrammatischer Schärfe, mit so blitzgescheitem Tempo und mit so rücksichtsloser Courage. Er braucht, neben »Les Délices«, ein neues Quartier.

Und dabei wird ihm sein eigenes Buch zum Wegweiser und Ratgeber. Denn am Ende des *Candide* hat er sich gewissermaßen sein persönliches Lebensprogramm selbst vorgeschrieben, er, der Mann Mitte Sechzig. Im letzten Kapitel treffen Candide und sein Begleiter Pangloss auf einen alten Türken unter einer Orangenlaube, der nichts davon weiß, daß soeben der Großmufti von Konstantinopel ermordet worden ist, und ihnen sagt:

»Ich weiß es nicht. Ich habe nie den Namen irgendeines Mufti oder Wesirs gewußt ... Ich erkundige mich nie, was in Konstantinopel geschieht. Ich gebe mich damit zufrieden, die Früchte des Gartens, den ich bebaue, dorthin zu schicken ... Ich besitze nur zwanzig Morgen Land ... Ich bebaue sie mit meinen Kindern. Die Arbeit hält drei große Übel von uns fern: Langeweile, Laster und Not.«

Und als die beiden Helden in ihre eigene kleine Meierei zurückkehren und Pangloss wieder die Harmonie-Harfe anschlagen will, sagt Candide, schon deutlich in der Maske Voltaires, sein berühmt gewordenes:

»Il faut cultiver notre jardin.« (Wir müssen unsern Garten bebauen.)

Und eben das beginnt nun auch Voltaire zu tun. Er setzt damit, wohl ohne es noch recht zu ahnen, eine gelebte Utopie ins Werk. Er eröffnet damit einen Lebensabschnitt, von dem er kaum hoffen kann, daß er ihm noch einmal fast zwanzig volle Jahre bescheren wird. Im Frühjahr 1759 erwirbt der Autor die Domaine Ferney, ein paar Kilometer außerhalb von Genf. Heute geht eine Buslinie dorthin, die als Endstation »Ferney-Voltaire« im Schilde führt. Das wichtigste aber ist, daß dieses Ferney schon in Frankreich liegt, doch dicht an der Grenze. Voltaire ist hier zunächst einmal vor den Nachstellungen der Genfer Eiferer sicher, kann aber, falls die französischen Behörden ihm auf den Leib rücken wollen, binnen weniger Minuten per Kutsche nach Genf oder in Richtung Bern verschwinden. Voltaire nennt es »eine Zuflucht, von Fuchsloch zu Fuchsloch, vor Königen und Armeen«.

Aber dieses Ferney liegt nicht nur geographisch auf der Grenze. Es ist eine wahre Utopie. Nämlich im ursprüng-

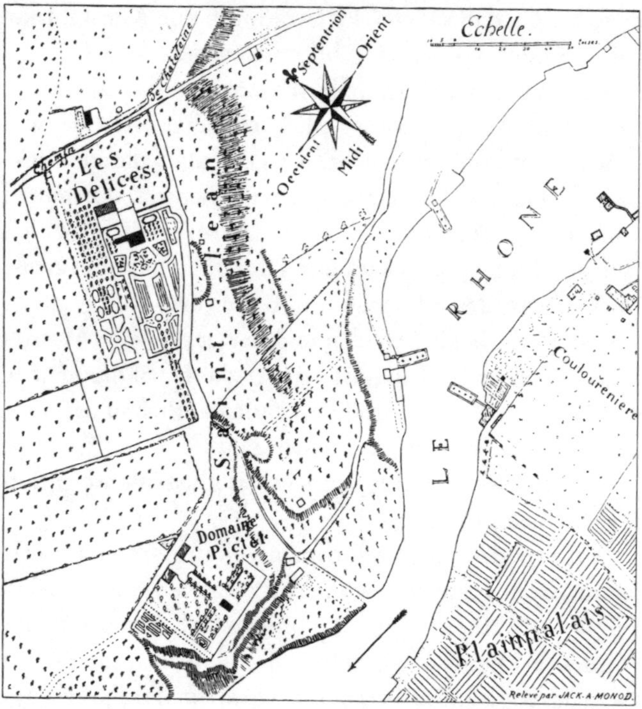

Lageplan von Les Delices, um 1735 (Musée Voltaire, Genf)

lichen Wortsinn: Ferney ist ein Nicht-Ort. Eine Ungegend. Ferney gibt es nicht. Nicht mehr. Es ist ein vergammelter Flecken mit einem heruntergekommenen, lange nicht mehr bewohnten Schloß. Die dazugehörigen Bauern und Tagelöhner sind außer Lohn und Brot, halb verhungert, halb verwildert, die Äcker liegen brach, versumpfen, versteppen. Dies ist ein Stück Niemandsland zwischen den Fronten. Aber diese terra devastata ist genau das, was Voltaire braucht: ein kategorischer Neuanfang.

»Ich liebe den Helden, der aufbaut.«

Der alte Mann beginnt, sich selbst zu widerlegen. Er wird zum Optimisten in eigener Sache. Er träumt sich nicht in ein Landgut, er träumt sich in ein Paradies. Er will der gute Gott von Ferney werden. Und macht sich an die Arbeit.

Voltaire beginnt in großem Stil, denn er ist ja ein hoch vermögender Mann. Er läßt das verfallene Schloß für sich herrichten und umbauen. Der Bau ist das genaue Gegenteil des anmutig kleinen und ebenerdigen Genfer Landhauses: ein pompöser Kasten mit großen Fensterfronten und einem Theatersaal: Denn das Theater bleibt für Voltaire die liebste abendliche Unterhaltung; das Komödienspiel, bei dem er auch im Alter immer noch mitzumachen liebt, gehört zu seinen Gewohnheiten wie heutzutage ein Fernsehabend. Aber dann denkt er an die Bauern, die mit dem Ankauf der Domäne nun seine Untertanen geworden sind. Stolz berichtet er in seinen ersten Briefen:

»Ich verbinde mit der Freude, ein schön gebautes Schloß zu besitzen und ganz besondere Gärten angelegt zu haben, das solide Vergnügen, dem Land, das ich zu meinem Alterssitz gewählt habe, nützlich zu sein. Ich habe von dem Rat die Erlaubnis zur Trockenlegung der Sümpfe erhalten, die die Gegend verpesteten und unfruchtbar machten. Ich habe die riesigen Heideflächen urbar gemacht, mit einem Wort, ich habe die Theorie meiner Schriften in die Praxis umgesetzt.«

Hinter dem Schloß dehnten sich bald weitläufige Gärten, und man hatte auf der einen Seite einen Blick auf die Vorgebirge der Alpen, und auf der andern sah man das Massiv des Jura, dessen winterlichen Schnee Voltaire, der stets fröstelnde, mit Mißbehagen registrierte. Mit der Aussicht hat auch eine weitere Baumaßnahme zu tun, die zu einem der ersten Konflikte mit der örtlichen Geistlichkeit führt. Voltaire läßt nämlich das alte, eher schuppenähnliche Kirchlein abreißen, weil es den freien Ausblick des Schloßherrn behindert, läßt auch die Kirchhofsmauer verlegen und entfernt dabei ein großes Holzkreuz, das ihn stört.

Daß er gesagt haben soll »Schafft mir den Galgen fort!«, bringt die Kirchenleute erst recht in Rage. Voltaire selbst nimmt es wieder einmal eher komödiantisch:

»Ich baue nämlich eine recht hübsche Kirche, deren Frontseite aus Steinen gemauert wird, ich gründe des weiteren eine Schule. Und als Lohn für diese Wohltaten haben zwei Pfarrer benachbarter Dörfer einen Kriminalprozeß gegen mich angestrengt. Streitobjekt sind anderthalb Quadratfuß Friedhof und zwei Hammelrippen, von denen behauptet wird, es seien Gebeine Verstorbener und hier Begrabener. Außerdem hat man mich exkommunizieren wollen, weil ich ein hölzernes Kreuz entfernen ließ und in meinem Übermut eine Scheuer teilweise habe niederreißen lassen, die man als Pfarrkirche zu bezeichnen beliebte.«

War er ein Atheist oder bloß ein Spötter? War er, wie die französische Geistlichkeit ihn sah, eher der Antichrist? War ihm nichts heilig? Aber war nicht auch dies einer seiner berühmten Sätze:

»Wenn es Gott nicht gäbe, müßte man ihn erfinden.« –?

Sein Zorn gegen die Kirche, die »Infame«, wie er sie nannte, kannte kaum Grenzen. Wenn er in Rage kam, klang das so:

»Ich wiederhole Ihnen, daß man sich vor diesen Füchsen – den Jesuiten – nicht weniger fürchten sollte als vor den jansenistischen Wölfen. Man muß diese stinkenden Tiere kühn vertreiben. Sie sollen nur brüllen, daß wir keine Christen sind, ich werde ihnen bald beweisen, daß wir bessere Christen sind als sie ... Ich diene Gott, weil ich Kirchen baue, weil ich ein Krankenhaus einrichten werde, weil es bei mir, den Steuereinnehmern zum Trotz, keine Armen mehr geben wird. Ja, ich diene Gott, ich glaube an Gott, und ich will, daß man dies weiß.«

Und aus solchem grandiosen Selbstbewußtsein entsteht etwas Unglaubliches. Die Idylle Ferney, aus einer Einöde erwachsen, aus Elend emporgekommen, wird zu einer europäischen Attraktion. Das Herrenhaus mit seinen weiten Blicken wächst zu einem politischen Machtzentrum. Die entlegene Position ist für einige Jahre die intellektuelle Mitte Frankreichs. Und zwar so: Voltaire war immer mehr gewesen als ein Schriftsteller. Er hatte, schon ganz jung, zwei Ziele anvisiert: berühmt werden und reich. Der Ruhm brachte Glanz, das Geld aber Unabhängigkeit und beides zusammen erst die völlige Souveränität. Neben seiner literarischen Tätigkeit war er Kaufmann, Bankier für bankrotte Fürsten, Schiffsunternehmer, diplomatischer Ratgeber und zuweilen auch der durchtriebenste Spion. Nur die Nähe von Königen suchte er nicht mehr; er beschränkte sich auf lebhafte Korrespondenz, zum Beispiel mit Katharina der Großen. Und mit allen diesen Tätigkeiten war Voltaire so etwas wie der erste Globalisierer, einer, der begriff, daß in Europa eine neue Welt zusammenwuchs und ein gemeinsames Bewußtsein sich herausbildete. Früh schon hatte er erkannt:

»Das christliche Europa wird eine Art einer unermeßlichen Republik, wo das Gleichgewicht der Macht weit besser eingeführt ist, als es in Griechenland war ... Alles geht uns an, alles ist für uns gemacht; ... alles erinnert uns täglich, daß Amerika und das große Indien und folglich alle Teile der Welt durch den Fleiß unserer Väter vereinigt sind. Es ist keine einzige Privatperson in Europa, auf welche alle diese Veränderungen keinen Einfluß gehabt hätten.«

Und dieses »Alles geht uns an« wird für den Patriarchen Voltaire zur ständigen moralischen Verpflichtung, oder sagen wir es weniger pathetisch: zum dauernden Anreiz, sich einzumischen. Und seine Einmischung ist keine Wichtigtuerei, sondern sehr konkret. Die Hilferufe der Elenden erreichen ihn von überall her. Ferney wird die Adresse für Erniedrigte und Beleidigte überall in Europa. Und Voltaire setzt seinen Ruf ein, seinen Einfluß, nicht zuletzt sein Geld. Im Jahr 1764 erreicht er die Freilassung dreier Galeerensträflinge, deren »Verbrechen« skandalöse Auskunft geben über das korrupte Justizwesen und die brutale Kirchenmacht im vorrevolutionären Frankreich.

Einer von ihnen hatte 23 Jahre als Rudersklave dienen müssen, nur weil er einen protestantischen Geistlichen einen Tag lang in seinem Haus verborgen hatte; ein anderer war verurteilt worden, weil er als gläubiger Katholik einen protestantischen Gottesdienst besucht hatte. Dieser, mit Namen Claude Chaumont, kam nach seiner Befreiung zu Voltaire, um sich zu bedanken. Voltaire brachte den Irrwitz auf den Punkt:

»Sie armer braver Mann! Man hat Sie auf die Galeere geschickt für das Verbrechen, statt auf Latein in schlechtem Französisch zu Gott gebetet zu haben.«

Dabei mußte Voltaire wohl das Gefühl haben, selbst, höchst unfreiwillig, etliche Menschen auf die Galeere gebracht zu haben. Denn viele seiner Bücher bargen für den, der sie druckte, verkaufte oder las, die Gewißheit des Delikts und das Risiko harter Bestrafung.

Aber nichts in den zwei Jahrzehnten von Ferney wird für Voltaires Lebenswerk und seine Wirkung von solcher Bedeutung sein wie der Fall Calas, der in Wahrheit eine Skandalaffäre von Kirche und Justiz ist. Sein dreijähriger Kampf in dieser Angelegenheit machte ihn für Frankreich bis heute zu einem der großen zivilen Helden, zum Prototyp des Citoyen, des couragierten Bürgers. Ein langer Fall, wir machen ihn kurz:

Am 9. März 1762 wird in Toulouse, einer Hochburg der Protestantenverfolgung, der 63jährige Tuchhändler Jean Calas, ein Protestant, hingerichtet unter dem Vorwurf, seinen Sohn Marc-Antoine ermordet zu haben, weil der zum Katholizismus habe übertreten wollen. In Wahrheit handelte es sich um einen klaren Fall von Selbstmord. Der Vater wird bestialisch gefoltert, aufs Rad geflochten, mit Stangen halbtot geschlagen, endlich, aus Mitleid, vom Henker erwürgt. Voltaire beginnt, sich für den Fall zu interessieren, wird auf Ungereimtheiten aufmerksam, ist bald Feuer und Flamme:

»Nichts seit der Bartholomäusnacht hat das Menschengeschlecht so geschändet wie die Hinrichtung von Calas ... Nur mit dem Tod lasse ich die Sache fahren. In sechzig Jahren habe ich soviel Ungerechtigkeit gesehen und erlitten, daß ich mir wohl das Vergnügen machen kann, diese eine Ungerechtigkeit zuschanden zu machen.«

Voltaire bemüht sich um Einsicht in die Prozeßakten, aber das Parlament in Toulouse, wo das Urteil gesprochen wurde, verweigert die Herausgabe. Nun macht er seine

Gönner in Paris mobil, von denen er nie genau wissen kann, ob sie noch seine Gönner sind. Seine erste Fürsprecherin in der Angelegenheit wird Madame de Pompadour, die Maitresse Ludwigs XV. Sie macht ihm Mut:

»Sie sind gleichsam die Schildwache des Staates. Sie halten es für Ihre Pflicht, die großen Mißstände aufzudekken. Ich habe dem König einige Stellen aus Ihrer Schrift vorgelesen, er war davon betroffen. Er hat den festen Entschluß gefaßt, das Andenken dieses ehrlichen Alten zu rächen und ihm seine Ehre wiederzuverschaffen.«

Und dennoch dauert es noch mehr als zweieinhalb Jahre, bis der Fall neu entschieden, das alte Skandalurteil aufgehoben und Jean Calas – dem das nichts mehr hilft – rehabilitiert ist. Längst sind zwei andere Söhne Calas', die sich vor der auch ihnen drohenden Verfolgung in die Schweiz gerettet hatten, Gäste von Voltaire; er hat sie in der Nähe von Les Délices untergebracht. Er schreibt also nicht nur Petitionen, er leistet auch ganz praktische Hilfe. Und längst hat er andere Fälle am Hals; Voltaire ist zu einer Institution wie Amnesty International geworden.

Und endlich kommen die Uhren ins Spiel. Ins Kirchspiel Ferney. Denn Voltaires Utopie ist keine bloß publizistische, keine nur juristisch-politische. Immer soll auch die konkrete Ware die große Virtualität der Kampagnen ergänzen. Und als nun in Genf jener Irrsinn, gegen dessen katholische Ausprägung er so ausdauernd zu Felde gezogen ist, seine spezielle protestantische Variante erfährt, greift er zu einer Initiative ganz anderer Art. Als kleine Handwerker, sogenannte natifs, in Genf von calvinistischen Eiferern verfolgt, einige sogar erschlagen werden, nimmt der Patriarch zweihundert Asylsuchende bei sich in Ferney auf.

»Es sind fast lauter vortreffliche Uhrmacher. Ich nahm

Ansicht des Anwesens von Voltaire, Stich von 1770
(Bibliothèque Nationale de France, Paris)

mich ihrer an und erbaute Häuser für sie mit einer Geschwindigkeit, die fast so groß wie mein Eifer war. Seine Majestät gestattete den Handwerkern, ihren Beruf auszuüben, ohne irgendwelche Abgaben zu zahlen. Alles, was ich an Geld zur Verfügung hatte, lieh ich den Kolonisten, und sie machten sich an die Arbeit.«

Und diese Arbeit floriert über alle Erwartungen. Schon bald kann er Kisten voller Uhren nach Spanien, Holland, Rußland und Italien schicken. Voltaire selbst arbeitet mit, indem er Werbebriefe an die großen Adressen Europas schickt, wie etwa diesen an die Herzogin von Choiseul in Paris, wobei er gleichzeitig an die frühe Zeit von Ferney erinnert, als er eine Seidenraupenzucht etabliert hatte und reihum Seidenstrümpfe versandte.

»Ich habe ja früher schon die Dreistigkeit besessen, Ihnen das erste Paar Seidenstrümpfe zu senden, das man jemals in dieser Einöde aus Eis und Schnee gewirkt hat. Ich komme Ihnen aber heute mit einer noch größeren Dreistigkeit. Als den Genfer Flüchtlingen erlaubt wurde, sich in Frankreich niederzulassen, ließ ich sie in meine Hütte kommen. Und kaum hatten sie sich an die Arbeit gemacht, als wir schon Uhren genug fabriziert hatten, um eine erste kleine Kiste nach Spanien senden zu können. Das ist aber erst der Anfang eines sehr großen Geschäfts. Mit dieser Post sende ich auch eine Kiste an Monseigneur le Duc [gemeint ist der Minister Choiseul, der Gatte der Dame], damit er sehen kann, wie leicht es ist, eine Kolonie zu gründen, wenn man es aufrichtig will.«

Die Uhren Voltaires – sie sind eine paradoxe Produktion. Er schickt sie an die Herrscher und Fürsten Europas, an die Maitressen und galanten Damen, denen er Komplimente macht wie nur je ein übereifriger Kavalier. Und dennoch sind diese Kisten mit den Chronometern eine Art

Konterbande: Sie schlagen in gewissem Sinn schon eine neue Stunde, sie ticken den Countdown zur Revolution. Sie schmücken noch die alten Figuren, aber sie sind zugleich Vorboten einer neuen Epoche. Gefertigt von Flüchtlingen auf einem utopischen Stückchen Land, versandt von einem Großschriftsteller, der zum Menschenrechtler wurde, tragen sie Zifferblätter, auf denen man hätte ablesen können, wie lange es noch hin ist bis zum Sturm auf die Bastille. Voltaires Uhren sind nichts weniger als – Zeitbomben.

Er selbst hatte ein pathetisches Verhältnis zur Zeit – nicht zu seiner eigenen – sondern zum Begriff der Zeitlichkeit. Er verstand sie als Humanum. Und mit einem seiner schönsten Texte soll er hier das letzte Wort haben:

»*Zwanzig* Jahre braucht der Mensch, um aus dem Pflanzenwesen, das er im Mutterleib ist, und über den eher animalischen Zustand der Kindheit zur beginnenden Entfaltung seines Verstandes zu gelangen.

Dreißig Jahrhunderte hat es gedauert, bis er seine Anatomie einigermaßen zuverlässig kannte.

Die Ewigkeit müßte man haben, um seine Seele kennenzulernen.

Ein Augenblick genügt, um ihn zu töten.«

Der Garten der Liebe und der Garten der Naturgeheimnisse: die Gartenentwürfe des Fürsten Franz von Dessau in Wörlitz und des Herzogs Ernst II. von Sachsen-Gotha-Altenburg in Gotha

von Michael Niedermeier

Utopische Gegenentwürfe zur jeweils herrschenden Wirklichkeit sind verwandt mit dem Mythos vom Paradies, vom Garten Eden oder vom Goldenen Zeitalter. Während aber die Vorstellungen vom Paradies den Menschen die Arbeit der Naturaneignung und des Nahrungserwerbs ersparen, müssen die Bewohner einer Utopie meist ihren Lebensunterhalt auf irgendeine Art und Weise selbst erwirtschaften. Trotz dieses Gegensatzes gab es immer wieder Versuche, utopische Visionen unter Einbeziehung der Gedanken an das Goldene Zeitalter, den Garten Eden oder Arkadien zu verwirklichen. So beschrieb der Venezianer Francesco Colonna 1499 in seiner *Hypnerotomachia Poliphili*, einer Mischung aus Liebesroman und groß angelegtem Garten- und Architekturwerk, wie die Idee des Goldenen Zeitalters mit dem Studium der Kunst und Ästhetik des klassischen Altertums verbunden werden könne. Seiner Auffassung nach berge die kreisrunde Insel Citeria, die Insel der Liebe, nämlich Zeugnisse antiker Zivilisationen, deren planvolle Architektur durch inhaltliche Aneignung den Menschen den Weg in eine harmonische Gegenwelt weise. Colonnas Ideen haben die Entwicklung der Gartenkunst aller folgenden Epochen wesentlich inspiriert.

Gartenstadtentwürfe, die in ein quasi grünes Ambiente eingebettet sein sollten, wie zum Beispiel Claude-Nicolas Ledoux' Plan von Chaux, hatten immer auch das Paradies im Blick. Nach der Entdeckung Amerikas durch die Seefahrer der Frühen Neuzeit wurden manche Ansiedlungen in der Neuen Welt nach Idealstadtentwürfen gebaut. 1736 konzipierte William Byrd für eine Gruppe von Schweizer Siedlern in Virginia die Gründung mehrerer Idealstädte, die er Eden nannte und mit denen er den Paradiesgedanken eng mit dem Ziel einer tatsächlichen Umsetzung utopischer Grundsätze in der Realität verband. Gartenstadtähnliche Vorstellungen flossen auch in die Gestaltung der Siedlungen Harmony und Economy ein, die die Rappisten, eine pietistische Gruppierung aus Württemberg, Ende des 18. Jahrhunderts in den jungen USA anlegten. Harmony stand in den 1820er Jahren als New Harmony noch einmal im Interesse der Öffentlichkeit, weil genau hier Robert Owen seine soziale Utopie zu verwirklichen hoffte. Jean-Bapstiste Godin, ein von Charles Fourier beeinflußter Industrieller und Utopist, entwickelte 1858 mit seinem Projekt »Familistère« im nordfranzösischen Guise ein Gartenstadtmodell für 1500 Personen. Und auch in Deutschland gab es Versuche, den Paradiesgarten mit städtebaulichen Konzepten zu verbinden. Die Pläne zur Residenz- und Parkstadt Karlsruhe (1715) zeugen noch heute davon.

Wie sehr sich mit dieser Gartenarchitektur zugleich Hoffnungen auf eine bessere Lebensordnung verbanden, zeigen zwei deutsche Gartenanlagen, in denen sich – bei aller stilistischen Ähnlichkeit – zwei gänzlich unterschiedliche Utopieansätze spiegeln. Die eine ist der berühmte Wörlitzer Garten unweit der Stadt Dessau im Anhaltischen. Die andere ist der Herzogliche Englische Garten in Gotha, von dem heute selbst in den Standardnachschlagewerken kaum etwas oder gar nichts zu finden ist, obgleich er sehr wahrscheinlich der erste eigentliche »Englische Garten« außerhalb Englands war. Beide zählen zu den frühesten landschaftlichen Gärten auf dem Kontinent, beide wurden gestaltet von zwei berühmten Fürsten der Aufklärung, die intensiv Pädagogik, Bildung, Ökonomie, Wissenschaft und Kunst in ihren Kleinstaaten unterstützten und dafür von den bedeutendsten Köpfen Deutschlands gerühmt wurden: Fürst Franz von Anhalt-Dessau und Herzog Ernst II. von Sachsen-Gotha-Altenburg. Beide Aufklärungsfürsten waren mit den politischen und sozialen Verhältnissen ihrer Zeit äußerst unzufrieden und suchten auf unterschiedliche Weise nach Alternativen.

Fürst Franz entwickelte seit den 1770er Jahren um seinen Landsitz Wörlitz herum ein Gartenreich, das von Dichtern und Aufklärern wie Wieland, Goethe, Georg Forster oder Johann Bernhard Basedow mit schmückenden Beinamen wie »Freyland«, »Goldenes Zeitalter«, »Arkadien«, »Arche Noah«, »Elysium«, »irdisches Paradies« oder »Garten Eden« bedacht wurde. Der gute Ruf des Wörlitzer Gartens oder des Fürstlichen Lustgartens in Dessau gründete sich dabei nicht zuletzt darauf, daß es hier, im Gegensatz zu vielen Fürstengärten und nicht zuletzt den landschaftlichen Gärten der reichen englischen Lords, keine Zugangsbeschränkungen gab. Unterschiedslos konnten Bürger aller Schichten in der verschönerten Naturlandschaft gleich einem Paradies vereint lustwandeln. August Rode, der als Erzieher, Gelehrter und Schriftsteller zum engsten Kreis des Fürsten gehörte, schrieb im offiziellen Dessauer Reiseführer:

»Allein nichts übertrifft den Genuß, bei stillem Mondscheine, unter dem Geräusch des nahen Wasserfalls, am Ufer des Flusses zu sitzen ... während daß in den dämmernden Gängen umher, gleich den Schatten Elysiums, alle Stände vermischt lustwandeln...«

In Rodes Wegweiser durch den Wörlitzer Garten heißt es:

»Er ist weder durch eine Mauer noch durch eine Verzäunung eingeschlossen.«

Ausgehend vom Vorbild des römischen Kaisers Augustus, auf den sich Fürst Franz noch ganz im Sinne der Fürstenabstammungen des Mittelalters und der Frühen Neuzeit auch genealogisch bezog, suchte er die Landesvaterrolle mit den neuen, aufklärerischen und pädagogischen Vorstellungen der Zeit zusammenzubringen. Er holte hochambitionierte Pädagogen, wie die Philanthropen Basedow und Campe, in sein Land, unterstützte modernste Reformen in der Schul- und Volksbildung, entwickelte die Landesökonomie nach fortschrittlichen Grundsätzen, förderte die Durchsetzung moderner Agrar- und Wirtschaftsmethoden und setzte sich für Toleranz zwischen den Religions- und Volksgruppen ein. Und er tat dies immer unter der Maxime, Schönheit und Nutzen, Natur und Kunst harmonisch miteinander zu vereinen.

Franz war ein Sproß des alten Askaniergeschlechts, das im Mittelalter zu den bedeutendsten Häusern Deutschlands gezählt hatte. Wie auch die anderen anhaltischen Fürsten verspürte Franz ebenfalls die bedauerlichen Folgen des erlittenen Machtverlustes: Als Generäle und Feldherren – meist im Dienst des übermächtig gewordenen Nachbarn Preußen – mußten sich die askanischen Fürsten in den Schutz und die Abhängigkeit der großen Territorialfürsten begeben. Sie sahen ihre Souveränität immer deutlicher bedroht und in Frage gestellt. Zu Beginn des Siebenjährigen Krieges hatten sich Fürst Dietrich, der Vormund des jungen Erbprinzen, und der junge Franz verspekuliert, indem sie annahmen, daß der Preußenkönig diesmal von den europäischen Großmächten vernichtend geschlagen würde. Der junge Franz schied nach der für Preußen katastrophalen Niederlage bei Kolin »aus gesundheitlichen Gründen« aus dem preußischen Militärdienst aus und übernahm die Regentschaft in Anhalt-Dessau. Der durch den plötzlichen Tod der russischen Zarin wundersam gerettete Friedrich II. verzieh dem askanischen Fürsten diesen als Feigheit ausgelegten taktischen Rückzug nie, wie sehr sich der Dessauer auch später bemühte, sich gegenüber dem Preußenkönig wieder in ein besseres Licht zu rücken.

Der Fürst versuchte nun durch innovative, Maßstab setzende Kunst- und Kulturleistungen den Mangel an politischem Einfluß auszugleichen. Das aufsehenerregende Sinnbild eines kleinen Gartenparadieses, einer verschönerten Natur- und Kulturlandschaft an der Grenze Preußens entstand in bewußter Opposition und Konkurrenz zu den friderizianischen Gartenarchitekturen und ließ den Garten des Preußenkönigs Sanssouci oder den Tiergarten in Berlin plötzlich altmodisch erscheinen. In den Augen der aufgeklärten Zeitgenossen erschien Fürst Franz als das Musterbild eines Regenten: Der Fürst, der, wie Goethe resümierte, »jung-, wohl- und edeldenkend«, einem »wohladministrierten und zugleich äußerlich geschmückten Lande« vorstand, habe sich der damaligen aufgeklärten Jugend sehr empfohlen:

»Die Anlage eines damals einzigen Parks, der Geschmack zur Baukunst, welchen von Erdmannsdorff durch seine Tätigkeit unterstützte, alles sprach zugunsten eines Fürsten, der, indem er durch sein Beispiel den übrigen [Fürsten] vorleuchtete, Dienern und Untertanen ein Goldenes Zeitalter versprach.«

Die neue Elite der Architekten – von Gilly über Langhans, Schinkel oder die Genelli-Brüder – ließ sich vom Freund, Vertrauten und Baumeister des Fürsten Franz, Friedrich Wilhelm von Erdmannsdorff, anregen. Der Prinz von Preußen, der den Thron vom Alten Fritz übernehmen sollte, wurde vom Fürsten Franz nicht nur politisch umgarnt und für ökonomische und kulturelle Neuerungen sensibilisiert, er wurde von ihm gleichzeitig auch ästhetisch beeinflußt, wie das Marmorpalais und der Neue Garten am Heiligen See bei Potsdam deutlich zeigen.

Der Wörlitzer Garten veranschaulichte in den 1780er Jahren aber auch in anderer Hinsicht der gebildeten Welt im allgemeinen und dem mächtigen Nachbarn im Norden im besonderen die in die Wirklichkeit überführten Traumvisionen einer Insel der Seligen, eines kleinen Utopia. Der Fürst verwandelte seinen Garten zunehmend in ein Reich der Liebe, in dem »die Emanzipation des Fleisches« (Fürst Franz) als Urkraft der Natur erkannt und erlebbar wurde. Die ältesten Teile des Gartens, der sogenannte Neumarksche Garten mit dem Labyrinth, folgten noch deutlich einer anderen, sinnenkritischen Form der Fürstenaufklärung, in dem – gleich dem Herkules am Scheidewege – der empfindsame Besucher den richtigen Weg zwischen sinnlicher Verführung einerseits und sittlicher Läuterung und Harmonie andererseits wählen sollte. Dieser Teil des Gartens dokumentiert noch, wie Fürst Franz und seine Gattin Louise, eine geborene Prinzessin von Brandenburg-Schwedt, um den Bestand ihrer Beziehung rangen. Der Preußenkönig hatte die beiden aus machtpolitischen Gründen zwangsverheiratet. Die Fürstin litt sehr unter der sinnlichen Natur ihres Gatten und entzog sich seinen Annäherungsversuchen. Unter Anleitung ihrer religiösen »Eheberater« Gellert und Lavater hofften beide, diesen Konflikt zu lösen.

Im Zentrum der Sichtachsen: Der Venustempel in Wörlitz
(Foto: Michael Niedermeier)

Der Weg durch das Labyrinth sollte helfen, den rechten Weg zu Harmonie und Aussöhnung zu finden.

In den nächsten Jahren und Jahrzehnten änderte sich das ästhetisch-sittliche Programm der nun folgenden Teile des Gartens grundlegend. Die neueren Partien im Schochschen Garten zeigen, daß der Fürst nicht mehr gewillt war, wie er selbst sagte, »sich Zaum und Gebiß« anlegen zu lassen. Der Garten wurde zunehmend in einen Garten der Venus, der Göttin der Liebe, umgestaltet. Der Fürst wählte das Gotische Haus als seinen Wohnsitz, hier lebte er fortan mit der Gärtnerstochter Louise Schoch zusammen, während die Fürstin im Schloß wohnte und später das Graue Haus bezog. Franz ließ den Floratempel errichten, der sich als Tempel der natürlichen Sinnlichkeit präsentierte: Die Supraporte mit nacktem, auf einer Wiese liegendem Liebespaar und ein Blumenbeet mit Phallusmotiven deuteten direkt auf das gegenüberliegende Gotische Haus, das ebenfalls mit sexuellen Anspielungen aufwartete. Der Venustempel mit der mystischen Partie nach den Motiven der Einweihungen in die Isis/Venus-Mysterien machte deutlich, daß der Fürst sich und seinen Fürstenstamm der Askanier traditionell als das Geschlecht der Venus betrachtete. Die fiktive Ableitung des Fürstengeschlechts von Ascanios oder Iulus, der in der griechisch-römischen Sage der Sohn des Aeneas und Enkel der Venus war, verschmolz das Haus Anhalt mit dem Stammvater der Julier, dem römischen Kaiser Julius Cäsar, und daher auch mit Augustus. Die julischen Kaiser, aber auch der spätere Kaiser Hadrian, dessen Villa der Fürst zu einem Vorbild für den Garten in Wörlitz nahm, waren überwiegend Anhänger der erotisch-naturmystischen eleusinischen Mysterien. Das bestätigt auch August Rode, der beste Kenner der Gedanken des Fürsten.

Die Venus- bzw. Isis-Abstammung zieht sich nun wie ein roter Faden durch den Wörlitzer Garten (Venustempel, Isis-Mysterien im mystischen Bereich nach Apulejus, Isis im ägyptischen Keller des »Pantheons«, Venusbrücke, Venus aus dem Bade usw.) und spiegelt sich dann auch noch im letzten Bauwerk, das hier gebaut wurde, dem »Monument«. Das »Monument« steht bezeichnenderweise räumlich genau zwischen dem Venustempel und dem Pantheon, direkt gegenüber dem Wörlitzer Schloß, und wurde durch eine aus Rom herbeigeschaffte antike Säule geziert. Das »Monument« ist ein Tempel der Regenten und regierenden Vormünder des Anhalt-Dessauischen Hauses. Daß der Venustempel weit entfernt vom Landhaus und dem Dorf errichtet wurde, stimmt mit der Forderung Vitruvs überein, dessen klassische Übersetzung ebenfalls August Rode verfaßte:

»Der Tempel der Venus, so wie die des Vulkans und des Mars ... sind deshalb außer halb der Stadt zu errichten, damit in der Stadt nicht unter den jungen Leuten und Weibern der Hang zur Unzucht einreiße.«

Anregungen für den Bau eines Venustempels hatten der Fürst und Erdmannsdorff nicht nur Hadrian und Vitruv, sondern auch den berühmten englischen Gärten Stowe, Rousham oder West Wycombe zu verdanken, was sich nicht zuletzt in bezug auf die erotischen Anspielungen zeigte. Sir Francis Dashwood, einer der Begründer der »Society of Dilettanti« und des »Hell Fire's Club«, Gesellschaften, in denen sich wohlhabende und gebildete englische Antikenliebhaber und Gartenenthusiasten vereinigten, hatte die Höhle unter seinem Tempel der Venus in West Wycombe ganz ausdrücklich als Vagina und die Eingangsmauern als gespreizte Schenkel entworfen. Und auch der Garten von Lord Cobham in Stowe, der ebenfalls die Herkules- und die Aeneas-Legende programmbildend nutzte, wartete mit einigen pikanten Anspielungen auf. Diese englischen Deisten der Dilettanti, die sich insbesondere um den englischen Botschafter in Neapel, William Hamilton, versammelten, waren durch die Ausgrabungen von Pompeji und Herculaneum zu der Erkenntnis angeregt worden, daß alle Religionen, Mythen und mythologischen Symbole, von den vorgeschichtlichen Muttergottheiten bis zu den letzten Überresten der Priapuskulte in der Gegenwart, letztlich auf sexuelle Fruchtbarkeitsrituale zurückzudeuten sind. Diese Einsicht barg ein enormes Emanzipationspotential in sich, band sie doch bewußt das Ausleben der Sexualität an die existentiellen Urkräfte der Natur. Priapus, der Gott der Sexualität und der Gärten, wurde, wie Goethe es in seinen *Römischen Elegien*, die eben unter dem Eindruck dieser Erfahrungen entstanden waren, beschrieb, wieder in den Kreis der Götter aufgenommen und setzte ganz neue, revolutionäre, Standesgrenzen ignorierende Energien frei. Auch Fürst Franz war, wie er es selbst bezeugte, in die Schule der »englischen Deisten« gegangen, die, wie er sagte, der »Naturreligion« huldigten.

Der Gedanke der alles besiegenden Kraft der Liebe verknüpft letztlich die meisten Gartenszenen in Wörlitz und zeigt sich auch in bezug auf das Badehaus, das an die Tahitimode in der damaligen Gartenkunst und Literatur erinnert. Die Südseereisenden Commerson und Bougainville hatten Tahiti in ihren berühmten Reisebeschreibungen nicht nur als »das neue Kythera«, die Liebesinsel der Venus, geschildert, sondern dem Eiland ausdrücklich den Namen »Utopia« gegeben, »mit dem Thomas Morus seine ideale Republik benannt hatte«. Freie, undomestizierte Liebe und Sexualität erschienen in dieser offenbar idealen

Naturgesellschaft als Erfüllung paradiesischer Verheißungen. Der Garten in Wörlitz nahm – wie viele andere Gärten der Zeit – auch diese exotischen Motive auf.

Neben antiker und moderner erotischer Literatur sowie utopischen Romanen und Robinsonaden liebte der Fürst eben auch diese Art von Reiseliteratur; darin zeigt sich sein starkes Interesse für utopische und exotisch-idyllische Themen. Das utopische Denken, das Franz zur Kenntnis nahm und das sich in seinen Visionen von den »Edlen Wilden«, den erotisierten Mittelalterbildern und der antik-heidnischen Fruchtbarkeitssymbolik widerspiegelte, hatte sein Abbild im Wörlitzer Garten. Die anarchistische Variante der naturalisierten Utopie, wie sie im Bild des Gartens verschiedentlich anklingt, fand aber ihre Grenze dort, wo sie über den halb-privaten Raum des Gartens hinausging. Die erkämpfte Freiheit des Fürsten, in Wörlitz seine Liebe und Sexualität auszuleben, hatte nicht zur Folge, daß er als Landesherr eine freiere Sexualmoral seiner Untertanen gestattete. Die Züge eines erotischen Utopias kollidierten aufs ganze gesehen mit dem altständischen Fürstenkonzept. Fürst Franz war gewiß kein lüsterner Rokokofürst mehr, sondern verkörperte selbst bei seinen bürgerlichen Geliebten den fürsorglichen, aufgeklärten Hausvatertypus. Als Landesherr, dem auch die oberste Kirchenleitung oblag, befand er sich allerdings in dem Dilemma, daß er die Lockerung der Sitten in der Bevölkerung meinte nicht tolerieren zu können. Das Bild des Goldenen Zeitalters, die Fiktion eines utopischen Sonderraums von Freiheit und Gleichheit, eines Naturraums der Liebe und der sexuellen Emanzipation, blieb – bei aller aufklärerischen Reformfreude des Fürsten – vor allem schöner Schein und Verheißung.

Der Englische Garten in Gotha entstand spätestens um

die Mitte der 1760er Jahre und war, als der junge Prinz Ernst Ludwig kurz danach die Regentschaft übernahm, seiner Vollendung schon sehr nahe. Ab 1774 entstand hier mit dem Merkur- bzw. Dianen-Tempel der erste neudorische Tempel in Deutschland. Das Gotische Haus im Herzoginnen-Garten in Gotha zählt zu den frühesten neugotischen Gartenbauten in Deutschland. Der Gothaer Garten wurde mit Unterstützung des Hofgärtners des berühmten Kew-Garden angelegt. Kew war der Garten von Augusta von Wales, der Mutter des englischen Königs Georg III. Sie war eine Gothaer Prinzessin und versorgte ihren Neffen Ernst mit modernster Gartenliteratur und unterstützte ihn auch praktisch. So befand sich Ernsts Garten ebenso auf der Höhe seiner Zeit wie der Wörlitzer Garten des Fürsten Franz von Dessau. Ein Unterschied zwischen dem Gothaer Englischen Garten und dem Wörlitzer fällt jedoch sofort ins Auge: Der Gothaer Garten, der sich auf der der Stadt abgewandten Seite des Schlosses befand, war mit einer Gartenmauer bzw. Palisaden eingehegt. Den Bürgern war der Zugang gänzlich verwehrt. Erst viele Jahre später, am 4. Juli 1786, erließ der Herzog schließlich eine Verfügung, daß der Park donnerstags und sonntags »bloß für die Noblesse und für die Honoratiores zum freien Spaziergange geöffnet« werden sollte, mit der Einschränkung allerdings, daß dies nur während seiner Abwesenheit gelte. Diese jahrelange Aussperrung der Öffentlichkeit verwundert um so mehr, als der Herzog ansonsten mindestens mit ebenso großem persönlichen Einsatz die Volksbildung, die Armenfürsorge, die Landesökonomie, die Wissenschaften und Künste in seinem kleinen Staat voranbrachte wie Franz von Dessau. Er scheute sich nicht einmal davor, als regierender Herzog in den Freimaurerbund einzutreten, eine Tatsache, vor der die meisten Regenten sonst zurückschreckten. Der Landgraf von Hessen-Kassel nannte die Gründe, warum er z. B. den Werbungen seines Bruders Carl, Mitglied des Freimaurerbundes zu werden, widerstanden hatte:

»... meine Stellung und Pflichten als Souverän waren mit einer solchen Bindung gänzlich unvereinbar. Die extreme Familiarität und Gleichheit, welche in dieser Bruderschaft vorherrschen, könnten bei zu vielen Dingen hinderlich werden, was mich bewogen hat, ihr auch künftig fernzubleiben.«

Der Gothaer Herzog organisierte in der Gothaer Loge die Elite der fortschrittlichsten und gebildetsten Köpfe seines Herzogtums, unterminierte mit ihrer Hilfe den Einfluß des den aufklärerischen Reformen feindlich gegenüberstehenden Klerus und den der konservativen Beamten und Hofchargen. Als Landesgroßmeister der Großen Landesloge von Deutschland suchte er enge Kontakte zu anderen fortschrittlich gesinnten Freimaurerkreisen zu knüpfen und organisierte, dies übrigens zusammen mit Franz von Dessau, als politisch ambitionierter Mann ein Bündnis aufgeklärter Fürstenhäuser, um den Ausdehnungsabsichten der Habsburger, aber auch denen Friedrichs II. von Preußen, nicht unvorbereitet ausgeliefert zu sein.

Doch während Fürst Franz sich eine Zukunft Deutschlands nur in der – wenn auch aufklärerisch reformierten – altständischen Gesellschaft vorstellen konnte, sah Herzog Ernst schon früh, daß die Gesellschaft in Europa eine tiefgreifende Wandlung durchmachen werde, die in der einen oder anderen Weise die alten feudalen Strukturen zerschlagen würde. Herzog Ernst war selbst Naturwissenschaftler und sah im Kosmos nur eine große Macht wirksam: die der umfassenden Gott-Natur. Der Gothaer Garten spiegelt deshalb die an den altägyptischen und

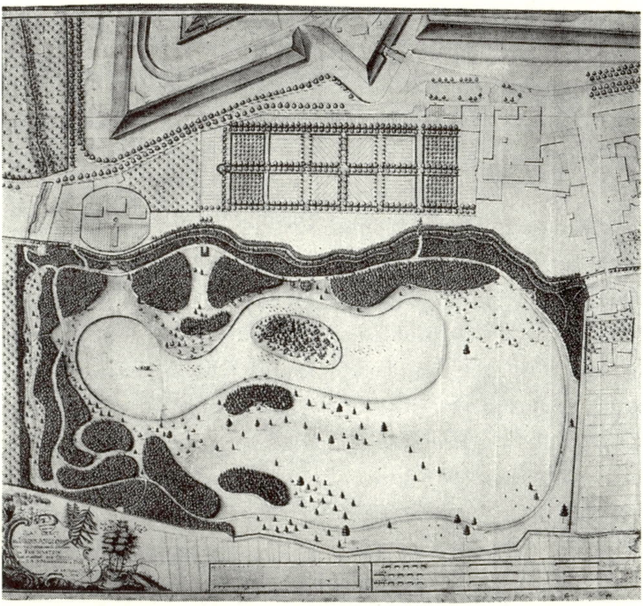

Bestandsplan des Herzoglichen Englischen Gartens in Gotha, 1774
(Thüringer Staatsarchiv)

eleusinischen Mysterien orientierten Einweihungswege in die Geheimnisse der Mutter Natur, die freilich auch auf die alten Vorstellungen von Zeugung, Geburt und Tod zurückgingen. Der Garten war daher nur der meditativen Naturbetrachtung vorbehalten. Der Hofgärtner, selbst führendes Mitglied in der Loge, gestaltete den Garten als einen Ort der Naturempfindung, der symbolisch als Gang der Einweihung in die vier Elemente erlebt werden konnte, nicht aber als idyllisches Abbild, das ein freies Zusammenleben in einem Natur-Utopia imaginieren sollte. Herzog Ernst schloß sich dem Geheimbund der Illuminaten an, ja wurde einer ihrer Führer. Das Ziel dieses Geheimbundes war es nicht, wie immer wieder behauptet wurde, sich durch konspiratives Einschleusen ihrer Mitglieder in die Machtzentren den Weg an die Hebel der Staatsgewalt zu erschleichen oder eine Revolution, wie die in Frankreich, vorzubereiten. Vielmehr wollten sie den Weg der Natur selbst gehen, diesen bestenfalls ebnen. Im Gärtnerhaus am Englischen Garten wurden zu diesem Zweck akademische Sitzungen des Ordens, sogenannte »Minervalogen« (von Minerva, der Göttin der Weisheit), abgehalten. Selbst als der Illuminatenorden Mitte der 1780er Jahre in Bayern und Österreich scharf verfolgt wurde und der Herzog sich sogar zur Einstellung der Logen- und Geheimbundaktivitäten gezwungen sah, hielt der Garten das Versprechen auf das Reich der Natur wach.

Der Weg der Initiation in die eleusinischen bzw. ägyptischen Mysterien im Garten erfolgte durch die Vorhöfe über den Tempel in das Allerheiligste. Vorbilder dafür besaß der Herzog in antiken und modernen Romanen. Bei den eleusinischen Mysterien, die nach den Vorstellungen der meisten Freimaurer jener Zeit von den ägyptischen Mysterien abstammten und als direkte Vorläufer der modernen Freimaurermysterien angesehen wurden, trugen die Herolde des Mysterienzuges, der den Weg in die Unterwelt symbolisierte, den Namen Hermes bzw. Merkur. Hermes/Merkur war geradezu der Wegegott, der auch die Wegeführung in den Gärten bestimmen konnte. Die Bepflanzung war, wie andere Beschreibungen deutlich machen, insgesamt dunkel und sehr dicht gehalten, es fehlte, wie gelegentlich bemerkt wurde, jeglicher Blumenschmuck. Demgegenüber waren Fichten, Buchen und fremdländische Bäume, die hauptsächlich aus dem berühmten königlichen Kew-Garden bezogen wurden, zu dichten Baumgruppen zusammengepflanzt worden. Der Eintritt erfolgte im Westteil des Gartens, der Weg war so gebogen, daß man einmal einen Weg nach Osten wählen konnte, bei dem man wie durch einen Tunnel dichtgepflanzter Bäume lief, ohne zum Tempel zu gelangen. Der Weg führte zu einem »Vorhof«, konnte aber dann auch im Nichts enden, ohne daß ein Ausblick auf die Landschaft ermöglicht wurde. Man mußte umkehren und konnte dann auf einem neuen Weg den Tempel passieren. Die Einweihung in das Element des Feuers mag der Blick auf den vulkanisch entstandenen Inselsberg geboten haben. Die Wasserweihe wird der Blick auf den Seeberg eröffnet haben. Auch die Elemente Luft und Erde konnte man erleben, wenn man aus dem Dunkel der ersten Partien ins Offene trat. Erst wenn man den Rundweg vollendet hatte, sah man die Heilige Insel. Danach gelangte man erneut zum Merkur/Dianen-Tempel, der sich geöffnet als Ort der vielbrüstigen Göttin Isis, der Mutter der Natur und ihrer Geheimnisse, präsentieren konnte. Die Heilige Insel, das Elysium, war zunächst überhaupt nicht als Insel zu erkennen. Erst nach einmaliger Umrundung des Gartens konnte man die Insel zunächst überhaupt als Eiland und dann erst als Insel des Todes wahrnehmen, die sich östlich vom Tempel befindet. Auch die Vorstellung vom Tod war von den Mysterien beeinflußt. Das ägyptische Totengericht stand als symbolisches Sinnbild auch bei den Gothaer Freimaurern und Illuminaten noch Pate. Bei der Beerdigung des Herzogs, der zu seinem letzten Ruheplatz die Heilige Insel in seinem geliebten Englischen Garten bestimmt hatte, spiegelten sich diese Mysterienvorstellungen noch einmal.

Der Leichnam des Herzogs wurde zur mitternächtlichen Stunde von zwölf Grenadieren in den Park getragen, aus dem Sarg genommen und auf der Insel nur in seiner Reiteruniform auf ein im Grab mit Rasen ausgelegtes »Kanapee« gebettet und mit Erde bedeckt. Der Logenchronist Reichard schrieb, daß es »der Bruder von Salisch gewesen sei, der es eingerichtet habe, daß die Beerdigung um Mitternacht stattfand«. Der Herzog hatte in seinem Testament selbst vermerkt:

»Ich verlange aus dem Sarge genommen, in ein leinenes Tuch in gewöhnlicher alltäglicher Kleidung gewickelt und solchergestalt in die blanke Erde begraben zu werden. Die Erde soll wieder zu Erde werden, dies ist ein allgemeines Gesetz der Natur, und dieses wünsche ich pünktlich zu erfüllen. Will man einen Baum darauf pflanzen, so habe ich nichts dagegen einzuwenden, damit meine gänzliche Auflösung nicht aufgehalten, vielmehr durch letztgedachte vermehrte Vegetation eher befördert und nützlich werde.«

Später ergänzte er noch, daß man ihn mit dem Gesicht nach Osten beerdigen solle. Der Baum, der auf dem Grab des Herzogs gepflanzt wurde, war eine Akazie, *die* freimaurerische Pflanze schlechthin. Reichard, der Logensekretär und Illuminat, brachte auch die Vorstellung des Herzogs von der Unsterblichkeit der Seele zum Ausdruck, indem er den Geist des verstorbenen Herzogs auf einem Stern dachte:

»Er würde zürnen, Er, der Edle, wenn Er gegenwärtig wäre, ob der Ausdrücke der tiefen Verehrung, die mir so oft entschlüpfen, aber sein Geist, hoffe ich, wird mir verzeihen auf *Seinem Sterne*, denn Er wird nun wissen, daß, was ich zu seinem Ruhme ausspreche, forterben wird, auch ohne mich, so lange *Gotha* steht, von Enkeln auf Enkel und Urenkel!«

In den Großen Mysterien der zweiten Klasse der Illuminaten heißt es entsprechend, daß der Tod nur eine Metamorphose in ein neues, anderes Leben ist.

Die Natur blieb im Zentrum der Mysterien der Illuminaten, deren Zielprojektion in einer eigentums- und herrschaftsfreien Gesellschaftsutopie gipfelte. Dieses Ziel sollte aber nicht durch eine Revolution, sondern eben durch den Gang der Natur selbst erreicht werden. Der Staat verschwindet in den illuminatischen Mysterien aus der Konzeption des hausväterlich gedachten wiederkehrenden Goldenen Zeitalters. Adam Weißhaupt, der als Ingolstädter Professor das erste Oberhaupt der Illuminaten war und, nachdem er alle seine Ämter verloren hatte und durch Deutschland floh, nur in Gotha Aufnahme fand, formulierte dies in den *Größeren Mysterien* des Illuminatenordens, die nur wenigen Eingeweihten bekannt waren. Der Herzog, 1784 Inspektor von Obersachsen und Coadjutor des Nationaloberen Stolberg-Roßla, war 1785 National des Illuminatenordens in Deutschland und Docet geworden, er kannte die *Größeren Mysterien* natürlich. Hier waren die letzten Zielvorstellungen der Illuminaten fixiert worden:

»Die ganze Erde wird zu einem Garten, und die Natur hat sodann hienieden ihr Tagewerk vollendet; mit der möglichsten Menschenmenge dauerhafte Aufklärung, Frieden und Glückseligkeit herbeygeführet: sie hat jeden Menschen zu seinem Richter, Priester und Könige gesalbt: sie hat den so lange verlachten Roman vom Goldenen Zeitalter, diese uralte Lieblingsidee des menschlichen Geschlechts zur Wirklichkeit gebracht, dadurch zur Wirklichkeit gebracht, daß sie diese ewige, von allen Gesetzgebern vergeblich bestrittene, sich immer wieder einschleichende Ungleichheit der Güter, diese Quelle alles Verfalls, aller Staaten, von Knechtschaft, Tiranney, von Zwietracht der Menschen, von Venalität und Corruption der Sitten unmerklich aufgehoben und durch übergroße Menschenvermehrung alle Zeiten unmöglich gemacht hat.«

Der aufgeklärte Illuminat könne diesen Prozeß der Natur nur durch tugendhafte Tätigkeit und aufklärerische Naturerforschung unterstützen, nicht aber selbst herbeiführen. Es war dies letztlich, wie Adam Weißhaupt einmal in einem Brief formulierte, ein »culte de la nature«. Für den Englischen Garten in Gotha hatten diese freimaurerischen bzw. dann illuminatischen Auffassungen die Konsequenz, daß er nicht, wie in Wörlitz oder Weimar, nur den schönen Schein der Freiheit und Gleichheit für alle sozialen Schichten der damaligen Zeit veranschaulichen mußte, sondern den Eingeweihten als kosmologischer Kultort zukünftiger natürlicher Bestimmung und utopischer Zielprojektionen überhaupt dienen konnte. Während der Wörlitzer Garten schon in der Gegenwart in dem Sonderbereich des Gartens den Schein eines harmonischen Naturzustandes durchspielte, war doch immer auch klar, daß diese Ideale nie außerhalb des Gartenreiches gelten konnten. Der Gothaer Garten spiegelte der Öffentlichkeit dies nicht vor, die eingeweihten Freimaurer und Illuminaten sahen in ihm aber das Sinnbild für eine kommende Gesellschaft, in der die Rechte der Natur wieder zur Geltung kämen und damit auch die sozialen Schranken fallen müßten.

Vom Elend der Zivilisation zum kollektiven Glück der Genossenschaft: die Sozialutopien des Charles Fourier

von Richard Saage

Unter den Utopisten, so Theodor W. Adorno, biete sich niemand dem Vorwurf des Utopismus schutzloser dar als Charles Fourier. Tatsächlich führten seltsame Annahmen und Voraussagen dieses französischen Visionärs, aber auch seine skurrile Kosmologie dazu, daß man ihn, sofern seine Werke überhaupt zur Kenntnis genommen wurden, für einen Wahnsinnigen hielt. Inspiriert durch phantastische Vorstellungen über die Sternenwelt, schrieb Fourier der Erde und den Sternen biologische Eigenschaften zu und erwartete eine Art »Brunst, durch die das Nordlicht neue zusätzliche Eigenschaften erhält, sich auf der Erde niederläßt und in Gestalt eines Kranzes oder einer Krone emporschwebt. Während das Nordlicht heute nur eine Lichtflut ist, wird es die Eigenschaften erwerben, zusammen mit seinem Licht Wärme zu verteilen.« (Iring Fetscher)

Die von Fourier daraus abgeleiteten Folgen waren für seine zeitgenössischen Kritiker an Phantastik kaum zu überbieten, stimmen aber seine heutigen Leser im Zeichen der globalen Ökologiekrise eher nachdenklich. Die Erwärmung der Erdatmosphäre führe, so Fourier, zur Schmelzung der Polkappen und zur Erweiterung der Wachstumsgrenze von Wein bis zum 60. und von Orangen bis zum 70. Breitengrad.

Andererseits kann man sich eines Schmunzelns kaum erwehren, wenn er prognostiziert, daß das entsalzte Seewasser Limonadengeschmack annehmen und eine Mutation der Seetiere hervorrufen werde: »Anti-Haie« und »Anti-Wale« helfen in der Zukunft bereitwillig den Menschen beim Fischen. Sie dienen ihm aber auch ebenso als rasche Transportmittel wie die »Anti-Löwen« auf dem Festland. Doch auch die Omnipotenz seiner »neuen Menschen«, die nach Einführung der sozietären Ordnung die Welt bevölkern werden, ist kaum zu übertreffen. Sie werden nicht nur »im Durchschnitt 7 Fuß groß und 144 Jahre alt«; ihre durchschnittliche Begabung ermöglicht es darüber hinaus, daß »es auf der Erde siebenunddreißig Millionen Dichter wie Homer, siebenunddreißig Millionen Mathematiker wie Newton, siebenunddreißig Millionen Autoren wie Molière geben« wird.

Diese merkwürdigen Antizipationen haben Fourier die Charakterisierung eingebracht, er sei »unsäglich albern«. Sein Œuvre könnte, wie der Nationalökonom Eugen Dühring hervorhob, nicht anders als »die Werke eines Idioten« eingestuft werden. Doch zur gleichen Zeit lobte Friedrich Engels Fourier, er habe »die bestehenden sozialen Verhältnisse mit einer solchen Schärfe, einem solchen Witz und Humor kritisiert, daß man auch ihm seine auf einer genialen Weltanschauung beruhenden kosmologischen Phantasien gerne verzeiht«.

Im Zentrum der von Marx und Engels so gelobten Zeitdiagnostik Fouriers steht zweifellos die Unterdrückung der Frau in der modernen kapitalistischen Zivilisation. Die Tyrannei, die der Mann in der monogamen Ehe über die Frau ausübt, ist in der utopischen Literatur kein neues Thema: Sie wurde bereits in der zweiten Hälfte des 17. Jahrhunderts von dem französischen Utopisten Gabriel de Foigny und am Vorabend der Französischen Revolution von Denis Diderot angeprangert. Doch ist mir kein Utopist bekannt, der der Notwendigkeit der Frauenemanzipation eine so große Bedeutung beimaß wie Fourier. »Der soziale Fortschritt«, so schrieb er, »und der Übergang von einer Periode zur anderen erfolgt auf Grund der Fortschritte in der Befreiung der Frau.« Umgekehrt werde der »Niedergang der Gesellschaftsordnung durch die Abnahme der Freiheit für die Frau bewirkt«. Im Licht dieses Kriteriums hat Fourier die bürgerliche Ehe einer radikalen Kritik unterzogen: Sie sei ein einziger Zwangszusammenhang »und keine freie, leidenschaftliche und auf Wunsch wieder auflösbare Vereinigung«.

Fouriers Haß auf die Institution Familie und die Anziehungskraft der Frauenwelt auf ihn waren ebenso in seinen persönlichen Erfahrungen begründet wie seine starke Abneigung gegen die Geschäftswelt. Am 7. April 1772 in Besançon geboren, war Fouriers Kindheit hin- und hergeworfen zwischen den Wutausbrüchen seines tyrannischen Vaters, der Tuchhändler war, und der zärtlichen Liebe seiner ängstlichen Mutter. Als der Vater starb, war Fourier gerade 9 Jahre alt und das einzige männliche Mitglied der Familie. Der Vater beeinflußte über seinen Tod hinaus Fouriers Werdegang: Er hatte im Testament verfügt, daß der Sohn nur dann über das Vermögen verfügen dürfe, wenn er sich dem Handel widme: eine Tätigkeit, die dem zur Naturwissenschaft neigenden Fourier künftig immer verhaßt bleiben wird. Dies um so mehr, als er während der Revolutionszeit bei riskanten Transaktionen den Großteil seines Vermögens einbüßt. Fourier sah sich dazu gezwungen, sein künftiges Leben als bescheidener Angestellter im Handelsbetrieb bis zu seinem Tod am 10. Oktober 1837 zu fristen. Als Handelsgehilfe ansehen zu müssen, wie eine Schiffsladung von Lebensmitteln im Meer versenkt wird, nur um die Preise stabil zu halten, ist sicher eine wichtige

Erfahrung gewesen, die ihn später zu seinen Überlegungen führte, eine gerechtere, auf genossenschaftlicher Basis organisierte Gesellschaftsordnung zu entwerfen.

Doch Fouriers Kritik am Handel und an der Unterdrükkung der Frau in der bürgerlichen Ehe ist nicht einfach nur durch persönliche Erfahrungen zu erklären. Fourier war ein sensibler Beobachter und Kritiker des großen gesellschaftlichen Elends seiner Zeit, und folglich muß seine Kritik auch in den Kontext seiner Analyse der »Zivilisation« und ihrer ökonomischen Mechanismen insgesamt gestellt werden. Die Liste der Mißstände in den Ländern, die durch die Industrialisierung umgewälzt wurden, reichen vom Bevölkerungsüberschuß und der sich daraus ergebenden Armut und der Unrentabilität individualistisch organisierter Familienbetriebe über die aus ihrer täglichen Fron herrührenden emotionalen Verarmung der Arbeiter und deren materieller Verelendung infolge wirtschaftlicher Rezessionen bis hin zur Konzentration des gesellschaftlichen Reichtums in den Händen der reichen und mittleren Klassen, während die armen Schichten »auf dem Nullpunkt« verharren müssen. Hellsichtig konstatierte er darüber hinaus bereits zu Beginn des 19. Jahrhunderts, daß eine umweltzerstörende Industrie durch zersplitterte Ansiedlung ihrer Standorte die Vernichtung der Wälder, die Verunreinigung der Quellen, die Freilegung der Abhänge und die Verschlechterung des Klimas bewirke. Die Wissenschaft stelle Chemikalien her, die die natürlichen Eigenschaften der das Volk ernährenden Lebensmittel veränderten und verfälschten. Aber Fourier gab sich nicht mit der bloßen Feststellung dieser zu Lasten des Gemeinwesens gehenden Tendenzen zufrieden; er versuchte auch, die ökonomischen Mechanismen aufzuzeigen, die die Polarisierung der Gesellschaft hervorrufen. Im wesent-

Idealbild einer Phalanstère, Lithographie von 1848 (AKG, Berlin)

lichen führte er sie auf Strukturdefekte der Konsumtion, der Konkurrenz sowie der Zirkulationssphäre in der individualistischen Marktgesellschaft zurück.

Doch welches Ideal eines »besten Gemeinwesens« konfrontierte Fourier mit den chaotischen Verhältnissen seiner eigenen Herkunftsgesellschaft? Er ließ nie einen Zweifel daran, daß es sich nicht mit dem »Wunschtraum der Philosophen nach Gleichheit und Nivellierung vereinbaren« lasse. Ausdrücklich tat er »Gleichheit und Gütergemeinschaft« als »philosophische Hirngespinste« ab, und abschätzig polemisierte er gegen den anderen großen Sozialutopisten seiner Zeit, Robert Owen, mit dem Argument, dessen Dogma der Gütergemeinschaft sei so defizitär, daß es keiner Widerlegung bedürfe. Tatsächlich sah Fourier – im Unterschied zu vielen seiner Vorgänger seit Thomas Morus – den utopischen Zielwert in einem »*abgestuften* Reichtum«. Privateigentum, Erbrecht und Unterschiede des Lebensstandards vorausgesetzt, bedürfe es im Gegensatz zur »faden Moral« des Egalitarismus und der Gütergemeinschaft in der neuen sozietären Ordnung ebenso der Nichtübereinstimmung wie der Übereinstimmung. Der Dissens, so können wir Fourier interpretieren, ist sogar konstitutiver für die Erzeugung der sozialen Harmonie als a priori vorausgesetzte Homogenität: Um einen sozietären Kanton von 1800 Personen zu bilden, müßten mindestens 50 000 nicht übereinstimmende Züge sichtbar werden, ehe *eine* Übereinstimmung hergestellt werden kann. Aber die Frage ist, nach welchen Grundsätzen sich das Wirtschaftssystem zu richten hat, das diese Zielvorgaben einlöst.

Die entscheidende Kraft des utopischen Wirtschaftssystems bei Fourier sind die zwischenmenschlichen Leidenschaften, weil er in der Lust eine Energie sieht, die, wenn man sie richtig nutzt, wie ein Perpetuum mobile alle gesellschaftliche Bewegung auf immer reibungslos und problemlos in Gang halten kann. Im Unterschied zur herrschenden Moralphilosophie, aber auch zu gewichtigen Repräsentanten der älteren Utopietradition wertete er den Sexualtrieb auf: In seiner motivationsbildenden und konstruktiven Kraft räumt er ihm sogar einen höheren Stellenwert ein als der Vernunft. Das Dilemma der Zivilisation bestehe darin, daß sie die Leidenschaft depraviere: In der Anarchie der unverbundenen Haushalte und der gewinnbezogenen Konkurrenz werden die Leidenschaften zu einer mächtigen Triebfeder destruktiver Konflikte. Demgegenüber eröffnet die genossenschaftliche Ordnung der Entfaltung des Lustprinzips ganz andere Möglichkeiten: Die Leidenschaften verwandelten sich im genossenschaftlichen Gemeinwesen zur Quelle von »Eintracht und Überfluß«. So werden die beiden wichtigsten ökonomischen »Leidenschaften« innerhalb der Zivilisation, nämlich Habgier und Konkurrenzverhalten, nicht einfach negiert, sondern in einer sozietären Ordnung gleichsam auf eine höhere Stufe gehoben, auf der sie zum Wohl aller wirken.

Fourier demonstriert die Lösung dieses Problems am Beispiel der sozietären Verteilungsgerechtigkeit. Die in einer Assoziation, auch Phalange, Phalanstère oder Leidenschaftsserie genannt, zusammengefaßten einzelnen entlohnen jedes Mitglied im Verhältnis zu den drei Fähigkeiten: Kapital, Arbeit und Talent. Ein reicher Kapitaleigner wird einsehen, daß es sein eigener Vorteil ist, wenn er diejenigen, die nur durch Talent oder Arbeit ihr Geld verdienen, bei der Verteilung des wirtschaftlichen Gesamtproduktes nicht benachteiligt; ihre Unzufriedenheit nämlich könnte den Gesamtertrag der Assoziation mindern und sogar die sozietäre Ordnung auflösen. Ähnlich wird sich derjenige verhalten, der nur über Arbeit verfügt. Da er weiß, daß am wirtschaftlichen Gesamtprodukt auch diejenigen mitwirken, die ihr Talent oder ihr Kapital investieren, wird er sich mit einer Verteilung einverstanden erklären, die den Interessen des Kapitals und des Talents entgegenkommt. In ähnlicher Weise suchte Fourier auch dem Konkurrenzverhalten dadurch eine konstruktive Wendung zu geben, daß die Kontraste innerhalb der Assoziationen Spannungen zwischen weiblichen und männlichen oder armen und reichen »Serien« hervorrufen. Wie Fourier einerseits darauf setzte, daß erotische Energien sich in wirtschaftliche Leistungsfähigkeit verwandelten, so war er andererseits davon überzeugt, die ärmste Assoziation werde im Interesse ihrer öffentlichen Anerkennung alles tun, »Reinlichkeit, Geschicklichkeit, Höflichkeit und alle anderen mit ihren geringen Glücksgütern vereinbarten Eigenschaften aufs höchste zu steigern«.

In Fouriers Utopie finden die landwirtschaftliche und industrielle Produktion selbst im Rahmen einer Phalange statt. Ein inmitten von Gärten und Feldern angelegter dreistöckiger Gebäudekomplex, der 1620 Mitglieder beherbergen sollte, hatte für seinen Schöpfer viele Vorteile zu bieten. Seine funktionale Bedeutung bestand für Fourier vor allem darin, daß er für die infrastrukturellen Probleme dauernd umherziehender Arbeitsgruppen eine Lösung bietet:

»Um den häufigen Ortswechsel zu erleichtern, den das Leben in der Harmonie mit sich bringt, sind alle Flügel und Gebäudeteile eines Phalansteriums im ersten Stock und Parterre durch Straßengalerien verbunden, die im Winter mittels Röhren beheizt und im Sommer gekühlt werden. Ferner verbindet man nebeneinanderliegende Flügel durch

Charles Fourier 1772-1837 (AKG, Berlin)

Flure, die auf Säulen laufen; mit Sand bestreute unterirdische Gänge führen vom Phalansterium zu den Ställen. Auf diese Weise kann man geschützt alle Säle, Werkstätten und Stallungen durchwandern, ohne zu wissen, ob es draußen kalt oder warm ist.«

Die Arbeit selbst wird von Gruppen verrichtet, für deren Konstituierung die Neigung der Beteiligten für eine spezielle Tätigkeit und einen bestimmten Produktionszwang ebenso entscheidend ist wie die Zuneigung zueinander. So könnte z.B. eine »Leidenschaftsserie« von Handwerkern die drei Berufe des Zimmermanns, des Schreiners und des Kunsttischlers ausüben. Diese Assoziation wird sich einen Namen und ein Wappen geben. Eine andere Serie könnte sich aus Wäscherinnen, Schneiderinnen und Putzmacherinnen etc. zusammensetzen. Mit Stoßrichtung gegen den älteren Typus der Sozialutopie betonte Fourier immer wieder, daß diese Assoziationen »keinen Zwang, keine mönchische Unfreiheit zu(lassen)«: Jeder sei völlig frei in der Ausübung seiner Arbeit; er verrichtet nur solche Tätigkeiten, in denen er Vorzügliches zu leisten hofft.

Aus der ganzen Tendenz der sozietären Ordnung zur Selbstintegration der Gesellschaft wird deutlich, daß dem politischen System im engeren Sinne nur Minimalfunktionen zukommen. Für Fouriers Gemeinwesen ist, so gesehen, die Staats- und Regierungsform sekundär, weil es einer etatistischen Intervention nicht bedarf. Die Regierungen der vorutopischen bzw. vorsozietären Gesellschaften konnten ihm zufolge für das allgemeine Wohl nur dadurch sorgen, daß sie Zwangsmaßnahmen anwandten. Demgegenüber fallen in der genossenschaftlichen Ordnung das allgemeine Wohl und die Leidenschaften des einzelnen so vollkommen zusammen, »daß sich die Regierung darauf beschränkt, ihre Maßnahmen ... anzukündigen. An dem vorgesehenen Tage wird von den Serien – auf eine einfache Verständigung hin – alles ausgeführt.« Den libertären älteren Utopien nicht unähnlich, kommt die sozietäre Ordnung sogar ohne einen staatlichen Justizapparat aus, weil einerseits der Corpsgeist in den Assoziationen genügt, »um die abstoßenden Laster der zivilisierten Bevölkerung auszumerzen, ihre Roheit, Unredlichkeit, ihre niedrige Gesinnung und ihre anderen Fehler« und andererseits in der Wirtschaftssphäre Delikte wie Betrug und Diebstahl nicht vorkommen.

Wie stellt sich Fourier, so muß abschließend gefragt werden, die Transformation vom Elend der Zivilisation zum kollektiven Glück der genossenschaftlichen Organisation vor? Fourier sieht die »Keime« der neuen Ordnung bereits in den materiellen Verhältnissen der Zivilisation seiner Herkunftsgesellschaft angelegt. Zwar erzeuge sie unter ihren Bedingungen »die Elemente des Glücks, nicht aber das Glück selbst«, weil in ihr die »erhabenen« wissenschaftlich-technischen Kenntnisse nicht auf eine »soziale Kunst« stoßen, die ihnen eine produktive Wendung geben können. Doch zu beheben sei dieses Mißverhältnis, aus dem »im gesellschaftlichen Mechanismus Überbelastung und Mißbehagen« resultierten, nur in einer genossenschaftlichen Ordnung. Erst in ihr stoße der wissenschaftlich-technische Fortschritt auf Rahmenbedingungen, innerhalb deren er sich ungehindert entfalten und seinen ureigensten Zweck erfüllen kann: die Verwirklichung des materiellen Glücks der Menschen.

Den älteren Utopisten des 16. und 17. Jahrhunderts, allen voran Thomas Morus, war die Fiktion ihres »besten« Gemeinwesens ein kognitives Prinzip, in dessen Licht sie die Gesellschaften ihrer Zeit nicht umwälzen, sondern deren Defizite reflektieren wollten. Die Perspektive der Industrialisierung und der zunehmenden Beherrschung der Natur durch Naturwissenschaft und Technik vor Augen, verabschiedete Fourier diesen mehr in der Tradition Platons stehenden kontemplativen Ansatz: Tatsächlich muß er als einer der ersten Utopisten gelten, der sein Konstrukt einer besseren Gegenwelt als »gelebte« Utopie verstand. Es heiße jetzt, so betonte er immer wieder, entschlossen auf das Ziel zuzugehen, nachdem er die genossenschaftliche Ordnung in ähnlicher Weise entdeckt zu haben glaubte wie Newton das Gravitationsgesetz. Fourier machte sogar den Zivilisierten praktische Vorschläge, »die baldige soziale Metamorphose betreffend«: Er riet ihnen, in der Zivilisation keine Maßnahmen zu ergreifen oder Bindungen einzugehen, die ihr Leben in der unmittelbar bevorstehenden sozietären Ordnung nur behindern würden. Zugleich war er wie der Ökonom Saint-Simon davon überzeugt, daß sich diese soziale Umwälzung von allen Revolutionen – allen voran die große Französische Revolution von 1789 – unterscheiden werde: Um das genossenschaftliche Gemeinwesen zu errichten, sei es nicht notwendig, »Reiche zu stürzen und Länder mit Blut zu tränken«. Diese Transformation gehe vollständig friedlich vonstatten, weil sich die Phalanges, sind sie erst einmal gegründet, aufgrund ihrer selbstevidenten Vorteile von allein durchsetzen werden, ohne daß vorher die gesamte Eigentumsordnung umgestaltet werden muß.

Es gab nicht wenige Jünger, die sich von Fouriers Optimismus inspirieren ließen und in den Vereinigten Staaten Assoziationen nach seinen Ideen gründeten. Bis 1858 entstanden in den USA einundvierzig Phalangen in zehn Bundesstaaten. Deren mittlere Lebensdauer betrug etwa zweieinhalb Jahre. Allerdings konnten sich die Northampton Association, Mass., vier, die Brook Farm, Mass., fünf, die Wisconsin-Phalanx sechs und schließlich die Northamerican-Phalanx, N.Y., zwölf Jahre lang halten. Die zahlreichen Fallbeispiele solcher Gründungen bieten reiches empirisches Anschauungsmaterial für die Ursachen ihres Scheiterns. Sie lagen keineswegs im ausbleibenden wirtschaftlichen Erfolg, sondern waren, wie einer der Gründer der Phalange von Wisconsin zusammenfaßte, »sozial-seelischer Art«:

»Wir konnten das Leben in der Gemeinde nicht anziehend machen. Viele glaubten, außerhalb der Gemeinde mehr erreichen zu können. Es gelang uns nicht, anstelle der ausscheidenden Mitglieder andere Leute zu finden, die die Aktien der ersteren hätten übernehmen wollen, so daß die Unzufriedenen schließlich eine Mehrheit erlangten und für die Auflösung der Assoziation stimmten.«

Mit diesem Zweifel an der wirtschaftlichen Attraktivität der Phalange ging im übrigen, so wird oft hervorgehoben, ein unrealistisches Menschenbild einher, das von der Vision einer befriedeten und harmonischen Welt lebte: Ein solcher »neuer Mensch« sei aber nur durch diktatorische Maßnahmen zu schaffen, denen Fourier gerade eine Absage erteilt habe.

Ließen sich die Probleme ihrer Wirkungsgeschichte auf eine so einfache Formel bringen, dann wäre in der Tat dem Diskurs über die politische Utopie die Grundlage entzogen: Es lohnte nicht, über sie zu reden, außer in Kategorien der Vergeblichkeit oder der Warnung vor gefährlichen sozialen Experimenten. Aber das Verhältnis der politischen Utopie zur Wirklichkeit ist vielschichtiger, als es auf den ersten Blick zu sein scheint, weil es sich nicht auf eine experimentelle Versuchsanordnung reduzieren läßt, in deren Rahmen jedermann einsichtig demonstriert werden kann, daß und warum Sozialutopien scheitern müssen, sobald sie in Kontakt mit der historisch-gesellschaftlichen Realität geraten. Denn was nutzt es, stets erneut die historische Unmöglichkeit der Sozialutopie zu »beweisen«, wenn der gesellschaftliche Kontext, in dem dies geschieht, längst ihrer normativen Kraft erlegen ist? So verhält es sich auch mit Fouriers Anspruch, eine »gelebte« Utopie konzipiert zu haben. Der Wirkungsgeschichte dieses Ansatzes kommt nur auf die Spur, wer deren »indirekte« Durchdringung wichtiger Strukturmerkmale der westlichen Zivilisation fokussiert.

Stellt man die Frage der Wirkungsgeschichte Fouriers auf diese Weise, so wird man ihm einen weitsichtigen »Realismus« attestieren müssen. Er erkannte die Mechanismen kapitalistischer Überproduktionskrisen und die Symptome einer heraufziehenden, industriell bedingten Bedrohung der natürlichen Lebensbedingungen ebenso, wie er die Frauenemanzipation gefordert und ein gesellschaftliches Szenario entwickelt hat, das ihr Rechnung tragen sollte. Vor allen Dingen paßte er den utopischen Diskurs den zivilisatorischen Erfordernissen an, die der materiellen Grundlage der Industriellen Revolution entsprachen. Weit über die Organisationsmuster kollektiver Interessenvertretungen der durch die Industrielle Revolution umgewälzten Gesellschaften hinausgreifend, ist ihm zufolge der Dissens konstitutiver, für die Erzeugung sozialer Harmonie als a priori vorausgesetzte soziale Homogenität.

In der unmittelbaren Nachfolge der *Utopia* des Thomas Morus wurde das ideale Gemeinwesen in einem geschichtslosen Raum angesiedelt: Was in sich vollkommen ist, läßt keine substantielle Veränderung zu und steht daher jenseits des historischen Wandels. Fourier dagegen strebte die Versöhnung von Perfektion, Niedergang und Entwicklung in seiner Vision der Vergangenheit und der zukünftigen Geschichte der Welt an. Diese Intention läßt sich nirgendwo deutlicher ablesen als in seiner Architekturplanung, in der sich der Übergang von der statischen Idealstadt der frühen Neuzeit zur dynamischen Entwicklungsplanung städtebaulicher Konzeptionen vollzieht. Dabei geht es ihm darum, die entmündigten Versorgungsobjekte klassisch-utopischer Sozialplanung zu selbstbewußten »Neigungssubjekten« zu emanzipieren. Mußte sich im älteren utopischen Denken der einzelne dem Gewaltmonopol des Staates unterordnen, so geht Fourier den umgekehrten Weg: In seiner »gelebten« Utopie paßt er, wie der Utopieforscher Michael Winter betont, »die Form der Gesellschaft dem Lustprinzip an. So wird nicht die Staatsgewalt Grundlage der gesellschaftlichen Maschinerie, Gewalt und Triebverdrängung Grundlage geistiger Produktion, sondern die Lust.«

Wer geneigt ist, über den »Phantasten« Fourier und seine »Projekte« zu lächeln, sollte bedenken, daß in seinem sozial-utopischen Ansatz Potentiale stecken, die erst heute – knapp zweihundert Jahre später – erkennbar sind.

»Nach Ikarien, Brüder, nach Ikarien!« Robert Owen, Etienne Cabet, Giovanni Rossi: Experimente für eine bessere Gesellschaft

von Dorothea Schuler

»Nach Ikarien, Brüder, nach Ikarien! Weil man uns innerhalb der französischen Lande plagt, uns jedwedes Recht, jedwede Freiheit der Assoziation, Vereinigung, Besprechung und des friedlichen Propagierens abschneidet, darum bleibt uns nichts weiter, als anderswo zu suchen, was uns hier gebricht, nämlich Menschenwürde, Bürgerrechte, Freiheit und Gleichheit. Man schilt uns Träumer und Utopisten; wohlan Ikarier, laßt uns einen Zustand gründen, der kein Traum, keine Utopie ist …«

Mit diesen Worten ruft der Politiker, Literat und Sozialreformer Etienne Cabet seine französischen Anhänger zur Massenauswanderung nach Amerika auf. Man schreibt das Jahr 1848, und Cabet ist der Führer der ikarischen Kommunisten, der damals größten kommunistischen Bewegung in Frankreich. Die Schar seiner Anhänger wird auf über Vierhunderttausend geschätzt.

Im selben Jahr geht auch das *Kommunistische Manifest* von Karl Marx und Friedrich Engels in Druck. Frankreich steht am Vorabend einer Revolution, die Engels später als die »erste große Schlacht zwischen Proletariat und Bourgeoisie« bezeichnen wird. Die 48er Revolution erfaßt, mit Ausnahme von Rußland und England, alle großen europäischen Staaten. Eigentlich eine große Chance für alle, die die gesellschaftlichen Verhältnisse grundlegend verändern wollen – auch für Cabet und seine Anhänger. Doch auch wenn Cabet zu Beginn der Revolution eine wichtige

Rolle in Frankreich spielt, die revolutionären Ereignisse zerstören die Einheit seiner Bewegung. Im Sommer 1848 sieht er in Europa keine Chance mehr für die Verwirklichung seines Traumes vom sozialen Paradies. Nur in der radikalen Abkehr von der bestehenden Gesellschaft scheint noch Heil zu liegen. Weit weg von Europa, erhofft er sich Spielraum für den friedlichen Aufbau einer besseren und gerechteren Gesellschaft. Im Herbst verlassen viele Ikarier ihre Heimat und versuchen ihr Glück am Roten Fluß in Texas.

Auch der englische Sozialreformer Robert Owen und der italienische Anarchist Giovanni Rossi wählen den Weg in die ›Neue Welt‹, um ihre Gesellschaftsutopien in die Tat umzusetzen. Für Owen bietet sich etwa zwanzig Jahre vor Cabets Auswandererplänen ebensowenig eine Perspektive für Gesellschaftsreformen wie für Rossi ein halbes Jahrhundert nach der Julirevolution von 1848. Die politische Zerrissenheit und Engstirnigkeit im Europa des 19. Jahrhunderts scheinen keine Basis für die Verwirklichung einer harmonischen, friedlichen und gerechten Gesellschaft. Dieses Zeitalter der Industriellen Revolution hat die sozialen Mißstände hervorgebracht, gegen die sich Denker wie Owen, Cabet und Rossi mit ihren Gesellschaftsentwürfen wenden.

Dank hoher Geburtenraten steht den neuen Fabrikherren zu Beginn des Jahrhunderts ein Heer von Arbeitswilligen zur Verfügung. Sie können wahre Hungerlöhne zahlen. Perfektioniert wird die Ausbeutung durch Akkordarbeit und das sogenannte Truck-System: die Auszahlung in Naturalien oder der Zwang zur Abnahme von Waren. Indem sie ihren Arbeitern überteuerte oder verdorbene Waren andrehen, können die Fabrikanten noch einmal Profit herausschlagen. Die schnell aus dem Boden gestampften Arbeiterviertel gleichen Slums: Es gibt kaum sanitäre Einrichtungen, Dreck und Unrat werden einfach auf die Straße gekippt. Die Umweltverschmutzung in den großen Industriezentren ist mörderisch. Das ungezügelte Wachstum der Industrie verpestet Luft und Wasser. 1845 beschreibt Friedrich Engels *Die Lage der arbeitenden Bevölkerung in England*:

»Abfall und ekelhafter Kot liegen zwischen stehenden Lachen überall herum, die Atmosphäre ist durch die Ausdünstungen derselben verpestet und durch den Rauch von einem Dutzend Fabrikschornsteinen verfinstert und schwer gemacht – eine Menge zerlumpter Kinder und Weiber treibt sich hier umher, ebenso schmutzig wie die Schweine, die es sich auf dem Aschenhaufen und in den Pfützen wohl sein lassen.«

Um das Überleben zu sichern, müssen auch die Kinder arbeiten. An Schulausbildung ist nicht zu denken, und damit entschwinden die letzten Chancen, der Verelendung zu entkommen. Arbeitsschutzbestimmungen existieren nicht, Unfall- oder Krankenversicherung ebensowenig. Arbeitszeiten von zwölf und mehr Stunden behindern bei Kindern und Jugendlichen das Wachstum. Waisenkinder aus den Armenhäusern gehören als Leihgabe oder als Ankauf zu den billigsten Arbeitskräften der Zeit. Diese Kinder arbeiten dann in der Baumwollindustrie 74 Wochenstunden in Tag- und Nachtschichten. Dieser Teufelskreis bleibt nicht ohne Folgen für die moralische Verfassung der Arbeiter. Alkoholmißbrauch, Prostitution und eine hohe Kriminalitätsrate sind in den Arbeitervierteln die Regel. Armut und Aussichtslosigkeit, Hunger, Krankheit und Konkurrenzkampf greifen alle menschlichen Bindungen an.

Der Engländer Robert Owen ist einer der ersten, der die

sozialen Mißstände im Gefolge der Industriellen Revolution analysiert und anprangert. Er begreift, daß das ungeheure Anwachsen des gesellschaftlichen Reichtums durch die neuen Produktionsmethoden für viele kein besseres Leben zur Folge hat. Owen folgert: Alles Unglück komme daher, daß im freien Wettbewerb einer gegen den anderen gehetzt werde. Eine Gesellschaftsordnung, die auf egoistische Interessen und nicht auf Solidarität zwischen den Menschen baue, könne nur zum Unglück der meisten führen. – Nicht der technische Fortschritt ist für das Elend der Arbeiter verantwortlich, darin sind sich Owen, Cabet und Rossi einig. Das Privateigentum ist vielmehr das Grundübel, da es die gesellschaftliche Solidarität zersetzt. Alle drei sehen folglich in der Gütergemeinschaft die Basis einer neuen Gesellschaftsordnung. Damit stehen sie im krassen Gegensatz zu Auffassungen ihrer Zeit. Danach ist das Elend der Arbeiter selbst verschuldet: Da der Mensch über einen freien Willen verfüge, sei er auch für seinen Lebensweg allein verantwortlich – ›seines eigenen Glückes Schmied‹. Ein Armer kann in dieser Perspektive kein wirklich guter Mensch sein, denn der Reichtum wird als Ausdruck der Rechtschaffenheit und Tüchtigkeit der Besitzenden verstanden. Der Mensch, der nach dem berühmten Diktum von Thomas Hobbes »des Menschen Wolf ist«, kümmert sich nur um den eigenen Vorteil. Er ist nicht einsichtsfähig, sondern muß domestiziert werden. Und zwar mittels strenger Zucht und staatlicher Ordnung – einer Ordnung, die auf der Unantastbarkeit des Eigentums beruht.

Für die utopischen Sozialisten dagegen ist der Mensch von Natur aus gesellig und gut. Legt eine Person egoistische oder kriminelle Verhaltensweisen an den Tag, so sind seine Wurzeln durch schädliche Einflüsse verdorben. Der Anarchist Giovanni Rossi hält den Menschen sogar für so gutartig, daß er nicht nur das Eigentum abschaffen will, sondern gleich alle gesellschaftlichen Institutionen und jede Form von Herrschaft. In seinen Augen behindern sie den Einzelnen bloß bei der Entfaltung seiner natürlichen Anlagen. Etienne Cabet und Robert Owen sind da etwas vorsichtiger: Erziehung und Bildung spielen bei ihnen die zentrale Rolle bei der Herausbildung von Güte und Solidarität zwischen den Menschen. Der Königsweg in eine bessere Gesellschaft führt für beide folglich über Aufklärung und Erziehung. Revolution und Klassenkampf lehnen sie ab. Dafür favorisieren sie Siedlungsprojekte im fernen Amerika. Im kleinen Format sollen hier Vorbilder für die Gesellschaft im ganzen entstehen und Ansporn für andere geben, sich den vorgelebten Gemeinschaftsformen anzuschließen.

Robert Owen, 1771 in Wales in ärmlichen Verhältnissen geboren, arbeitet sich in wenigen Jahren zu einem der erfolgreichsten Unternehmer seiner Zeit empor. Er ist erst Anfang Dreißig, als er eine ganze Industrieansiedlung übernimmt, die schottische Baumwollspinnerei New Lanark. Da will er schon nicht mehr nur erfolgreich sein: New Lanark wird sein erstes soziales Experiment. Dort kann der Fabrikant beweisen, daß das Elend der Industriearbeiter kein notwendiges Übel ist, wie viele seiner Zeitgenossen glauben: Wirtschaftlicher Erfolg und eine Verbesserung der Arbeits- und Lebensbedingungen der Arbeiter schließen sich nicht aus.

In New Lanark sorgt Owen für menschenwürdige Wohnungen. Die Arbeitszeit wird auf einen Zehn-Stunden-Tag begrenzt. Kinderarbeit ist erst ab zehn Jahren erlaubt. Er führt einen Kindergarten ein, baut eine Schule. Im sogenannten »Neuen Institut« soll der Charakter der Erwachsenen gebildet werden. Sein ganzes Handeln ist darauf gerichtet, das Sozialverhalten seiner Schützlinge positiv zu beeinflussen: Er verbietet den Ausschank von Alkohol, stellt Kammerjäger ein, die die Wohnungen seiner Arbeiter auf Schädlinge untersuchen, und führt in der Fabrik ein Kontrollsystem ein: die sogenannten »Stillen Mahner«. Das sind gut sichtbare Anzeigetafeln an jedem Arbeitsplatz. Bei Fleiß und gutem Verhalten des Arbeiters zeigen sie helle Farben, bei schlechtem Verhalten dunkle. Sie sollen zur Selbstkontrolle anhalten, denn so ist mit einem Blick die Leistung jedes einzelnen einschätzbar. Owens Methoden haben Erfolg. New Lanark entwickelt sich schnell zum profitablen Musterbetrieb, der Besucher aus aller Welt anzieht.

Zu seiner Zeit ist Owen ein berühmter Mann: In Reden, Programmentwürfen, Streitschriften und durch Eingaben im Parlament macht er seinen Einfluß geltend, um die Lage der Arbeiter zu verbessern. Doch je mehr er darangeht, die in New Lanark gemachten Erfahrungen auf die gesamte Gesellschaft zu übertragen, desto mehr stößt er auf Widerstand. Die Gesellschaft will nicht in den Spiegel sehen, den er ihr vorhält. Doch er gibt nicht auf: In Amerika sieht er wie viele seiner Zeitgenossen die »Wiege der zukünftigen Freiheit«. Im Februar 1825 stellt er seine Pläne zur Gründung einer Kolonie dem amerikanischen Kongreß vor: Das bisherige Gesellschaftssystem basiere auf einem Irrtum, auf dem Glauben nämlich, daß der Mensch seinen Charakter selber forme. Owens Grundüberzeugung ist aber, daß der Mensch durch und durch bestimmt ist von seiner Umwelt. – Wer nur Elend und Verwahrlosung kennt, verwahrlost auch selbst. Schafft man dagegen vernünftige und gute Ausgangsbedingungen, die »Rational Society«, wie Owen sein Gesellschaftsideal nennt, so wird auch der Mensch sich zum Guten entwickeln.

Um die perfekten Bedingungen für die perfekte Gesellschaft darzulegen, hat Owen ein Architekturmodell nach Washington mitgebracht: Die »zukünftige Wohnstätte der menschlichen Rasse« ist idyllisch von Gärten umgeben, eher ländlich als industriell geprägt. Um Schule, Akademie und Universität gruppieren sich auf einer quadratischen Grundfläche Wohnhäuser, Wirtschaftsgebäude und Werkstätten. Auch an Theater, Konzertsäle und Bibliotheken ist gedacht. Der technische Komfort ist zukunftsweisend: Zentralheizung, Gaslicht, fließend warmes und kaltes Wasser. Die Anzahl der Bewohner soll ein- bis zweitausend Personen nicht übersteigen. Owen ist von der wirtschaftlichen Überlegenheit seines Siedlungsmodells überzeugt:

»Das vorgeschlagene System der Vereinigung, des gemeinsamen Eigentums und der Zusammenarbeit würde vom gleichen Boden bequem mindestens doppelte Erträge bringen und so seine kommerzielle Überlegenheit über die individuellen Arrangements der Gesellschaft beweisen.«

Sein neues Utopia liegt in Indiana. Owen tauft es New Harmony. Die Siedlung hat er für einen Großteil seines Vermögens einer religiösen Sekte abgekauft. Doch schon von der architektonischen Anlage her entspricht sie nicht ganz den Bedingungen der Owenschen Idealstadt. Was aber noch schwerer wiegt, das sind die Menschen, die nach New Harmony strömen: Sie haben den ›alten Adam‹ noch nicht abgelegt, sind immer noch Produkte des alten Gesellschaftssystems. Es gibt keinerlei Beschränkung des Zuzugs, und so finden sich neben Idealisten, Gelehrten und Künstlern auch Neugierige, Müßiggänger, Abenteurer und Phantasten ein. In seiner Eröffnungsrede bezeichnet Owen New Harmony denn auch als »Haus auf halbem Wege«. Die Pioniere sollen hier gewissermaßen erst einmal ins Ideal ›hineinerzogen‹ werden; erst dann soll der »Bund der Gleichen« entstehen, dessen Artikel 2 lautet:

»Alle Mitglieder sind als eine einzige Familie anzusehen. Niemand ist wegen seiner Beschäftigung höher oder geringer zu achten als ein anderer. Es soll gleiches Essen, gleiche Kleidung und gleiche Erziehung für alle geben, entsprechend ihrem Alter; alle sollen in ähnlichen Häusern wohnen und dieselben Bequemlichkeiten genießen.«

Doch Owen macht von Anfang an bittere Kompromisse: Farbige sind in der Siedlung nicht zugelassen, obwohl er für Toleranz auch in Rassenfragen eintritt. Auch darf Whiskey verkauft werden, den er gerne verboten hätte. Ein Gast aus Europa, der New Harmony zwei Monate nach der Eröffnung des »Bundes der Gleichen« besucht, stellt fest, daß Egoismus und Klassenvorurteile in voller Blüte stehen. Schon bald spaltet sich die Gemeinde auf, das Projekt scheitert. Anfang 1828 gibt Owen New Harmony endgültig auf. Das Experiment hat nicht mehr als zwei Jahre gedauert. Was hat der Sozialreformer falsch gemacht? In einem Artikel der New-Harmony-Gazette vom März 1827, der übrigens von Owens Söhnen stammt, heißt es bereits: Owen habe die antisozialen Triebe in solch einem wahllos zusammengebrachten Haufen unterschätzt, die Attraktion des Ideals hingegen überschätzt.

Rund zwanzig Jahre nach dem Scheitern von New Harmony setzt der Arbeiterführer Etienne Cabet zur Verwirklichung seines Modells einer besseren und gerechteren Gesellschaft an. Cabet, 1788 in Dijon geboren, entwickelt sich vom begeisterten Republikaner zum glühenden Kommunisten. Durch sein politisches und publizistisches Engagement gerät der gelernte Jurist immer wieder mit der Staatsmacht in Konflikt. Im Exil in England, wo er auch Robert Owen kennenlernt, schreibt er *Die Reise nach Ika-*

rien. Der utopische Roman wird 1840 in Frankreich veröffentlicht.

Cabet entwickelt hier seine Vorstellungen von einer idealen Gesellschaft in Form eines fiktiven Reiseberichts. Sein Ikarien ist nicht das Modell einer ländlichen Kommune, sondern der ehrgeizige Entwurf eines durchorganisierten Arbeiterstaats: Hundert gleichartige Provinzen werden von hundert Hauptstädten aus verwaltet und von der Metropole Ikaria aus regiert. Ingenieure und Beamte regieren eine Fachwelt. Oberste Gebote sind Gleichheit und Gütergemeinschaft. Der Tagesablauf ist ebenso geregelt wie das Eheleben, die Kleidung, die Nahrung und die Erziehung. Individuelle Abweichungen sind nicht vorgesehen. Alle Ikarier arbeiten von pünktlich sechs Uhr morgens bis exakt drei Uhr nachmittags. Die Mahlzeiten werden gemeinsam eingenommen. Cabet läßt einen Bürger schwärmen:

»Die Gerichte wechseln; alle Tage kommt ein anderes; über Einerlei kann man sich nicht beklagen. Übrigens ist auch die Zeit und Dauer des Frühstücks und des Mittagstischs vom Komitee nach reiflicher Erwägung festgesetzt. Und warum sollte man nicht gern diesem folgen? Ist es doch zum besten. Der Mensch gehorcht gern einer Ordnung, die er selbst gemacht hat.«

Die Polizeiaufsicht ist durch eine freiwillige Selbstzensur der Bürger ersetzt. Im Namen der Gesamtheit wird eine Geschmacksdiktatur ausgeübt: So sind die Dichter Ikariens in der Regel Nationaldichter, die etwa die Effizienz eines neuentwickelten Dampfschiffes besingen. Pressefreiheit ist in diesem Paradies nicht vorgesehen, Versammlungsfreiheit praktisch nicht realisierbar.

Die Erziehung nimmt in Ikarien einen breiten Raum ein. In Nationalschulen erhalten alle Kinder eine Grundausbildung. Größter Wert wird auf eine zwölf Jahre dauernde moralische Erziehung gelegt. Was der ikarische Bürger zu tun und was er zu unterlassen hat, wird durch Mehrheitsentscheidungen bestimmt. Zu den ikarischen Tugenden gehört es folglich, sich diesen zu unterwerfen:

»Da die Bürger von ihrer Kindheit an zum Respekt vor der Mehrheit gewöhnt sind, so sind sie auch durchaus friedfertig und die Minderheit fügt sich immer ohne Murren der Mehrheit.«

Soweit das Ideal, die Praxis sieht anders aus: Im Februar 1848 schifft sich eine Vorhut von knapp siebzig Arbeitern von Frankreich aus nach New Orleans ein. Sie sollen das Land, das sich Cabet in Texas hatte zusichern lassen, erst einmal urbar machen. Nach Ausbruch der 48er Revolution folgen, statt der erwarteten Massen, nur noch etwas über vierhundert Franzosen, unter ihnen Cabet. Dieser ›harte Kern‹ besteht allerdings aus entschlossenen Siedlern, die alle ihre Hoffnungen und auch ihr bescheidenes Vermögen in das Projekt gesteckt haben. Das zugesicherte Land entpuppt sich jedoch als undurchdringliche Wildnis. Die Pioniere müssen zurück nach New Orleans und sich dort mit Gelegenheitsarbeiten über Wasser halten. Nach längerem Suchen, das die finanziellen Reserven der Siedler schwer angreift, findet sich schließlich eine ehemalige Mormonenkolonie, die billig zu pachten ist. Nauvoo heißt das zukünftige Ikaria. Es liegt am Mississippi in Illinois.

Allmählich beginnt die Kolonie aufzublühen. Unter den Siedlern sind genügend Arbeiter und Handwerker, um sich selbst zu versorgen. Überschüsse werden auf dem freien Markt verkauft. Doch im Gegensatz zu den literarischen Wunschträumen Cabets bleibt Nauvoo immer eine kleine isolierte Gemeinschaft, die nie mehr als höchstens dreihundert Mitglieder umfaßt. Der deutsche Sozialist

Heinrich Lux spielt auf die Diskrepanz zwischen Ideal und Praxis an:

»In gleichmäßiger Ruhe, in monotoner Regelmäßigkeit spielte sich so das Leben der Ikarier ab. Es war voller Arbeit, und die Zahl der harmlosen Genüsse, die ihnen das Leben bot, war beängstigend bescheiden. Sie lebten in einer Welt für sich – inmitten einer mächtig aufwärtsstrebenden Kultur zehrten sie von den geringen Anregungen, die aus ihrem eigenen engen Kreise kamen. ... Sie verbauerten. Weit davon entfernt der staunenden Welt das Emporschießen der Kultur unter der Führung des Kommunismus zu weisen, fanden sie nicht einmal für sich selbst die nötige geistige Anregung, um den von ihnen selbst empfundenen Stagnationsprozeß aufhalten zu können.«

Das Leben in Nauvoo ist geprägt von den ikarischen Grundsätzen der Gleichheit und der Gütergemeinschaft, bis in alltägliche Details wie Wohnen, Essen und Kleidung hinein. Das Prinzip »für alle oder für keinen« wird streng befolgt: Da es beispielsweise weder genug Taschenuhren noch Tischtücher für alle gibt, wird gemeinsam darauf verzichtet. Doch unter dem Einheitsguß wachsen die Spannungen. Gemäß der Verfassung muß sich die Minorität der Mehrheit strikt beugen. Presse- und Versammlungsfreiheit gibt es – wie schon in der *Reise nach Ikarien* – nicht. Die Unzufriedenheit wächst. Eine Revision der Verfassung, die Cabet beantragt und die ihn als Präsidenten mit größerer Machtfülle ausstatten würde, bringt das Faß zum Überlaufen: 1856 wird Cabet aus seiner eigenen Kolonie ausgeschlossen. Einige seiner Anhänger folgen ihm. Wenige Tage danach stirbt der Gründer von Nauvoo im Alter von achtundsechzig Jahren.

Nach dem Tod Cabets spaltet sich die Kolonie mehrfach: Die jüngeren Ikarier empfinden die Organisationsstrukturen nach wie vor als autoritär und das Leben als stagnierend. 1881 gründen Unzufriedene schließlich Ikaria Speranza, eine Siedlung, die sich an anarchistischen Grundsätzen orientiert. Ein Mitglied der neuen Kolonie schreibt:

»Nachdem wir mehr und mehr den Glauben an die Herrschaft einer Majorität verloren hatten, gewinnen wir täglich größeres Vertrauen zu dem höheren Grundsatz der Einstimmigkeit. Daher verwerfen wir alle früheren Ansichten über die Leitung: Wir bedürfen keiner Präsidenten und Beamten mit hohen Titeln, sondern verlassen uns zunächst auf das Gefühl der Pflicht und Verantwortlichkeit eines jeden. Es ist dies unser erster Schritt auf der glänzenden Bahn, die zur sozialen Anarchie – im guten Sinne des Wortes – führt.«

Mit dem Aufschwung der anarchistischen Bewegung im letzten Drittel des 19. Jahrhunderts kommt es noch einmal zu einem regelrechten Koloniegründungsboom:

»Am 20. Februar des Jahres 1890 schiffte sich eine kleine Anzahl Pioniere in Genua ein, um im fremden Lande versuchsweise ein socialistisches Gemeinwesen zu errichten. In den jungfräulichen Einöden Amerikas wollten sie ein Stück Land aufsuchen und – unerfahren und fast alles entbehrend – wollten sie es bebauen, um selbst zu erfahren und all den anderen in der weiten Welt zu zeigen, wie Menschen ohne Gesetz und ohne Herren leben würden.«

In diesen Worten Giovanni Rossis klingt bereits das Leitmotiv der anarchistischen Bewegung an. Die Anarchisten wenden sich gegen *jede* Form von Herrschaft. Nicht nur gegen den bourgeoisen Staat, sondern auch gegen autoritäre Formen des Sozialismus.

Ein Riß geht inzwischen durch die Arbeiterbewegung.

Auf der einen Seite stehen die Marxisten: Das Proletariat nimmt bei ihnen immer mehr die Gestalt einer straff organisierten, von oben nach unten strukturierten Arbeiterpartei an. Von der Verstaatlichung der Produktionsmittel und der »Diktatur des Proletariats« versprechen sie sich eine bessere und gerechtere Gesellschaftsordnung. Die Anarchisten dagegen fordern die sofortige Abschaffung des Staates und jeder Zwangsordnung. Emanzipation und freie Entfaltung des einzelnen sind ihre Hauptanliegen. Die Marxisten interpretieren solche Postulate als Rückfall in den bürgerlichen Individualismus. Rossi ist sich des historischen Augenblicks bewußt:

»Wir befanden uns in einem geschichtlichen Momente der socialistischen Agitation. Je lebhafter wir in uns die Tendenz zur Entfaltung unserer Gefühle, zur freien Betätigung unserer Kräfte gefühlt, umso stärker fühlten wir auch den odemerstickenden Druck des Autoritätsprinzips in allen seinen Manifestationen. Die moderne sociale Bewegung stellt dem Staate die Anarchie gegenüber, aber das konservative Proletariat antwortet, der Mensch könne nicht ehrlich leben, ohne daß das Damoklesschwert des Gesetzes über allen baumele.«

Aus der Konkurrenz mit der marxistischen Interpretation des Sozialismus erwächst den praktischen Versuchen der Anarchisten eine erhöhte Dringlichkeit. Sie sollen jetzt nicht mehr nur die Bourgeoisie, sondern auch Teile der Arbeiterschaft von der Lebensfähigkeit einer Gemeinschaft überzeugen, die auf anarchistischen Grundsätzen beruht. Ein erstes Experiment, eine 1887 in Citadella (Cremona) gegründete Agrarkooperative, scheitert jedoch. Vor diesem Hintergrund bricht Giovanni Rossi, geboren 1856 in Pisa, Agronom, Tierarzt, Schriftsteller und Anarchist, schließlich nach Brasilien auf. Im Urwald von Pa-

Robert Owen 1771-1858, Stich von 1823

ranà gründet er 1890 die landwirtschaftliche Kolonie Cecilia. Bis zur Mitte des Jahres 1891 kommen so viele Siedlungswillige, daß sich die Anzahl der Bewohner von Cecilia in kurzer Zeit auf fast zweihundert Personen erhöht. Das Leben in der Kolonie orientiert sich an anarchistischen Grundsätzen:

»In den internen Beziehungen lebt die Autorität unter keiner Gestalt. Keine Gesetze, keine Statuten, keine freien Verträge, keine Majoritätsoberherrlichkeiten, keine Volksversammlungen, keine Regierungs- oder Verwaltungsorgane, höchstens energisch bekämpfte Verwandtschafts- und Befähigungseinflüsse.«

Doch der starke Zustrom neuer Siedler führt zur Krise: Es ist nicht genug Wohnraum für alle da, nicht genug Geld, so daß auch die Lebensmittel knapp werden. Die länger Eingesessenen wollen nicht teilen und verstehen es, sich Vorteile gegenüber den neu Angekommenen zu verschaffen. Die Verwandtschaftsclans bevorzugen ihre Mitglieder. Sie können sich mit Essen versorgen, während die anderen hungern müssen. Rossi konstatiert:

»Die antisozialen Eigenschaften, die sich notwendigerweise im bürgerlichen Leben entwickeln, sind noch vorhanden.«

Es ist vor allem die bürgerliche Familie, die Rossi als ›Hort des Bösen‹ ausmacht:

»Solange ihr einen Gatten, eine Gattin, Kinder und ein Haus habt, werdet ihr auch eine Familie haben, das heißt eine kleine autoritäre Gesellschaft, eifersüchtig in ihren Privilegien, ökonomisch eine Rivalin der großen Gesellschaft; werdet ihr kleinere von den Stärkeren tyrannisierte Territorien haben, innerhalb derer sich die Liebe in ihren verirrtesten Manifestationen zeigt, von der Eifersucht bis zum Verbrechen.«

Die Kur, die Rossi seinem anarchistischen Kollektiv verschreibt, ist die freie Liebe. Das verordnete Heilmittel wird jedoch nicht angenommen; die Siedler, unter ihnen vor allem die Frauen, wollen die Lektion nicht lernen. Die meisten von ihnen geben dem ›Schwarzbrot‹ der Ehe den Vorzug vor der ›haute cuisine‹ der freien Wahl. In Liebesdingen ziehen sie die Sicherheit der festen Bindung der individuellen Entfaltung vor. Am Ende ist es aber nicht der Familienegoismus, an dem die Kolonie zerbricht, sondern die drückende Armut. Trotz aller Anstrengungen gelingt es den Kolonisten nicht, über das Lebensnotwendige hinaus Güter zu produzieren. Sie leben zwar frei und ohne Herren, dafür aber immer noch weit schlechter als ein Arbeiter im kapitalistischen System der Zeit. Durch politische Unruhen in der jungen Republik Brasilien beschleunigt, löst sich die Kolonie im Herbst 1894 endgültig auf. Nur knapp vier Jahre haben die Kolonisten durchgehalten.

Die Bemühungen von Robert Owen, Etienne Cabet und Giovanni Rossi, ihren Traum von einer besseren und gerechteren Gesellschaft zu verwirklichen, umspannen fast ein ganzes Jahrhundert. Doch keiner von ihnen hat je sein »Ikarien« erreicht, und das, obwohl alle drei durchaus pragmatisch darangingen, ihre Vorstellungen in die Tat umzusetzen. Fast von Anfang an wird ihr Weg, den Sozialismus zu verwirklichen, als unrealistisch beziehungsweise utopisch kritisiert. Und zwar nicht nur von seiten der Konservativen, sondern auch von Karl Marx und Friedrich Engels. Im Brennpunkt der Marxschen Kritik steht unter anderem ihre Einschätzung der Rolle, die die Arbeiterschaft bei gesellschaftlichen Veränderungen spielt.

Robert Owen etwa profiliert sich als Sozialreformer zunächst durch die Leitung der Industrieansiedlung New

VOYAGE

EN

ICARIE

PAR

M. CABET.

FRATERNITÉ.

Tous pour chacun.

SOLIDARITÉ
ÉGALITÉ—LIBERTÉ
ÉLIGIBILITÉ
UNITÉ
PAIX.

Chacun pour tous

EDUCATION
INTELLIGENCE—RAISON
MORALITÉ
ORDRE
UNION.

AMOUR
JUSTICE
SECOURS MUTUEL
ASSURANCE UNIVERSELLE
ORGANISATION DU TRAVAIL
MACHINES AU PROFIT DE TOUS
AUGMENTATION DE LA PRODUCTION
RÉPARTITION ÉQUITABLE DES PRODUITS
SUPPRESSION DE LA MISÈRE
AMELIORATIONS CROISSANTES
MARIAGE ET FAMILLE
PROGRES CONTINUEL
ABONDANCE
ARTS.

Premier droit,
Vivre.

A chacun suivant ses besoins.

Premier devoir,
Travailler.

De chacun suivant ses forces.

BONHEUR COMMUN.

PARIS

AU BUREAU DU POPULAIRE, RUE JEAN-JACQUES-ROUSSEAU, 14.

Dans les Départements et à l'Étranger, chez les Correspondants du POPULAIRE

1848

»Reise nach Ikarien«, Titel der 5. Auflage der Originalausgabe

Lanark. Die Reformen, die er dort einführt, sind allerdings ›von oben‹ verordnet. Arbeiter sind für ihn bloße Objekte der Zuwendung und Fürsorge, nicht die zentralen Akteure und gleichberechtigten Partner bei der Überwindung des Kapitalismus und beim Aufbau einer neuen Gesellschaft, als die Marx und Engels sie betrachten. Owens amerikanische Kolonie New Harmony ist dann zwar Magnet und Spielwiese für die wissenschaftliche und kulturelle Avantgarde seiner Zeit, aber eben auch ein luxuriöses Projekt auf recht unverbindlicher Basis. Anders als in New Lanark, wo Owen durch Kontrollen und Reglementierungen dafür sorgte, daß das Zusammenleben funktioniert, verläßt er sich in New Harmony völlig auf den guten Willen seiner buntgewürfelten Kolonistenschar, die dann auch bald auseinanderbricht.

Etienne Cabet dagegen wendet sich in seiner Zeitschrift *Le Populaire* direkt an die Arbeiterschaft. Unter seiner kommunistischen Hülle schlägt jedoch ein kleinbürgerliches und bürokratisches Herz. In seinem Idealstaat Ikaria ist die individuelle Entfaltung des einzelnen kollektiven Ordnungsvorstellungen nachgeordnet. Im Gegensatz zu Owen und Rossi hält Cabet Ehe und Familienwerte hoch: so hoch, daß ertappte Ehebrecher aus Nauvoo verbannt werden. Er bekämpft Materialismus und Atheismus. Als einziger der drei versucht Cabet christliche Werte mit kommunistischen Vorstellungen zu vereinbaren.

In den Kolonien von Cabet und Rossi finden sich weniger Intellektuelle und Experimentierfreudige als Arbeiter und Handwerker mit ihren Familien. An der wirtschaftlichen und politischen Lage in ihrem Land verzweifelnd, setzen sie alles auf eine Karte, um der Ausbeutung in den Fabriken und der Repression durch den Staatsapparat zu entkommen. Mit aller Macht wollen sie noch zu ihren

Lebzeiten eine bessere Gesellschaft verwirklichen. Besonders Giovanni Rossi muß sich darüber hinaus mit einer neuen Situation auseinandersetzen: der Konkurrenz zwischen marxistischer und anarchistischer Interpretation des Sozialismus. Seine Kolonie muß nicht nur gegenüber dem Bürgertum, sondern auch gegenüber den Arbeitern den Beweis antreten, daß eine Gemeinschaft, die auf anarchistischen Grundsätzen beruht, lebensfähig ist.

In der zweiten Hälfte des 19. Jahrhunderts gewinnt nämlich die marxistische Interpretation des Sozialismus mehr und mehr an Einfluß. In der marxistischen Auffassung kann eine Veränderung der Gesellschaft nur strukturell und im ganzen gelingen: Erst müssen die Zentralen der Macht in Politik und Wirtschaft von der Arbeiterklasse beziehungsweise ihrer Speerspitze, der kommunistischen Partei, erobert werden, dann ist auch eine neue Gesellschaft möglich. Versuche, die Gesellschaft durch lokale und regionale Initiativen von innen heraus zu reformieren, aber auch die Versuche einzelner Akteure und Gruppen, den Sozialismus im kleinen und unmittelbar in Musterkolonien zu verwirklichen und damit gewissermaßen von außen, durch das gute Beispiel, auf die Gesellschaft einzuwirken, halten Marx und Engels für unrealistisch. Diese mehr oder weniger individuellen Ansätze sind in ihren Augen der historischen Situation nicht angemessen und von Anfang an zum Scheitern verurteilt.

Doch noch in ihrem Scheitern werden die Siedlungen zu Ausgangspunkten für weitere soziale Experimente und damit auch zu Motoren für den gesellschaftlichen Wandel. Die erste Frauenrechtlerin in den USA, Frances Wright zum Beispiel, war unter den Gründern von New Harmony. Als Mitglied der Regierung von Indiana reformierte einer der Söhne Robert Owens, Robert Dale Owen, das

Eherecht zum Vorteil der Frau und führte die allgemeine und unentgeltliche Schulpflicht ein. Die Ideen von Frances Wright und Robert Dale Owen, insbesondere über die Gleichberechtigung der Frau und die Abschaffung der Sklaverei, fanden schließlich Eingang in das Programm der amerikanischen Demokratischen Partei.

Fragen wie: »Wer hat die Gestaltungsmacht in der Gesellschaft?« oder »Durch welche Akteure kommen gesellschaftliche Veränderungen zustande?« stellen sich heute neu. Seit dem Ende des Staatskommunismus hat die Revolution als Modell gesellschaftlicher Veränderung wohl endgültig ausgedient. Und angesichts der Globalisierung schwinden auch die Steuerungs- und Gestaltungsmöglichkeiten demokratischer Regierungen. Mit seiner Durchsetzung habe schließlich auch das sozialstaatliche Projekt seine utopischen Energien eingebüßt, meint der Soziologe Ulrich Beck. Gravierende gesellschaftliche Umwälzungen sind also nicht mehr von demokratischen Regierungen oder sozialistischen Revolutionen zu erwarten. Entscheidungen, die die Gesellschaft verändern, werden vielmehr einerseits auf der Ebene privater multinationaler Konzerne getroffen. Andererseits ist eine neue politische Kultur der Bürgerinitiativen, sozialen Bewegungen und neuerdings auch der sogenannten NGOs, der Nicht-Regierungs-Organisationen, entstanden. Sie bilden lokale und regionale Netzwerke aus und greifen so gezielt in das politische Geschehen ein. Nicht mehr nur Parlamente und Regierungen, sondern auch soziale Bewegungen, kleine, manchmal ad hoc gebildete Gruppen ohne institutionellen Hintergrund, werden zu politischen Akteuren. Für sie könnten die kleinteiligen, lokalen Gesellschafts- und Reformexperimente der sogenannten utopischen Sozialisten wieder aktuell werden und Denkanstöße liefern für den

Umgang mit der gegenwärtigen Situation. Denn utopische Konzepte werden heute, wenn überhaupt, nicht mehr ›von oben‹ verordnet, sondern ›von unten‹ erarbeitet.

»nur einmal das menschliche Dasein, ohne falschen Beigeschmack, durchaus rein zu genießen« – Lebenstraum Südsee

von Joachim Meißner

Die Südsee ist in der Werbe- und Tourismusbranche immer noch ein unverbrauchtes Traumland, ein exotisches Paradies, in dem sich mit Blütenkränzen geschmückte Inselschönheiten im warmen Wind lasziv an Palmen lehnen und im Hintergrund die türkisfarbenen Lagunen in das wolkenfreie Blau des Himmels übergehen. Ein der Enge und der Hektik des europäischen Alltags entgegengesetztes Lebensgefühl wollen Marketingexperten mit Liedern und Bildern vom paradiesischen Leben in der Südsee vermitteln. Doch nicht erst die Bacardie-Werbung, Hollywoodfilme oder Familienserien mit exotischem Touch à la Traumschiff initiierten diese Traumwelten. Die Südsee faszinierte bereits die großen Dichter der deutschen Klassik – auch Goethe, der seinem Sekretär Eckermann einmal gestand:

»Es geht uns alten Europäern übrigens mehr oder weniger allen herzlich schlecht; unsere Zustände sind viel zu künstlich und kompliziert, unsere Nahrung und Lebensweise ist ohne die rechte Natur und unser geselliger Verkehr ohne eigentliche Liebe und Wohlwollen. Man sollte sich wünschen, auf einer der Südseeinseln als sogenannter Wilder geboren zu sein, um nur einmal das menschliche Dasein, ohne falschen Beigeschmack, durchaus rein zu genießen.«

Die Südsee war und ist Wunschtraum vieler Aussteiger

aus Europa, die sich dort ein Leben ohne zivilisatorischen Ballast erhoffen. Wovon Goethe nur zu träumen wagte – einige Europäer riskierten den Aufbruch ins erhoffte Paradies: Dichter, Maler, Unternehmer oder Schauspieler. Ihre Erfahrungen waren so unterschiedlich wie ihre Motive: Während die Künstler eine unverfälschte, wilde Natur suchten, wollten die Unternehmer dort vor allem Geschäfte machen. Die Südsee war eben nicht nur Fluchtraum, sondern auch Gegenstand handfester kolonialer Interessen. Die imperialen Ziele, die die Rivalen England und Frankreich im 18. Jahrhundert mit ihren Weltumsegelungen verfolgten und in deren Folge ihre Schiffe auf der Suche nach neuen, reichen Ländern die Südsee durchpflügten, hinderten die Entdecker nicht, in den Südseeinseln wahre Paradiese unverbrauchten Lebens zu sehen. Als Anfang April des Jahres 1768 eine kleine, aus zwei Schiffen bestehende französische Flotte nach langer und entbehrungsreicher Fahrt auf Tahiti stieß, glaubten sich Kommandant und Offiziere in ein arkadisches Paradies versetzt. Der Kapitän der Flotte, Louis Antoine de Bougainville, notierte während der Reise voller Enthusiasmus:

»Der Anblick der Küste, die sich wie ein Amphitheater erhebt, bot uns ein reizendes Schauspiel. Je näher wir dem Lande kamen, desto zahlreicher umgaben die Einwohner unsere Schiffe. Ihre Anzahl war so groß, daß wir viele Mühe hatten, unsere Schiffe inmitten der Menschenmenge und des Lärms zu befestigen. Alle schrien ›Tayo‹, welches soviel heißt wie ›Freund‹, und gaben uns auf alle Arten ihre Freundschaft zu erkennen... In den Pirogen fanden sich viele Weiber, die den Europäerinnen in Ansehung ihres schönen Wuchses den Vorzug streitig machen konnten und die auch sonst nicht häßlich waren. Die meisten dieser Nymphen waren nackend (und) machten allerlei freundliche Mienen gegen uns, beobachteten aber doch bei aller Naivität eine gewisse Art von Schamhaftigkeit; sei es, daß die Natur dem anderen Geschlecht allenthalben eine gewisse Scheu eingeprägt hat, sei es, daß sogar in einem Land, wo noch die Freiheit des Goldenen Zeitalters herrschte, die Frauen das zu verhehlen wissen, was sie am meisten wünschen... Aller Vorsicht ungeachtet kam ein junges Mädchen auf das hintere Verdeck und stellte sich an eine der Luken über dem Gangspill. Diese Luke stand offen, damit die Leute am Spill frische Luft bekamen. Sie ließ ungeniert ihre Bedeckung fallen und stand vor den Augen aller da wie Venus, als sie sich dem phrygischen Hirten zeigte. Sie hatte einen göttlichen Körper. Matrosen und Soldaten drängten sich zu der Luke, und vielleicht ist niemals so fleißig an einem Spill gearbeitet worden.«

Der Eindruck, in einem Paradies der klassischen Antike gelandet zu sein, spiegelt sich auch in der Namensgebung für die Insel wider, die Bougainville »Neu-Kythera« nannte, nach der Insel, an die, der klassisch-antiken Überlieferung nach, Venus (Aphrodite), die Göttin der Liebe, gespült worden oder aus einer Muschel entstiegen sein soll. Eine Vielzahl an Motiven, Bildern, Assoziationen unterschiedlichster Herkunft verbindet sich seitdem mit der Südsee. Alle utopischen Register wurden und werden bei ihrer Beschreibung gezogen: angefangen vom Schlaraffenland über das irdische oder zweite Paradies bis hin zum Lustgarten Gottes, den Garten Eden oder den Inseln der Seligen und dem Garten der Hesperiden. Und dennoch: ob aus der Antike, dem Mittelalter oder der Neuzeit, ob profan-heidnisch oder christlich-religiös, stets ist es die Idee vom Goldenen Zeitalter, die alle diese »Bilder von der Südsee« verbindet. Es ist die Vorstellung von der ewig fruchtbaren und immer spendenden Natur, die aufgrund von optimalen Klima- und Bodenverhältnissen alles dem Menschen Notwendige ohne sein Zutun oder Arbeit »von selbst«, quasi »automatisch«, gibt. Die Südsee wird so zum Ort eines Lebensglücks, an dessen Existenz die Europäer schon nicht mehr zu glauben wagten. Der U-Topos, der Nicht-Ort – auf Tahiti schien er Wirklichkeit geworden zu sein. Der Schiffsarzt und Botaniker der Bougainvilleschen Weltumsegelung, Philibert Commerson, schrieb im November 1769, kurz nach seiner Rückkehr von der Weltreise, in der angesehenen Pariser Zeitung *Mercure de France*:

»Diese Insel schien mir so beschaffen, daß ich ihr schon den Namen ›Utopia‹ oder ›die Glückselige‹ gegeben hatte, womit Thomas Morus seine ideale Republik bezeichnet hatte: Ich wußte [zu diesem Zeitpunkt] noch nicht, daß Herr de Bougainville sie bereits ›Neu-Kythera‹ getauft hatte. Erst später erfuhren wir von einem Prinzen dieser Nation, daß sie bei ihren eigenen Bewohnern Tahiti heißt. Der Name, den ich für sie gewählt hatte, traf auf ein Land, und zwar vielleicht auf das einzige der Welt, zu, in dem Menschen ohne Laster, ohne Vorurteile, ohne Bedürfnisse, ohne Zwistigkeiten leben. Geboren unter dem schönsten Himmel, genährt von den Früchten einer Erde, die fruchtbar ist, ohne kultiviert zu werden, regiert eher von Familienvätern als von Königen, kennen sie keinen anderen Gott als die Liebe; jeder Tag ist ihr geweiht, die ganze Insel ist ihr Tempel, alle Frauen sind ihre Idole, alle Männer ihre Anbeter. Weder die Schande noch die Scham üben ihre Tyrannei aus … Ein strenger Zensor wird darin vielleicht nur Sittenverfall, eine entsetzliche Prostitution, den unverfrorensten Zynismus sehen. Aber handelt es sich nicht vielmehr um den Naturzustand des Menschen, der im wesentlichen gut geboren wird, frei von jedem Vorurteil, der den süßen Anstößen eines stets sicheren Instinkts ohne Mißtrauen wie ohne Gewissensbisse folgt, weil dieser noch nicht zur Vernunft degeneriert ist?«

Die im rousseauistischen Stil von Commerson verbreiteten idealen Zustände auf Tahiti verkörperten danach für einen großen Teil der Aufklärer, auch und vor allem für jene, die nie dort gewesen waren, eine von jeder Zivilisation unverdorbene, natürliche Lebensordnung. Doch Tahiti, wenn auch am bekanntesten, blieb nicht allein: Tonga, Fidschi, Samoa, die Marquesas und andere Inseln der Südsee spielten in den europäischen Diskursen eine ähnliche Rolle wie Tahiti und konstituierten eine utopische Gegenwelt im Pazifik. Als reale und irreale Orte zugleich waren sie den Aufklärern die letzten Reservate, in denen sich der Mensch in einer unverdorbenen Natur, quasi im Goldenen Zeitalter, beobachten ließ. Am geographisch entgegengesetzten Ende der Welt schien das Leben selbst Kopf zu stehen und einen anderen als den in der nördlichen Hemisphäre üblichen Gang zu nehmen. Zentren europäischen Wirtschaftens schien es hier ebensowenig zu geben wie das Streben nach materiellem Reichtum oder eine dekadente, der Natur entfremdete Lebenshaltung. Aus dieser polarisierenden Weltsicht, die dem dekadenten Europa die natürliche Südsee gegenüberstellte, resultierten Fragen nach der europäischen Identität: »Wer waren wir?«, »Was sind wir jetzt?« und »Wohin gehen wir?«. Es sind Fragen nach der Natur des Menschen, die seit der Auflösung religiöser Gewißheiten unter dem Ansturm rationaler Systeme die Menschen bis heute umtreiben. »Die Reise um die Welt ist deshalb nicht nur eine Reise durch den Raum, sondern auch eine durch die Zeit«, zu den Anfängen der menschlichen Entwicklung.

Aber es gab auch unverklärte Blicke auf das paradiesische Inselleben. Georg Forster, gerade 19 Jahre alt, begleitete seinen Vater, den berühmten Naturforscher Johann Reinhold Forster, auf James Cooks zweiter Weltumsegelung. Wie schon für Bougainville und Commerson schien auch für die Forsters alles auf der Insel von gleichsam arkadischer Qualität. Und auch hinsichtlich der politischen Verhältnisse erschien Tahiti vorbildlich. Anders als im heimischen, noch vorrevolutionären Europa schien das Land kaum Anzeichen einer starren Klassenstruktur zu kennen. Eher von weisen Patriarchen regiert, machte die gesamte Bevölkerung auf Forster den Eindruck einer großen, heiteren Familie. Doch wie sich bald herausstellte, trog dieser erste Eindruck. Auf einem Streifzug mit Gefährten durch die Insel hatte der junge Deutsche auch Gelegenheit, eine Szene zu beobachten, die ihn in seinem Glauben, auf Tahiti das Goldene Zeitalter gefunden zu haben, schwer erschütterte:

»Wir kamen zu einem hübschen Haus, in welchem ein sehr fetter Mann ausgestreckt da lag, und in der nachlässigsten Stellung, das Haupt auf ein hölzernes Kopfküssen gelehnt, faulenzte ... Eine Frauensperson setzte sich neben ihn und stopfte ihm von einem großen gebackenen Fische und von Brotfrüchten jedesmal eine gute Handvoll ins Maul, welches er mit sehr gefräßgem Appetit verschlang. ... Kaum würdigte er uns eines Seitenblicks und einsilbige Wörter, die er unterm Kauen zuweilen hören ließ, waren nur eben so viel Befehle an seine Leute, daß sie überm Hergucken nach uns, das Futtern nicht vergessen möchten ... Wir hatten uns bis dahin mit der angenehmen Hoffnung geschmeichelt, daß wir doch endlich einen kleinen Winkel der Erde ausfindig gemacht, wo ... alle Stände mehr oder minder, gleiche Kost, gleiche Vergnügungen, gleiche Arbeit und Ruhe mit einander gemein hätten. Aber

Paul Gauguin, E Haere oe i hia / Wohin gehst Du?, Tahiti 1892
(Staatsgalerie Stuttgart)

wie verschwand diese schöne Einbildung beim Anblick dieses trägen Wollüstlings, der sein Leben in der üppigsten Untätigkeit ohne allen Nutzen für die menschliche Gesellschaft, eben so schlecht hinbrachte, als jene privilegierten Schmarotzer in gesitteten Ländern, die sich mit dem Fette und Überflusse des Landes mästen, indes der fleißige Bürger desselben im Schweiß seines Angesichts darben muß.«

Georg Forster mußte feststellen, daß auch auf Tahiti die obersten Stände sich ebenso dekadent verhielten, wie er dies von manchen Fürstenhöfen in seiner Heimat kannte. Kritische Bemerkungen dieser Art, die in seinem nach der Weltumseglung verfaßten Bericht *Reise um die Welt* für seine Zeitgenossen nachlesbar waren, wurden von der begeisterten Leserschar in Deutschland aber meist ignoriert. Den Traum, irgendwo auf der Welt lebten Menschen frei und gleich ohne obrigkeitsstaatliche Bevormundung zusammen, wollten sich viele nicht nehmen lassen. Tahiti, durch Forsters Bericht auch in Deutschland überall bekannt, wurde seiner Ambivalenzen beraubt und zur paradiesisch freien Gegenwelt stilisiert. Für viele Intellektuelle herrschte dort die Freiheit, die sie in Deutschland unter dem kleinstaatlichen Absolutismus schmerzlich vermißten.

Und so blieb es nicht nur bei Kritik am heimischen Europa. Immer öfter kam der Wunsch auf, ins mutmaßliche Paradies nicht nur im Geiste, sondern auch tatsächlich zu entfliehen. Schon die ersten Veröffentlichungen von den traumhaften Verhältnissen auf der Südseeinsel Tahiti veranlaßten empfindsame Gemüter, »die falsche europäische Welt zu verlassen und den glücklichen Gefilden eines zweiten Paradieses entgegenzueilen«, wie sich der Dichter Adolf Overbeck in einem Brief vom November 1777 an den Schriftsteller und Homer-Übersetzer Johann Heinrich Voß ausdrückte. Kaum hatte Georg Forster im Sommer seinen Reisebericht vorgelegt, drängte es Mitglieder der Dichtergemeinschaft »Göttinger Hain«, nach Tahiti auszuwandern. Heinrich Wilhelm von Gerstenberg versuchte sogar Friedrich Klopstock zu überreden, eine Dichterkolonie in der Südsee mitzubegründen. Die Auswanderung sollte unter Leitung Georg Forsters und unter dem Protektorat des englischen Königs stehen. Zweifel, die Voß hätte einwenden können, suchte Overbeck mit Verweis auf Forsters Schilderungen zu begegnen:

»Sie werden von Otaheiten gehört haben: Hier ist das zweite Paradies, hier ist Eden, der Lustgarten Gottes, wo man des Schöpfers Güte aus ungetrübter Quelle trinkt... Haben Sie Mut, Freund, so teilen Sie mit uns diesen edlen Entschluß, der verderbten Brut Europens den Rücken zu kehren und ein Land unser besseres Vaterland zu nennen, wo ein glücklicheres Leben uns erwartet, als sich selbst die Patriarchen der Vorwelt rühmen konnten... Beherzigen Sie diesen Antrag, bester Freund! und falls Sie Sympathie fühlen, so verbannen Sie allen Verdacht unbesonnener Schwärmerei und dergleichen. Hätten Sie etwa Forsters Reise um die Welt noch nicht gelesen, so lesen Sie diese zuvor.«

Erstmals wurde das Südsee-Expeditionswesen in einen Auswanderungsplan verwandelt. Das Vorhaben scheiterte jedoch: Je konkreter die Pläne wurden, desto weniger engagierten sich die Dichter für das Projekt. Die Aussicht, die Heimat für immer zu verlassen und gegen eine nur vage und auch nur literarisch bekannte Versprechung zu tauschen, kühlte die erste Euphorie schnell ab.

Etwa 30 Jahre nach diesen Ereignissen fanden sich erneut junge Menschen zusammen, Auswandererpläne zu schmieden. 1806 trafen in Stuttgart vornehmlich Studenten in einem Gasthof zusammen, um unter der Führung des 18jährigen Bibliothekarssohnes Karl Reichenbach die »Geheime Württembergische Gesellschaft« zu gründen. Über das Ziel hieß es in der Gründungsurkunde:

»Wir wollen Europa verlassen, mit Weibern und Freunden uns aufmachen und von den zahllosen Südseeinseln zu einem glücklicheren Wohnplatze uns eine herauswählen. – Dort wollen wir uns ansiedeln, Häuser erbauen, Felder anpflanzen, Herden weiden usw. – Dort wollen wir sie suchen, die köstliche Freiheit!«

Angeregt von den zahlreichen Südseeschilderungen, die im nachrevolutionären Europa kursierten, suchten die Studenten einen Ort der Freiheit. Ganz im Stil Rousseaus berühmter Formel aus dem *Contrat social* erschienen ihnen die politischen Zustände in Europa unerträglich:

»Wie und wo leben wir Menschen gerne? – Frei und unabhängig, los von den Fesseln fremden Zwanges... Ist es so in Europa, in Deutschland, in Württemberg? – Es ist nicht so! – Unglückliches Land, in welchem nur der, welcher sich zum Speichellecker seines Unterdrückers erniedrigt, einen Weg findet, sich Rang zu erwerben... Schaudervolle Zukunft, die unseres jungen Lebens erwartet!«

Auch diese Pläne scheiterten, jedoch aus gänzlich anderen Gründen als bei den Dichtern des »Göttinger Hain«. Ein Mitglied der »Gesellschaft« zeigte die Studenten bei der Obrigkeit an, die daraufhin die bis zu diesem Zeitpunkt auf 14 Mitglieder angewachsene Gruppe verhaftete und Hausdurchsuchungen durchführte. Mißtrauisch machte die Polizei vor allem, daß es sich um eine »geheime« Vereinigung handelte. Nur wenige Jahre nach der Französischen Revolution verstand man im Württembergischen keinen Spaß, wenn junge Leute konspirativen

Ideen nachgingen. Bei den Verhören stellte sich heraus, daß der Kopf der Gesellschaft, Karl Reichenbach, seinen Kameraden den wahren Grund für seine Südseepläne verschwiegen hatte. Durch das Anlegen einer Indigoplantage wollte er zu Reichtum kommen, und die Aussichten hierzu schienen ihm auf einer der fruchtbaren Südseeinseln am größten zu sein. Aus psychologischen Gründen, wie er später angab, wäre es nötig gewesen, »jungen Leuten in ihren Jugendträumen ein romanhaftes Bild eines arkadischen Lebens vorzuspiegeln; wenn sie dann zu einem gesetzteren Alter herangereift wären, so würden sie, glaubte er, von der Nichtigkeit eines solchen Traumbilds überzeugt, von dem ursprünglichen Plane abgegangen sein und seine Pläne von der Indigoplantage und dem Reichwerden acceptiert haben«.

Wäre die Gesellschaft nicht verraten worden, hätten die Auswanderungspläne in die Südsee durchaus eine Chance gehabt, denn erstmals wollte hier nicht ein Idealist, sondern ein kühl berechnender Unternehmer Europa verlassen, um in der Südsee seinen wirtschaftlichen Interessen nachzugehen. Nicht politische oder idealistische Motive sind der erfolgreiche Antrieb für die Auswanderungen in die Südsee, die seit Mitte des 19. Jahrhunderts einsetzen, sondern handfeste ökonomische Interessen. Längst hatten zu dieser Zeit die großen Kolonialmächte und, nicht selten in ihrem Auftrag, die international operierenden Handelshäuser die ursprüngliche Lebensweise auf den Südseeinseln zerstört. Während früher die Bewohner nur das ernteten, was ihnen die Natur zum Leben gab, wurden nun Produkte angebaut, die den Bedürfnissen in Europa und Amerika entsprachen. Plantagen im Pazifik wurden endgültig zu einem Geschäft, als wegen des amerikanischen Bürgerkrieges 1861-65 Lieferprobleme beim Baumwollexport nach Europa entstanden. Hinzu kam die steigende Nachfrage nach Pflanzenölen und Zucker. Funde von Nickel auf Neukaledonien, von Gold auf den Fidschi-Inseln und von Phosphat vor allem auf Nauru verstärkten die koloniale Ausbeutung der Südseeinseln Ende des 19. Jahrhunderts. Fast eine Viertelmillion Inselbewohner wurde bis zum Ersten Weltkrieg in den europäischen Plantagen und Bergwerken auf ihnen fremden Inseln eingesetzt. Doch die Plantagen benötigten noch mehr Menschen: So heuerten die Amerikaner für Hawaii über 100 000 Chinesen und Japaner an, die Briten transportierten rund 60 000 Inder nach Fidschi, wo deshalb bis heute heftige Rassenkonflikte bestehen. Nach Neukaledonien wurden mehr als 20 000 Vietnamesen geschickt.

Diese organisierte Form von »Völkerwanderung« hat nachhaltig das Gesellschaftsgefüge im Pazifik durcheinandergebracht. Dazu leisteten auch deutsche Kolonisatoren einen Beitrag. Zu ihnen gehörte unter anderen der aus der Nähe von Oldenburg stammende Kapitän Heinrich Hackfeld, der mit dem Aufbau von Zuckerrohrplantagen in der Mitte des 19. Jahrhunderts sein Glück auf Hawaii machen sollte. Das Zuckerrohr war schon immer auf Hawaii heimisch gewesen, aber ein geplanter und methodischer Anbau hatte erst wenige Jahre vor Hackfelds Ankunft, in den vierziger Jahren des 19. Jahrhunderts, eingesetzt. Hackfeld organisierte den Zuckerrohr-Anbau in großem Maßstab, beriet die Plantagenbesitzer in Finanzierungs- und Versicherungsfragen ebenso wie beim Transport und Verkauf. In nur wenigen Jahren stieg Hackfeld zum Agenten der Pflanzer auf und erwies sich bald als unentbehrlich. Unter seinem Nachfolger, Paul Isenberg, expandierte das Unternehmen zunächst weiter, doch durch den chronischen Mangel an einheimischen Arbeitskräften drohten die Geschäfte rund ums Zuckerrohr zu stagnieren. Dies war vor allem eine Folge der durch die Europäer eingeschleppten Krankheiten wie Masern, Grippe oder Pocken, gegen die die Hawaiianischen Arbeitskräfte keine Widerstandskräfte besaßen. Bis zur Jahrhundertwende wurden deshalb neben Chinesen und Japanern auch deutsche Arbeitskräfte angeworben, so daß schließlich etwa 1400 Plantagenarbeiter aus Deutschland nach Hawaii einwanderten. Der größte Teil von ihnen wurde in der Stadt Lihue auf Kauai angesiedelt, wo ein deutsches Gemeinwesen entstand. Viele Deutsche verließen ihre Heimat aus wirtschaftlichen, sozialen und politischen Gründen; die meisten wollten in die Vereinigten Staaten auswandern. Diejenigen, die nach Hawaii kamen, stammten zum Großteil aus der Gegend westlich der Elbe, oft aus dem ehemaligen Königreich Hannover. Das war im Verlauf des deutsch-österreichischen Krieges von 1866 an Preußen gefallen. Seine Bevölkerung hatte aufgrund der Niederlage unter wirtschaftlicher Not zu leiden, weshalb es manchen Hannoveraner in die Ferne und auch nach Hawaii zog. Die Bindung an die Heimat unter den »Fremdarbeitern« war beachtlich: Man organisierte nicht nur die Abonnierung deutscher Zeitungen wie des *Hannoverschen Sonntagsblatts*, sondern man baute auch eine deutsche Schule, die nach dem Vorbild der öffentlichen Schulen in Hannover organisiert wurde. Zudem errichtete die deutsche Gemeinde eine lutherische Kirche, die in Deutschland aus Holz vorfabriziert worden war, und deren Einzelteile man dann über die Ozeane um Kap Hoorn herum nach Lihue transportierte, wo die Kirche aufgebaut wurde und wo sie noch heute steht. Die Deutschen haben mit der selbstverständlichen Wahrnehmung ihrer Rechte auf freie Religionsausübung und die Behauptung ihrer eigenen kulturellen Identität das Bild zumindest von Lihue stark verändert. So resümiert der aus Zürich stammende, heute an der »University of Hawaii at Manoa« lehrende Professor Niklaus Schweizer:

»Während der beiden letzten Dekaden des 19. und der ersten Jahre des 20. Jahrhunderts war Lihue von einer Dynamik gekennzeichnet, die sich direkt auf die Deutschen zurückführen ließ. Ihr Einfluß war so stark, daß man heute noch von Leuten japanischer Abstammung zu einem Essen mit Kartoffelsalat eingeladen werden kann und daß man in verschiedenen Häusern vor Weihnachten Adventskränze findet.«

Wenn sich ein Topos des Südsee-Mythos bis heute erhalten hat, dann der von der sexuellen Freizügigkeit der tahitianischen Gesellschaft. In Film-, Werbe- und Tourismusindustrie gilt die Südsee nach wie vor als ein sexuelles Paradies, werden kurzberockte und barbusige Frauen einer vor allem männlichen Klientel als authentische Exotinnen angepriesen. So nahm der *Playboy* Südsee-Bilder Gauguins zum Vorwand, um exotisch drapierte polynesische Statisten auf Tahiti nackt ablichten und unter dem Motto »Südseeträume« präsentieren zu können. Szenen aus Hollywoodfilmen wie *Meuterei auf der Bounty* oder *Die blaue Lagune* verbinden ebenfalls die Südsee mit einem erotischen Arkadien, und auch hier dient sie in erster Linie als Vorwand, um sexuelle Phantasien unter dem Deckmantel von kultureller Authentizität darstellen zu können. An der Herausbildung dieses Mythos von der Freizügigkeit polynesischer Sitten beteiligt waren auch Filme wie der auf Samoa spielende Streifen *Moana* (1925) von Robert Flaherty und der auf Tahiti angesiedelte Film *Tabu* (1931) von den Murnaus. Aber auch Schriftsteller wie Pierre Loti oder Maler wie Paul Gauguin beteiligten

Tahiti als Drehort: Szenenfoto aus Murnaus Stummfilmklassiker »Tabu«, USA 1929 (Foto: Cinetext, Frankfurt)

sich an dieser Legendenbildung und ließen ebenso wie die Ethnologin Margaret Mead keinen Zweifel an der natürlichen Unschuld gewisser Handlungen und Praktiken, die in Europa als schockierend angesehen würden. Der schillernde und facettenreiche Südsee-Mythos reduziert sich heute für so manchen nur noch auf diesen Aspekt.

Exotik und Erotik verbanden sich von Anfang an mit dem paradiesischen Inseltraum in der Südsee. Und auch wenn Kino, Malerei und Literatur sinnfällig einen europäischen Voyeurismus bedienen, so verbirgt sich dahinter doch auch eine Sehnsucht: das Verlangen nach der Einfachheit der Beziehungen und das Ausleben einer befreiten Sexualität. Die Flucht in die Südsee wird zur Flucht vor Institutionen wie Kirche und Ehe, zur Flucht vor Konventionen wie Monogamie und Treue. Europa hinter sich zu lassen, das heißt auch, so die Hoffnung, die Komplexität kultureller und zivilisatorischer Bande zurückzulassen. Vor allem Künstler hofften so in der Südsee mehr Freiheit für ihre musische Entfaltung zu haben und den sie in Europa aufreibenden Konflikten zu entgehen.

Zu den vielleicht bekanntesten unter ihnen gehörte Paul Gauguin, den es aufgrund von Erfolglosigkeit und der damit verbundenen finanziellen Nöte in Breiten trieb, die ihm Inspiration und vor allem ein billiges Leben garantieren sollten. 1890, also ein Jahr vor seiner Abreise nach Tahiti, schrieb er an seinen Freund und Kollegen Emile Bernard:

»Ich laufe mittlerweile als Wilder mit langen Haaren herum, schnitze Pfeile und übe mit ihnen zu schießen wie bei Buffalo Bill.«

Diese Zeilen zeigen den Einfluß, den die Pariser Weltausstellung von 1889 auf Gauguins Vorstellungen von einem »exotischen Leben« hatte: Gerade die auch beim

Publikum äußerst beliebten Auftritte Buffalo Bills, der mit seiner Truppe auf der Weltausstellung gastierte, beeindruckten den Künstler tief. Es war kein Zufall, daß er nach seinen mehrfachen Besuchen der Show die Haare länger trug und mit breitkrempigem Hut vor der Kamera posierte. Aber auch die maßstabsgetreuen Nachbildungen von Eingeborenenhütten, Palästen und Tempeln aus allen Ekken des Kolonialreichs, die auf der Weltausstellung gezeigt wurden, verfehlten ihre Wirkung auf den Maler nicht. Sein besonderes Interesse erregten die Pagode von Angkor und die Auftritte javanischer Tänzerinnen. Wollte der begeisterungsfähige Maler vor der Weltausstellung noch nach Martinique reisen, so war jetzt Tonkin, das heutige Nordvietnam, das neue Ziel. Als er keine Genehmigung von den Kolonialbehörden erhielt, überstürzten sich die Reiseziele: Auf Tonkin folgte nun Madagaskar, schließlich Tahiti, wohin bekanntlich die Reise denn auch ging. Es ist deutlich: Gauguin hatte die Nase voll von Paris, Frankreich, Europa. Ganz weit weg sollte es gehen, hin zu Kulturen und Lebenszusammenhängen, die ursprünglich und geheimnisvoll waren. Sie sollten ihm Inspiration für seinen Anspruch sein, Natur nicht einfach nachzuahmen, sondern sie als Maler dem Schöpfer gleich neu zu erschaffen. Voller Hoffnungen verließ Gauguin im April 1891 Paris für zwei Jahre in Richtung Südsee. Doch die Enttäuschung war groß, als er bei seiner Ankunft auf Tahiti nicht auf eine intakte und ursprüngliche Südseewelt, sondern auf eine durch Kolonialismus und Handel bereits europäisierte Lebensweise traf.

»Das war ja Europa – das Europa, von dem ich mich zu befreien geglaubt hatte! – und dazu noch unter den erschwerenden Umständen des kolonialen Snobismus und der bis zur Karikatur grotesken Nachahmung unserer Sitten, Moden, Laster und Kulturlächerlichkeiten. Sollte ich einen so weiten Weg gemacht haben, um das zu finden, gerade das, dem ich entflohen war?«

Auch sonst erweist sich für Gauguin das erträumte freie und billige Leben auf Tahiti als äußerst prosaisch. Das Erlernen der Landessprache fällt ihm schwer. Die Lebensmittel, die er bei einem Chinesen kauft, der seinen Laden nicht weit von seiner Hütte betreibt, sind teuer, weil sie importiert werden müssen. Nacktbaden ist verboten. Als er es dennoch einmal versucht, wird er prompt erwischt und vom Distriktsoberhaupt ermahnt. Alkoholisierte Eingeborene gibt es ebenso wie syphilitische Frauen – eine Folge der langen Kolonialherrschaft. Die Enttäuschung, auf einem kolonisierten, missionierten und von europäischen Sitten und Unsitten überschwemmten Eiland gelandet zu sein, ist für Gauguin zwar bitter, führt aber nicht zu lähmender Resignation. Im Gegenteil: Was die Realität nicht einlöst, erschafft der Maler in seiner Phantasie. Die Enttäuschung zu überwinden wird zum künstlerischen Antrieb, seine Sicht des Exotischen macht ihn zu einem der Väter der modernen Malerei.

Gauguin, der zwischenzeitlich in Europa gewesen war, um Bilder zu verkaufen, kehrte 1895 wieder nach Tahiti zurück. Sechs Jahre hält er sich hier mit allerlei Arbeiten über Wasser, wird krank und versucht sich sogar einmal das Leben zu nehmen. Das erhoffte Paradies wird immer mehr zur Hölle. Ihr sucht er zu entfliehen, indem er auf die 1700 Kilometer von Tahiti entfernten Marquesas übersiedelt. Hier baut er seine »Maison de Jouir«, das »Haus der Freuden«. Auch dieser Traum löst sich nicht ein. Er gerät in Streit mit dem Bischof, der Regierung und der Polizei. Zum einen, weil er rückhaltlos die Rechte der Eingeborenen vertritt, zum anderen, weil er die Beamten der Insel der Korruption bezichtigt. Noch kurz vor seinem Tod 1903 wird er zu Gefängnis verurteilt.

Unweit von Gauguins inzwischen nachgebautem »Freudenhaus« rostet Jacques Brels Privatflugzeug. Heute teilt sich der große Maler den Friedhof von Atuona, dem Hauptort der Marquesainsel Hiva Oa, mit dem berühmten belgischen Chansonnier. Wie Gauguin entfloh auch Brel einem ihm unerträglich gewordenen Europa. Der »Orkan«, wie ihn der *Figaro* einmal nannte, galt als das »Enfant terrible« der Musikszene der sechziger Jahre. Er stürmte auf die Bühne, schnitt Grimassen, fuchtelte wild umher, gab sich mal weinerlich-zärtlich, dann wieder wild und aggressiv. Er sang Liebeslieder auf Frauen, um sie in einer anderen Komposition gleich wieder zu verfluchen, er besang sein flämisch-flaches Land und attackierte den flämischen Nationalismus. Zumeist aber verhöhnte er die Kirche, das Militär, die biederen und in seinen Augen intoleranten Bürger.

»Bürger sind wie das Schwein im Stall,
Denn, je älter, um so mehr sind sie dreckig.
Bürger sind wie das Schwein im Stall ...«

Als er 1967 auf dem Höhepunkt seiner Karriere war, zog er sich von der Bühne zurück. Nach ein paar erfolglosen Ausflügen ins Filmgeschäft kaufte er sich 1974 eine Yacht und machte sich mit seiner Geliebten Maddly auf eine Weltreise. Und genauso wie Gauguin von Schriftstellern wie Pierre Loti beeinflußt war, formten Dichter wie Robert Merle oder Saint-John Perse Brels Inseltraum. So wie Gauguin europäischen Ballast einfach hinter sich lassen wollte, so auch Brel. Und so wie es Gauguin zunächst gleichgültig war, auf welcher Insel er sich niederlassen würde, so auch Brel. Doch anders als Gauguin war Brel bereits ein erfolgreicher Star, als er losfuhr. Geldsorgen hatte er keine. Im Gegenteil: Der Erfolg, die damit einhergehende Bekanntheit ließen ihn vor den Journalisten fliehen, die ihn um so mehr verfolgten, als bekannt wurde, daß Brel Krebs hatte. Als Brel in die Südsee kam, war er bereits todkrank, ein Überlebender auf Zeit. Papeete war ihm zu turbulent und zu europäisch, und so fuhr er weiter nach Norden, auf die Marquesas. Anders als Gauguin hatte Brel kein Interesse an der Eingeborenenkultur. Auch sah er sich nicht als Aussteiger, der bestimmte Annehmlichkeiten der europäischen Kultur hinter sich lassen wollte, selbst wenn er sie immer wieder kritisierte. So ließ er sich Trüffel schicken, kochte Haute Cuisine und bereitete mehrgängige Dinners für Freunde und Bekannte vor. Auch das einfache, unverbildete Leben der Marquesaner erschien ihm nicht erstrebenswert. An seinen Freund Claude Lelouch schrieb er:

»Lieber Claude, ich lebe, wie Du weißt, auf einer Insel mit noch nicht einmal dreitausend Einwohnern. Die haben hier gar nichts. Weder Fernsehen noch Zeitungen noch Radio ... Nur das Kino kann ihnen beim Träumen helfen. Die 16-mm-Filme sind der reinste Kitsch. Deshalb möchte ich ihnen einen Saal für Normalprojektion einrichten. Kannst Du mir sagen, an wen ich mich ... wenden soll? Ich danke Dir im voraus aus der Ferne. Man kann doch diese Leute nicht in ihrer Rückständigkeit schmoren lassen!«

Brel führte mit seinem Flugzeug Krankentransporte durch, er schenkte der Schule eine Stereoanlage, und zugleich, hierin ist er sich wieder einig mit Gauguin, wetterte er gegen die staatlichen Repräsentanten auf der Insel, beschimpfte den Bischof als Päderasten und legte sich mit der Bürokratie an, die sich nicht genug um die Belange von Hiva Oa und den anderen Inseln kümmere. Und auch wenn er die Eingeborenen und die Südseenatur nicht idealisierte, so pflegte er doch sein dualistisches Weltbild: Den verderbten Institutionen wie Kirche, Familie, Ehe stellte er die gute Gesellschaft der Kinder, Gebrechlichen, des Proletariats und der Männer gegenüber. Zu ihnen gehörten auch die unterdrückten und von der Pariser Zentralregierung vergessenen Einwohner Hiva Oas. Und so ist Brels Inseltraum ein metaphorischer und konkreter zugleich. In seinem 1962 entstandenen Chanson *L'Ile* (Die Insel) suchte er bereits eine Insel, die als idealer Lebensraum zweier Liebender eine Sphäre der Entrücktheit vor den Unbilden des liebesfeindlichen Lebens darstellt.

»Eine Insel, die wir noch bauen müssen und die dann alle Träume festhalten könnte, die man zu zweit träumt. Eine Insel. Hier ist eine Insel, den Anker gelichtet, die in unseren Augen schlummerte seit den Pforten der Kindheit. Komm, komm meine Liebe. Denn dort fängt alles an. Ich glaube an die letzte Chance und du bist die, die ich will. Jetzt ist es Zeit zum Leben. Jetzt ist es Zeit zum Lieben. Eine Insel.«

15 Jahre später ist aus der Insel, die noch gebaut werden mußte, ein realer Fluchtort geworden. Ein Ort der Ruhe, der Abgeschiedenheit, des Friedens. Ein Ort, an dem er sich nicht mehr von Journalisten verfolgt fühlte und an dem auch die Einwohner keinen übermäßigen Anteil an seinem Leben nahmen. An seinen Freund Charles Céel schrieb er:

»Lieber Charles, auf diesen Inseln, wo die Einsamkeit vollkommen ist, habe ich eine Art Frieden gefunden. Ich wohne in einem ganz kleinen Holzhaus im Wald, das von Blumen umgeben ist, und schreibe.«

Brel, dem die Marquesas inzwischen viel bedeuteten, beantragte nach drei Jahren bei den polynesischen Behörden das ständige Wohnrecht auf Hiva Oa. Er kaufte ein kleines Haus und begann erneut zu dichten und zu komponieren. Zu seinen letzten Liedern gehört *Les Marquises*. Ein Chanson, das er schrieb, ohne den Kardinalfehler zu begehen, den Text mit Musik von den Marquesainseln zu unterlegen. Es ist ein untypisches Lied in dieser letzten Lebensphase. Seine anderen Chansons sind düster und nehmen den Tod beinahe schon vorweg, der Brel in einer Klinik bei Paris ereilte. Seiner letzten Verfügung entsprechend, wurde er auf dem Friedhof von Atuana beigesetzt, in der Nähe von Gauguin.

Neben wirtschaftlichen Motiven war die Flucht vor den als unerträglich empfundenen Zuständen im heimischen Europa die größte Triebfeder für die Auswanderer, in die Südsee zu gehen. Daß das erträumte Paradies sich nicht erfüllte, sondern neue Sorgen und Probleme bereithielt, die entweder den tropischen Lebensverhältnissen oder der kolonialen Geschichte geschuldet waren, war für die meisten Auswanderer sicher eine niederschmetternde Erfahrung. Doch ist der Traum von der Südsee nicht allein am Scheitern derer zu messen, die ihn einlösen wollten. Europa brauchte und braucht immer noch diese Utopie, nicht um in die Südsee zu entfliehen, sondern um eine kritische Folie zu haben, vor deren Hintergrund es die eigene Entwicklung besser erkennen und in ihren Fehlern besser kritisieren kann. Europa braucht auch die Auswanderer, die wie Gauguin oder Brel in ihren Bildern und Liedern das mahnende Echo sind auf die noch nicht eingelösten Versprechen einer besseren Gesellschaft. Die Utopie der Südsee: Sie beginnt für die Europäer nicht auf Tonga, Tahiti oder Samoa, sie entwickelt ihr kritisches Potential in Europa selbst.

Sehnsucht nach einer neuen Welt: Landkommunen als alternative Sozialisation

von Conrad Lay

Die überdimensionale Badewanne, die da vor dem Bauernhaus steht, wird malerisch eingerahmt von zwei Birken. Ein kräftig loderndes Feuer erwärmt das Wasser. Ringsum sind Kerzen aufgestellt. In der Wanne sitzen, in munterem Plausch vertieft, sechs Männlein respektive Weiblein, die Männer mit längeren Haaren und ebenso langen Bärten, die Frauen jung und rank, eine hat ihr Baby am Busen. Unschuldig-nackt räkeln sich die sechs in der Wanne – ein Bild bukolischer Idylle. Im Hintergrund verwirklicht ein Kommunarde mit Hammer und Amboß seine kunsthandwerklichen Ambitionen. Wenige Schritte daneben läßt eine Kommunardin lasziv das Becken kreisen, sie lädt zur Bauchtanz-Vorstellung ein: ein Klischee? Keineswegs. Eine Szene aus den siebziger Jahren? Auch nicht. Datum und Ort des Geschehens: 1993 in der Mecklenburger Landkommune Klein Hundorf.

Nach dem Motto: »Trau' keinem über 30« beharren die jugendlichen Bewohner der Kommune auf Authentizität und Originalität. »Wir sind nicht Worpswede und auch nicht die deutschen Nachfolger von Easy Rider«, meint einer der Kommunarden. »Wir sind Klein Hundorf und haben den Anspruch, uns von diesen Konditionierungen, die wir früher hatten, zu lösen und uns nicht abhängig zu machen von Strukturen«, ergänzt eine Kommunardin und fügt selbstkritisch hinzu: »Wir haben alle keine Ahnung vom Landbau und Gartenbau, wir müssen viel lernen, aber der Wille ist schon da. Wir haben den Idealismus, ein anderes Leben zu führen. Wir wollen der Erde Land zurückgeben. Die Selbstversorgung ist für mich ein großer Anreiz gewesen, hier zu leben.« Es ist frappierend, wie sich die Einstellungen der heutigen Kommunen im Berliner Umland denen der Landkommunen in den siebziger Jahren ähneln. Bisweilen könnte man denken, eine Hippie-Kommune aus den späten Sechzigern sei wiedererstanden. Heute sprießen in neuer Frische und Unverfälschtheit Landkommunen aus dem sandigen Boden von Uckermark und Lausitz.

»Gerade in dem zerfahrenen Etwas, das man früher als ›Protestbewegung‹ bezeichnete, gibt es einen kaum zu übersehenden Trend der Großstadtflucht, der blaublumigen Sehnsucht nach harmonisch-idyllischem Leben. Immer mehr antikapitalistische Einzelkämpfer und esoterische Schwarmgeister ziehen derzeit zumeist in Gruppen von vier bis acht Leuten auf alte zerfallene Bauernhöfe, um dort fernab der Restgesellschaft ein befriedigenderes, der Natur des Menschen mehr entsprechendes Leben zu führen.« So beschreibt der aus Indien zurückgekehrte Psychologiestudent Werner Gross im Jahr 1977 in einer 13seitigen, inzwischen vergilbten Alternativbroschüre den damals neuesten Trend; übrigens eine große Besonderheit der Broschüre: Stolz wirbt sie damit, eine der ersten zu sein, die »auf Umweltschutzpapier gedruckt« wurde.

Drei Phasen von Landkommunen

Fünfzig Jahre früher war die blaublumige Sehnsucht nicht viel anders anzutreffen, und zwanzig Jahre später auch nicht. Der Wunsch nach einem Leben nahe der Natur – in einer hoffentlich heilen Natur – zieht sich quer durch die

Generationen. Man kann im Lauf des vergangenen Jahrhunderts im groben drei Phasen von Landkommunen in Deutschland unterscheiden: die Kommunen der Jugendbewegung Anfang des Jahrhunderts, insbesondere nach der Katastrophe des Ersten Weltkriegs, die Kommunen der siebziger Jahre, als sich die 68er Studentenrevolte in die Alternativbewegung auflöste, und die Kommunen im Berliner Umland nach dem Scheitern der sozialistischen Planwirtschaft 1989. Die Zeiten ändern sich, die Wünsche der Menschen überdauern – und jede Generation versucht aufs neue, die Utopie einer eigenen Welt, des Paradieses hier und heute, zu leben.

Solidarische Verkehrsformen, direkte Demokratie, sinnliche Beziehungen, ein selbstbestimmtes Leben ohne städtische Bindungen, keine geschlechtsspezifische Arbeitsteilung – die Landkommunarden wissen, wie der eigene soziale Raum beschaffen sein soll, den sie sich bauen wollen. Ob mit Jack Kerouac und Hermann Hesse im Herzen oder ohne.

Zu den ideellen Motiven gesellen sich pragmatische: Auf dem Land ist das Leben billiger; durch den eigenen Garten, das Milchvieh und den Kartoffelacker ist man von Bargeld weniger abhängig und kann ein einfaches, gesundes Leben führen. High sein, frei sein, in natürlicher Harmonie sein – die Selbstfindung der pflastermüden Städter soll alles umfassen: Arbeit, Spiel, Körper, Denken, Ernährung, Sexualität, Kommunikation. »Ich hab' jetzt hier auf der Mühle erst eine kurze Erfahrung hinter mir«, läßt Thomas Demele in seinem Überblick über Landkommunen der siebziger Jahre den Kommunarden Walter zu Wort kommen, »aber ich kann sagen, daß ich jetzt einen schnellen Schritt zu meiner Autonomie vollzogen habe, weil ich hier mehrere Sachen, die bei mir total unterentwickelt sind, besser ausüben kann, z. B. handwerkliche Sachen«, und Kommunardin Ilse meint: »Ich fühle mich unheimlich wohl, wenn ich über Wiesen laufen kann und mit den Viechern arbeite.«

Im Jahr 1975 faßten die beiden Sozialwissenschaftler Bernd Leineweber und Karl-Ludwig Schibel die Konsequenzen, die sie aus dem Ende der Studentenbewegung zogen, in dem Leitmotiv zusammen: »Die Revolution ist vorbei, wir haben gesiegt«, soll heißen: Wir haben mit der Alten Welt gebrochen, wenden uns von ihr ab und machen uns nun daran, in eigenen Lebensgemeinschaften unsere Träume zu realisieren. Nachdem die beiden Soziologen im Jahr 1974 amerikanische Landkommunen – ihre großen Vorbilder – besucht hatten, gründeten sie 1976 in Niederbayern eine eigene Kommune. Am 31. Juli 1980 trug Leineweber in sein Tagebuch ein: »Ein Faulenzernachmittag bei herrlichem Wetter. Ich liege in der Wiese nackt auf einer Decke. Von der Küche dringt Bob Dylan herüber. Begleitet von Hammerschlägen drängen sich die Stones gewaltig auf. Mein Platz ist ein spot, ein sitio, ein momentaner Ort zum Meditieren.« Nach 25 Jahren Erfahrung mit Landkommunen überwiegt bei Leineweber nicht etwa das harte Leben auf dem Bauernhof, sondern der Genuß: »Wir führten ein genußreiches Leben, das hat sich auch in der Erinnerung bei mir am längsten gehalten.« Wie heute in Mecklenburg-Vorpommern und Brandenburg begannen die Kommunarden vor einem Vierteljahrhundert in Niederbayern mit wenigen landwirtschaftlichen Kenntnissen, aber großen Bildern im Kopf, vornehmlich aus der Literatur und von amerikanischen Vorbildprojekten, die auf »die Umorganisation des ganzen Menschen« und »neue menschliche Beziehungen« abzielten.

Im Jahr 1981 zogen die Mitglieder der Landkommune

Leinewebers und Schibels von Niederbayern nach Mittelitalien um. Das harte Landleben hatte seine Spuren hinterlassen: »Romantik ist als Charaktereigenschaft der Landkommune vernachlässigbar. Dazu sind Land und Natur zu kaputt und das gemeinschaftliche Leben (und vor allem Wirtschaften) zu hart«, faßt Leineweber seine niederbayerischen Einsichten zusammen, betont aber andererseits die persönlichkeitserweiternden Erfahrungen – vom Ställe Ausmisten und Kühe Melken bis hin zu Spiritualität und Meditation –, die er nur in einer Landkommune habe machen können.

Mit einem gemieteten Reisebus in Umbrien angekommen – er blieb leider unterwegs mehrfach stehen –, suchte die Gruppe ein geeignetes Grundstück und gründete eine neue Landkommune mit dem Namen Utopiaggia – eine Utopie im umbrischen Dorf namens Piaggia. In seiner *Pflugschrift* beschreibt Leineweber die Werteprioritäten der Landkommunarden: »Der Joint kreist. Schwarzgeränderte Finger greifen den heruntergebrannten Stummel und führen ihn geschickt an bartüberwucherte Lippen, ohne sie zu verbrennen. Der nächste ist bereits unterwegs. Die Alternativen sind eine freiwillige Mangelgesellschaft in der erzwungenen Nachmangelgesellschaft. Auch wo sie Überfluß haben, wie die Landkommunen an Gras, gehen sie sparsam mit ihren Mitteln um. Die asketische Gebärde ist teils erborgt, teils verinnerlicht.«

Der Genuß bezieht sich nicht auf materielle Güter, sondern auf das Gemeinschaftserlebnis, auf spirituelle Eingebung und Meditation, vielleicht auch auf bewußtseinserweiternde Erfahrungen. Wie die Kommunen in den zwanziger Jahren halten auch ihre Nachfolger 50 bzw. 70 Jahre später die »geistfördernden Werte der Askese und der Einfachheit« hoch und trösten sich damit »über die eigene wirtschaftliche Not und Kärglichkeit der Lebensumstände hinweg«, wie Ulrich Linse in seiner Dokumentation über Landkommunen zu Beginn des 20. Jahrhunderts betont. »Die vielen Dinge machen arm«, formulierte in den achtziger Jahren der im Vogelsberg lebende Schriftsteller Peter Mosler – ein Motto, das sich quer durch die Geschichte der Landkommunen zieht, aber in den siebziger und achtziger Jahren auch als Geringschätzung einer scheinbar ewig prosperierenden Wohlstandsgesellschaft interpretiert werden konnte.

Landkommune als Arbeitstherapie

Noch puritanischer geben sich die fünf Genossenschaften, die sich Anfang der siebziger Jahre unter dem Namen Longo Mai zusammengeschlossen haben. Gegründet wurde die Longo-Mai-Bewegung 1973 von einer ehemaligen kommunistischen deutsch-schweizer-österreichischen Lehrlingsorganisation sowie von Spartakus, einer österreichischen Jungarbeiterbewegung. Im Grundsatzpapier von Longo Mai aus dem Jahr 1975 heißt es: »Wir sind 200 Europäer. Wir haben uns zusammengefunden in der Absicht, krisensichere Zonen eines freien und friedlichen Zusammenlebens der europäischen Jugend zu schaffen, auf der Grundlage der Menschenrechte und in der Form von Genossenschaften.«

Die Longo-Mai-Genossen, die Kommunen in Südfrankreich, der Schweiz, Belgien und Deutschland gegründet haben, wollen mit ihren »Arbeitskollektiven« zur Wiederbelebung der »durch technokratische EWG-Planung zum Tode verurteilten Regionen« beitragen. Sie sehen sich keineswegs als ökologisch inspiriert an, denn

LIED IM FREIEN

Karl Schneller, Wien

Freut euch, Brüder! Freut euch, Schwestern!
Neu ward uns die Welt entdeckt.
Unser Heute hat das Gestern
jubelnd aus dem Schlaf geweckt.
Freier Menschen froh' Gewimmel
drängt nach Luft und Licht hinaus;
festlich spannt ein blauer Himmel
weite Wölbung segnend aus.

Baum und Busch und Wald und Wiese,
Quell und Bach und Fluß und Strom,
Hügelzwerg und Bergesriese,
Augehölz und Fichtendom:
alle tragen, uns zu grüßen,
feierlich ihr schönstes Kleid;
uns zu Häupten, uns zu Füßen
liegt Natur empfangsbereit.

Selig, wer auf ernstem Gipfel
dankerfüllt ihr Treue schwört,
wer im Sang der Waldeswipfel
ihre süße Stimme hört,
wer auf schwindelnd steilem Pfade
ihren heißen Atem fühlt,
wer den Leib, erlöst im Bade,
jung an ihrer Jugend kühlt!

Selig, wer der ewig Reinen
reinen Herzens ganz sich gibt,
wer im großen wie im kleinen
staunend ihr Geheimnis liebt,
wer wie ferne Ahnen wieder
in das Freie schwärmend schweift:
Selig, Schwestern, selig, Brüder,
wer Natur in sich begreift!

Titelseite der Arbeiter-Zeitschrift »Der Naturfreund«

durch den Öko-Landbau könne ja der Ertrag sinken. Harte Arbeit, im Kollektiv, versteht sich, wird als Charakterbildung verstanden. Longo-Mai-Besucher Harald Glätzer ist geschockt: »Die harte Arbeit in der Natur wird als höchstes Glück und erzieherische Zentralfrage für die ganzheitliche Entwicklung (sinnlich, körperlich, charakterlich) des jungen Menschen angesehen. Leute aus der Stadt werden als kaputt eingestuft.«

Wie andere Landkommunen litt Longo Mai stark unter der Konfrontation zwischen politisch-ethischer Gesinnung und den eingesetzten Mitteln: Inwieweit soll man die Arbeit rationell einsetzen, um möglichst schnell die ersehnte Selbstversorgung zu erreichen? Wie schnell stellen sich damit hierarchische Strukturen ein? In den Longo-Mai-Kommunen versuchte man es mit einer Mischung aus Disziplin und Begeisterung. In ihrem Nachrichtenblatt machen die Kommunarden keinen Hehl aus ihrer Einstellung: »Lieber wollen wir uns den Gürtel noch enger schnallen ... Gott sei Dank kommen immer wieder Neue, Junge, Hungrige und stoßen alle unsere ausgetüftelten Berechnungen und Rationalisierungsmaßnahmen über den Haufen, diese Keimzelle des Egoismus und der Bequemlichkeit.«

Starke innere Spannungen dieses groß dimensionierten Projekts, ungelöste Fragen der inneren Demokratie sowie eine rigorose Arbeitsdisziplin ließen den Longo-Mai-Besucher Harald Glätzer zu dem Resümee kommen: »Arbeit gewinnt hier Kompensations- und Stabilisierungscharakter, die spezifisch politische Arbeit schafft genügend Feindbilder, um eine Gruppenraison herzustellen.«

Etwas sanfter, ja geradezu soft geht es dagegen in der Wassermühle im nordhessischen Kirchhoßbach zu. Um die ehemaligen Städter – also sich selbst – frühmorgens zur

Landarbeit anzuhalten, haben sich die Kommunarden ein spezielles Ritual ausgedacht, wie Werner Gross berichtet: »Wir versuchen morgens zusammen aufzustehen, das ist zwischen sechs und sieben schon«, erzählt Kommunarde Reinhard Fuchs, ehemals Dozent an der Hochschule für bildende Künste in Berlin, »da geht einer durchs Haus und weckt die anderen mit einem Instrument, sanft, nicht wie wir's früher gewohnt sind, durch hartes Klingeln oder rufen. Und dann setzen wir uns zusammen und besinnen uns oder spazieren ein wenig, bringen die Ziegen aufs Feld, und dann setzen wir uns gegen acht oder neun an den Tisch und frühstücken zusammen und besprechen die Arbeit, die wir an diesem Tag tun wollen. Wenn wir die Arbeit besprochen haben, gehen wir an die Arbeit.«

Als »Arbeitsschule« verstand auch Heinrich Vogeler, Jugendstil-Maler, Architekt und Designer, seine Landkommune in Worpswede. Aus dem Ersten Weltkrieg war der ehemalige Schöngeist und Märchenprinz von Worpswede als Pazifist und Kommunist zurückgekehrt. Im Jahr 1919 macht er den Künstlertreff Barkenhoff zu einer Landkommune, in der Arbeiter- und Soldatenräte, Obdach- und Arbeitslose verkehren. Mit intensivem Gartenbau, Landwirtschaft und Handwerksstätten möchte man sich selbst versorgen. Friedrich Wolf, Arzt, Schriftsteller, Kommunist, erinnert sich mit Freuden an die Arbeitstherapie auf dem Barkenhoff: »Gestern abend nach acht- bis zehnstündiger Feld- und Gartenarbeit, nackt in Luft und Sonne und dem feinsten weißen Sand, ging ich bis um Mitternacht mit Heinrich Vogeler noch über die Heide, am Moor entlang – eine unfaßbare Weltentrücktheit nach dem schweren Werktag – dann schläft man den Schlaf des Gerechten, bis um 6.00 die große Hausglocke läutet.«

Doch was als Geburtszelle des Kommenden, als Keimzelle der kommunistischen Gesellschaft gedacht war, stößt schnell auf Schwierigkeiten. Ulrich Linse zitiert Vogelers Zeitgenossin Anselma Heine: »›Gesunde Landarbeit‹ verlangt Regelmäßigkeit, Gehorchen und stete Willigkeit. Gerade alles, was dem dichterischen Menschen zuwiderläuft.« Ständige Auseinandersetzungen zwischen Partei-Kommunisten und Anarchisten belasten den Alltag auf dem Hof; die heftig praktizierte Form der freien Liebe führt zu zahlreichen Beziehungsproblemen und hoher Fluktuation. 1923, also schon nach vier Jahren, ist die Landkommune am Ende. Vogeler schenkt den Barkenhoff der Internationalen Roten Hilfe, die daraus ein Kinderheim macht. In seiner Untersuchung über *Landkommunen zwischen Anarchie und Spiritualität* zitiert Rolf Goetz den enttäuschten Vogeler mit den Worten: »Die größte Gefahr für die Kommune liegt nicht außerhalb in der kapitalistischen Umgebung, sondern in der kapitalistischen Gesinnung einzelner Mitglieder.«

Der Impetus der persönlichen Veränderung

Über 100 Kommunen recht unterschiedlicher Art wurden nach dem Ersten Weltkrieg gegründet – Kommunen sozialistischer, kommunistischer oder religiöser Provenienz, völkische Siedlungen, jüdische Siedlungen, Kommunen von Quäkern und Anarchisten: »Tiefsinn und Unsinn liegen dabei immer dicht beieinander, und Experimente um den besten Weg der Abfall-Kompostierung gehen Hand in Hand mit der Suche nach dem Neuen Gott«, erkennt Ulrich Linse. Die Nationalsozialisten schlossen die oppositionellen und auch die meisten religiös orientierten Siedlungen; Kommunen wie die Oranienburger Obstbau-

Kolonie Eden, die ohnehin völkisch orientiert war, integrierten sie problemlos.

Anders als in den antiautoritär geprägten Landkommunen der siebziger Jahre wurde in der Jugendbewegung, so Ulrich Linse, »die Notwendigkeit der Führung nie bestritten, sondern als Voraussetzung echter Gemeinschaftsbildung akzeptiert. Charismatische Führer und Führerinnen gehörten so zum Wesen der jugendbewegten Siedlungen«. Im antihierarchischen Impuls unterscheiden sich die Landkommunen der zwanziger Jahre und die Gemeinschaften sechzig, siebzig Jahre später am deutlichsten. Wohl gibt es auch in den späteren Kommunen informelle Hierarchien, aber daß ein charismatischer Führer das Selbstverständnis einer Kommune prägen würde, wie es in den zwanziger Jahren gang und gäbe war, wäre ein halbes Jahrhundert später auf heftigsten Protest gestoßen. Als sich Rechtsradikale in den siebziger Jahren der Alternativzeitung *Die grüne Kraft* anbiedern, wehrt sich diese gegen den Übergang von »grün« zu »braun«. »Was wir wollen«, berichtet Werner Gross, »ist eine herrschaftsfreie Gesellschaft, wir wollen keinen Führer, wir wollen keine Herrschaftsideologie. Wir wollen eine Befreiung versuchen, und die hat nichts mit brauner Ideologie zu tun.«

Die Forderung nach persönlicher Veränderung, die Ablehnung des »autoritären Charakters« (Erich Fromm), ist Frucht der zeitgeschichtlichen Erfahrung mit dem Nationalsozialismus. »Beziehungsarbeit« ist in Landkommunen oberstes Gebot. Wenn es sein muß, richtet man dafür ein spezielles »Psycho-Plenum« ein wie in den neunziger Jahren die Kommune Klosterdorf in Brandenburg. Man versuche, versichert Kommunarde Freimuth, persönliche von sachlichen Problemen zu trennen: »Konsens ist eigentlich: Wie kriegt man die verschiedenen Meinungen unter einen

Hut? Da müssen sich die Individuen mal zurücknehmen, um einer gemeinsamen Entscheidung willen.« Nach dem Konsensprinzip wird so lange diskutiert, bis kein Kommunarde mehr ein Veto einlegt.

Anders als die Brandenburger Kommune wollten sich die Individuen der umbrischen Lebensgemeinschaft Utopiaggia nicht zurücknehmen. Bernd Leineweber spricht denn auch vom »demokratischen Dauerstreß«, den die Kommunarden nach Jahrzehnten des Diskutierens leid seien. Als sie Utopiaggia Anfang der achtziger Jahre gründeten, trafen sie sich zweimal pro Woche zu ausufernden Plenumssitzungen. Zwanzig Jahre später sind es zwei Sitzungen im Jahr.

Baghwan, Kräutertee, spirituelles Heilbiotop, vegane Ernährung – mit jeder neuen Welle mußten sich Leineweber und die anderen Utopiaggia-Kommunarden in den vergangenen 25 Jahren auseinandersetzen. »Das war zum Teil natürlich völlig abgefahren und lächerlich«, erinnert sich Leineweber, »viele waren völlig unglaubwürdig – und übermorgen waren sie auch schon wieder weg.«

Dauernde Anforderungen mit ständig neuen Normen schufen höchst sozialisationserfahrene Kommunarden. Mit gemischten Gefühlen denkt Soziologe Leineweber an diesen »normativen Dauerbeschuß« zurück. Insbesondere die Frauenbewegung setzte den männlichen Kommunarden schwer zu: Die Frauen sonderten sich ab, trafen sich in der eigenen Kneipe und führten getrennte Diskussionen. »Wir Männer hingen plötzlich am Rand«, meint Leineweber schmunzelnd, »erst waren wir gefordert, mußten die Schwerarbeit beim allerersten Aufbau der Kommune leisten, und plötzlich sagten die Frauen: ›danke‹. Ein richtiger Dauerbeschuß war das – und natürlich unglaublich toll. Alles war neu, alles war aufregend.«

Titel einer Agitationsschrift von Paul Robien, 1921

Kommunen mit betrieblicher Orientierung

Nicht nur Utopiaggia, auch viele andere Kommunen mußten die Erfahrungen machen, daß die Böden, auf denen sie sich niedergelassen hatten, sich als zuwenig fruchtbar erwiesen. Es hatte schon seinen Grund, daß die einheimischen Bauern ihre Höfe aufgegeben – und an die Kommunarden verkauft hatten. Die Folge für die Landkommunen: Die Landwirtschaft fiel auf den Status des Nebenerwerbs zurück. Die kargen Bedingungen ließen den Traum der Selbstversorgung am Horizont entschwinden. Die Kommunarden mußten sich nach anderen Erwerbsmöglichkeiten umsehen, die nur zum kleinen Teil mit Garten und Hof – oder überhaupt mit Land – zu tun hatten. Anders als die zum Teil kurzfristigen Erfahrungen der zwanziger Jahre (Beispiel Barkenhoff) beziehungsweise der allerneuesten Kommunen der neunziger mußten sich besonders die Landkommunen der siebziger und achtziger Jahre, die seit nunmehr ein, zwei oder mehr Jahrzehnten existieren, mit diesen Veränderungen auseinandersetzen.

Dabei zeigt sich: Landkommunen sind keine Eintagsfliegen, sie können durchaus über Jahrzehnte stabil sein – allerdings um den Preis, daß die Träume realistisch geläutert werden. In dem Maße, in dem die persönliche Selbstverwirklichung der Kommunarden glückt, zieht Realismus ein. Zwei Typen von Landkommunen lassen sich dabei unterscheiden: die Kommunen mit betrieblicher Orientierung und die Kommunen als Sozialisationserfahrung.

Sie heißen Alla Hopp, Finkenburg, Hammer Kommune, Hollerhof, KommFrei, Kommune Niederkaufungen,

Lutter Gruppe, Meuchefitz, Stadt-Land-Fluß: betriebliche Landkommunen, die im Gefolge der Alternativbewegung vor fünfzehn und noch mehr Jahren gegründet wurden und noch heute existieren. Ihnen allen ist es gelungen, Hausgemeinschaft und Produktionseinheit erfolgreich miteinander zu verbinden.

Zeitgemäß werben sie um Mitglieder: im Internet. Die nordhessische Kommune Niederkaufungen, 1986 gegründet, bietet sogar ein aktuelles Up-date ihrer programmatischen Grundsätze. Mit dem Ton Steine Scherben-Hit »Der Traum ist aus, aber wir werden alles geben, daß er Wirklichkeit wird« ist die neueste Version überschrieben. Was hat sich seit den ersten Planungen im Jahr 1983 als »realitätsfern oder nicht anstrebbar bewiesen«? Das aktuelle Up-date der gelebten Utopie in Niederkaufungen: »Das ›linke Politikverständnis‹ ist sicherlich unser unpräzisester und dehnbarster Grundsatz; von grün-ökologischen über marxistische, feministische bis zu anarchistischen Positionen ist alles vertreten; in dem hier stattfindenden Alltagsleben taucht dieser Grundsatz auf der einen Seite kaum auf, andererseits durchzieht er jedoch alles.«

Einig ist man sich darin, daß die Kommune, in der immerhin 53 Erwachsene und 17 Kinder leben, »keine heile Insel inmitten des kaputten kapitalistisch-patriarchalen BRD-Sumpfes sein« dürfe. Die Produktionsmittel gehören nach wie vor der gesamten Kommune. Neben einer Baufirma, einer Schreinerei, einem Architekturbüro, einer Schlosserei, einer Näh- und Lederwerkstatt verfügt die Kommune über ein Tagungshaus mit 27 Betten, in dem die Niederkaufunger auch eigene Seminare anbieten. Einige Kommunarden bauen auf einem Hektar Kleingemüse an, ein anerkannter Bioland-Betrieb.

Entscheidungen treffen die Kommunarden gemeinsam

und im Konsens. Sie diskutieren so lange, bis keiner ein Veto einlegt. Neben den Treffen im großen Plenum gibt es Wohngruppenabende und -frühstücke. Basisdemokratie ist schwerfällig, in der Großkommune Niederkaufungen geht das böse Wort vom »Selbstverwaltungsdinosaurier« um.

Gemeinsam arbeiten, gemeinsam leben: In Niederkaufungen wird alles in einen Topf geworden – und nach dem Bedürfnisprinzip entnommen. »Unterschiede im Ausgabenverhalten sind akzeptiert«, betont Kommunarde Sven, »was natürlich seine Grenzen hat. Wenn jemand monatlich 2000 Mark für Klamotten ausgeben würde, würde das Anlaß für größere Diskussionen geben. In der Regel klappt das allerdings viel problemloser als manche Leute vermuten mögen. Wer auf dem Konsumtrip ist, lebt nicht unbedingt in einer Kommune.«

Der wirtschaftliche Realismus äußert sich in den Prioritäten, die die Gemeinschaft gewählt hat. Kommunarde Albert: »Die Kommune war anfangs sehr stark Arbeitsprojekt. Kulturelle Aspekte, gemeinsame Feste, Spaß haben stand demgegenüber im Hintergrund.« Und im aktuellen Up-date ist zu lesen: »Wir *sind* eine Perspektive! Ökonomisch bewegen wir uns stabil und mit Augenmaß in die Zukunft.«

Man reibt sich die Augen und wundert sich: Mit Augenmaß in die Zukunft!! Sieht so die gelebte Utopie aus? Durchaus stolz sind die Niederkaufunger auf ihre »im Alltag haltbare Arbeitsstruktur«: »Wir arbeiten unterschiedlich viel, unterschiedlich schnell, unterschiedlich verantwortungsvoll und definieren unterschiedlich, was alles Arbeit ist, bzw. ob Arbeit und Freizeit als etwas Getrenntes gesehen werden sollte ... Die unterschiedlichen Umgehensweisen mit Arbeit können wir gut stehenlassen ...

und sehen sie als einen Wert, den wir auch so entwickeln wollen.«

Wie lassen sich der gemeinschaftliche Geist und die wirtschaftlichen Zwänge verbinden? Konkret gefragt: Wie viele Kinder kann sich die Kommune leisten? In Niederkaufungen wurde darüber heftigst debattiert. Das aktuelle Up-date: »Die Auseinandersetzung führte zu dem Beschluß, beim weiteren Wachsen der Kommune ein Verhältnis von drei Erwachsenen zu einem Kind beibehalten zu wollen, wobei diese Regelung keine große Freude hervorrief, sondern von vielen eher als Notlösung empfunden wird.«

Auch bei der Brandenburger Kommune Klosterdorf des Vereins Ökolea fühlt man, wie sich die Dinge hart im Raume stoßen. Den einen komme es eher darauf an, daß »fetzige Typen« reinkommen, berichtet Kommunarde Freimuth, die anderen sähen mehr die finanzielle, nicht eben rosige Lage. Beim »Thema betuchte Leute« sei in der Landkommune des öfteren heftiger Streit ausgebrochen: »Wenn da eine alleinstehende Mutter mit zwei Kindern ankommt, sind auf dem Plenum ganz seltsame Äußerungen zu hören. Gerne hätten wir außer dem Politologen Fritz Vilmar noch drei weitere Professoren bei uns oder am besten einen Millionärserben ...«

Was in der Utopie klare Konturen hat wie ein strahlender Diamant, schleift sich nach und nach ab. Und plötzlich entdeckt man andere Werte, von denen in Landkommunen noch nie die Rede war: zum Beispiel Toleranz. Etwa auf dem Hollerhof, der sich im Internet völlig pluralistisch gibt und um neue Mitglieder mit den Worten wirbt: »Wir sind arbeitsam und gemütlich, häuslich und weltoffen, VegetarierInnen und McDonald-Fans, RaucherInnen und Qualmfreiliebende, Saft-, Bier- und WeintrinkerInnen,

RadlerInnen und AutofahrerInnen ... und wünschen uns tolerante und humorvolle Mit-StreiterInnen, die am gemeinsamen Strang mitziehen wollen.«

Kommunen als Sozialisationserfahrung

Zum zweiten Kommune-Typus, der die Verwandlung in eine betriebliche Gemeinschaft nicht mitgemacht hat, gehört die mittelitalienische Aussteigergemeinschaft Utopiaggia. Zunächst, so Utopiaggia-Kommunarde Longo, habe sich das Kollektiv ernsthaft mit dem Gedanken getragen, »die Arbeit der ins Tal vertriebenen Bauern wieder aufzunehmen«. Man habe ein Gesellschaftsexperiment im Kleinformat geplant: als »ideale Voraussetzung«, privates Eigentum der gemeinschaftlichen Verfügung zu übergeben, habe man es angesehen, »daß wir nur wenig davon besaßen«.

Gedacht war an die kollektive Organisation von Schafzucht, Landwirtschaft und Gartenbau. Aber schnell hätten sie gemerkt, schränkt Bernd Leineweber ein, »daß wir nicht die richtigen Leute dafür sind«. Schritt für Schritt senkten die ehemaligen Soziologen, Lehrer, Journalisten und Studenten ihre Ansprüche an Gemeinschaftlichkeit. Bis vom gemeinsamen Arbeiten nichts übrigblieb. Seitdem muß jeder selbst für seinen Unterhalt sorgen. Es gibt keine Haushaltskasse mehr, sondern nur noch eine Investitionskasse.

Dabei hatte alles ganz anders begonnen. Genau gesagt: mit 100 Schafen. Doch alle Ansätze, die Arbeit im Schafkollektiv zu organisieren, scheiterten, bis sich schließlich ein Paar bereit erklärte, in privater Verantwortung die Schafzucht zu übernehmen. Seitdem gehe es den Schafen gut, berichtet Leineweber, es gebe sie noch heute. Private Räume wurden ausgebaut, die öffentlichen verfielen. Werkzeug, Fahrzeuge, Maschinen verrotteten oder verschwanden. Zeitweise geriet der Gemeinschaftsgedanke so sehr in die Defensive, daß sich Leineweber an die DDR erinnert fühlt: »Um zu überleben, mußten wir privat wirtschaften. Es fing mit dem Auto an und hörte mit dem Flaschenöffner auf. Das sind Erfahrungen, die man aber auch zulassen muß, kollektives Wirtschaften funktioniert eben nicht.« Apropos Flaschenöffner. Da stand einer der Kommunarden in der Küche und brüllte: ›Wer zum Teufel hat den Flaschenöffner geklaut?‹ Daraufhin schossen aus fünf verschiedenen Räumen Leute herbei, voll schlechten Gewissens und ein jeder mit einem Flaschenöffner in der Hand. Den Kommunarden wurden die Grenzen der eigenen Sozialisation schmerzhaft bewußt. Die gleichen Wünsche, die ins Kollektiv führen, führen aus dem Kollektiv heraus, hatte Klaus Wagenbach vor Jahren bemerkt. Bernd Leineweber kann dies nur bestätigen.

Auch in die Beziehungen unter den Kommunarden kehrte Realismus ein. Man relativierte den Überschwang des Anfangs, zog Zwischenräume ein, die Distanz ermöglichten. Ein neues Verhältnis von Raum und Zeit bestimmte die Beziehungen: Für ihn habe es durchaus befreiend gewirkt, meint Leineweber, daß nichts, was sich in der Kommune ereignet habe oder beschlossen worden sei, für die Ewigkeit gelte. Wer so lange miteinander Erfahrungen mache, wisse, daß nichts endgültig sei.

Kein Vergleich zu der ungestümen Liebesexplosion in der Kommune Heinrich Vogelers. Wegwerf-Beziehungen hat man in Utopiaggia nicht nötig, man nimmt sich Zeit und möchte Beziehungen auch nicht zu sehr belasten. Wie bei den betrieblichen Kommunen das Augenmaß in die

Ökonomie einzieht, so bei den Kommunen, die den Schwerpunkt auf die Sozialisationserfahrung legen, in die Beziehungen. Für Bernd Leineweber, der Utopiaggia als ein lebenslanges gemeinsames Projekt ansieht, braucht eine Beziehung nie zu Ende zu sein: »Man versöhnt sich nicht nur, um ein Auskommen zu haben. Wenn man sich nicht sofort trennen mag, bietet das auch die Chance, neue Seiten an dem Kontrahenten zu entdecken, zu sehen, daß er oder sie im Grunde eine tolle Person ist.«

Landkommunen, die die therapeutisch-pädagogische Erfahrung betonen, verstehen sich als erweiterte Familie, als eine Art Großfamilie, in der die Erwachsenen Verantwortung für mehrere Kinder, nicht nur die eigenen, übernehmen. Bernd Leineweber erinnert sich, bisweilen Vatergefühle gegenüber zehn Kindern gehabt zu haben: »Wir hatten den Wunsch, Kinder innerhalb eines großen Zusammenhangs aufzuziehen, in dem die Kinder Ersatzväter oder -onkel oder -tanten haben und die Kinder insgesamt eine große Geschwisterschar bilden, die man gar nicht selber zeugen muß, sondern die von mehreren zusammengebracht wird.« Diese Bilder seien sehr stark gewesen und hätten sich als die erwiesen, die am ehesten hätten realisiert werden können. Die offenen, sehr kontaktfähigen Kinder, erzählt Leineweber nicht ohne Stolz, seien von Besuchern der Kommune als das gerühmt worden, was ihnen am meisten gefallen habe.

Doch die Kerngruppe von Utopiaggia, die vor 25 Jahren angefangen hatte, muß heute mitansehen, wie sich ihre Hoffnungen auf die eigene Generation beschränken. Die Weitergabe der Erfahrungen an die nächste Generation gelingt nicht: »Jetzt werden wir alt und sehen, wie unsere Kinder weggehen. Die mittlere Generation der 30- bis 40-jährigen kommt nicht nach« (Leineweber).

Leinewebers eigener Sohn, inzwischen 23jährig, lebt nicht mehr in Umbrien und auch nicht auf dem Lande, sondern in Deutschland mitten in der Stadt, mit Frau und Kind am Prenzlauer Berg. Für die nächste Generation ist Utopiaggia kein Lebensentwurf. Sie sucht sich ihre eigene Utopie. Die älter werdenden Kommunarden brauchen sich nicht mehr Fragen nach der Kindererziehung und dem gemeinsamen Wirtschaften zu stellen, sondern eher nach der Rente. Einer Rente ohne Generationenvertrag.

Immerhin, so stellt Leineweber fest, hätten die Landkommunarden »fast ein ganzes Erwachsenenleben als Gruppe miteinander gelebt«. »Wo gibt's so was sonst noch?«, fragt er rhetorisch. Utopiaggia ist eine Kommune, verstanden als Sozialisationsprojekt. Die gelebte Utopie für eine Generation bleibt bestehen: Man werde die Fragen, die das jeweilige Alter stelle, gemeinsam angehen, meint Leineweber – »bis daß der Tod euch scheidet«.

PS. Auf einer der ältesten Landkommunen, dem Allgäuer Finkenhof, wurde zwei Jahre lang – im Plenum, versteht sich – über eine angemessene Altersversorgung gestritten. Erst dann kam der erforderliche Konsens zustande. Im Grunde genommen eine tröstliche Nachricht: In den ach so abgeschiedenen Landkommunen sind die gleichen Probleme akut wie weit draußen in der »Restgesellschaft«.

PPS. In der Kommune Niederkaufungen bleibt man realistisch. In Planung ist ein Projekt für altersverwirrte Menschen.

Expressionismus der Liebe: Heinrich Vogeler und die Kommune Barkenhoff in Worpswede

von Ute Steinbicker/Hans-Jürgen Schmitt

Wenn man sich von Bremen aus Worpswede nähert, taucht unerwartet der Barkenhoff auf. So hatte Heinrich Vogeler das ganz und gar von seinem Geist geprägte Haus nach seinem Lieblingsbaum, der Birke, genannt. Hob es sich einst als mondäne Villa von den bäuerlichen Katen ab, so wirkt es auch heute wie ein Fremdkörper in dem von Kitsch und Kommerz heimgesuchten Worpswede. Von der wie zu einer Bühne sich aufschwingenden Freitreppe vor der weißen, giebelgekrönten Fassade bis hin zu den Ornamenten des Gartens erinnert alles an die glorreiche Zeit des ausgehenden 19. Jahrhunderts, als Rilke hier wohnte, Paula Modersohn-Becker zum intimen Freundeskreis gehörte und Vogeler, der begehrte Graphiker, Maler, Designer, den Auftrag für die Neugestaltung der Gülden Kammer des Bremer Rathauses erhielt, eine der Perlen des deutschen Jugendstils. Die Spuren der anderen Zeit, der Barkenhoff als Kommune und Arbeitsschule, dann Kinderheim der Roten Hilfe, sind getilgt. Die revolutionären Wandfresken, die Vogeler nach dem Ersten Weltkrieg in den unteren Räumen des Barkenhoffs malte, wurden während der Nazi-Zeit zerstört. Ihre Restaurierung hat die heutige Barkenhoff-Stiftung verworfen.

Dabei war die Kommune Barkenhoff für Schriftsteller und Künstler – von Martin Buber bis zum mexikanischen Maler Diego Rivera – nicht minder attraktiv als das untergegangene Jugendstil-Paradies, das der 1872 als Sohn eines Bremer Eisenwarengroßhändlers geborene Vogeler mit derselben Konsequenz zerstörte, wie er es zuvor als Kunstwerk überhöht hatte. Jene Mischung aus Hohn und Faszination, mit der die durchaus an künstlerische Extravaganzen gewöhnten Worpsweder auf das Kommuneexperiment reagierten, spiegelt sich selbst in den kontinuierlich verfaßten Polizeiberichten.

»Den genannten Personen hatten sich etliche andere zugesellt, die auf dem Barkenhofe die Gemeinwirtschaft betrieben, indem sie alle ihre Kräfte in den Dienst der Sache stellten und das also Produzierte unter einander zur Verteilung brachten. Aber der Kohl wurde anscheinend durch die Anwendung der kommunistischen Zauberformeln auch nicht fetter als anderswo, und der Weizen blühte wie bei den einfachen Worpsweder Bauern auch nur einmal und nicht dreimal im Jahre, zumal die Zeit von den Männlein und Weiblein in sinniger Weise durch Schäferstündchen und gemeinsames Baden im Barkenhoferteich verkürzt wurde. Heinrich Vogeler, der in den Vorkriegszeiten in alter Biedermanntracht aufgetreten war, legte Gewicht darauf, seine innere Wandlung auch äußerlich zu kennzeichnen. Der Schnitt seines Anzuges erhielt eine leichte, aber unverkennbare Anlehnung an russische Moden und Trachten. Wenn er also wie Tolstoi höchst eigenhändig auf seinem etwa 12 Morgen großen Anwesen das Unkraut von den Feldern hackte, mögen ihm die Ideen gekommen sein, über die er dann am Abend mit seinem Zirkel ausführlich diskutierte. Dann pflegte man auf der Diele des Barkenhofes auf Strohmatten sitzend zu politisieren, oder man hörte die »Rote Marie« dichten. Die Klampfen ertönten zu den Weisen proletarischer Kampfeslieder. Man schwelgte im Kommunismus, liebte und koste – Expressionismus der Liebe...«

Expressionismus der Liebe hatte Vogeler eine seiner emphatischen Schriften für Pazifismus und den Aufbau einer neuen Gesellschaft genannt, deren utopische Ideen er unermüdlich in Vorträgen wiederholte und damit vor allem die Jugend begeisterte. Unter dem Eindruck der Bremer Revolution am 6. November 1918 heißt es am Schluß:

»Wir setzen den Menschen als Symbol der einzigen Wahrheit, der unvergänglichen Kraft, den Menschen als Expressionisten der Liebe ... Es gibt kein Ding der Welt, kein Ereignis, das du nicht mit dem Licht dieser Kraft durchdringen könntest. So erringst du bedingungslos und ohne Grenzen deine Freiheit, Frieden ... Nur unter der roten Fahne der brüderlichen Gleichheit und Liebe zwischen den Menschen und Völkern werden wir alle imperialistisch und kapitalistisch orientierten Triebe der Friedensmoralisten erkennen und vernichten können. Auf zur gemeinsamen Arbeit!«

Im Gegensatz zu den nur taktischen Friedensmoralisten ging Vogelers Pazifismus so weit, daß er als Mitglied des Osterholzer Arbeiter- und Soldatenrates die Bewaffnung der Räte ablehnte. Mit zweiundvierzig Jahren hatte er sich gleich im September 1914 als Kriegsfreiwilliger gemeldet, eine ebenso patriotische wie existentielle Entscheidung. Denn schon vor Kriegsbeginn stagnierte die künstlerische Arbeit, das Gesamtkunstwerk Barkenhoff war nur noch Attrappe, seine Ehe mit Martha gescheitert. Sie, die in von Vogeler entworfenen Kleidern posieren mußte, hatte die ästhetische Zwangsjacke gesprengt und sich in den jungen Ludwig Bäumer, einen der vielen Barkenhoff-Besucher, verliebt. Unter dem Schock des Diktatfriedens von Brest-Litowsk zwischen dem deutschen Kaiserreich und der jungen Sowjetrepublik, der Rußland 400 000 Quadratmeilen raubte, schrieb Vogeler Anfang 1918 einen offenen Brief an den Kaiser und die Oberste Heeresleitung mit der Aufforderung, unverzüglich den Krieg zu beenden. Die darauf folgende Einlieferung in die Bremer Irrenanstalt wurde für den einstigen Liebling des Bürgertums zum Wendepunkt.

»In keiner Weise verbittert lernte ich das Wort der Bibel verstehen: »Liebet Eure Feinde«. Waren sie es doch, die mich in die Anstalt schickten, die mir auch ohne ihren Willen diese klare Sicht in dem größten Werden der Menschheitsgeschichte vermittelten. Völlig parteilos, mit dem glühenden Wunsche zu helfen, suchte ich nach meiner Freilassung in Vorträgen die Menschen aufzurütteln, sich von der entsetzlichen Blutschuld zu befreien, ihren Besitz und ihre Arbeitskraft hinzugeben für den Neubau einer freien Gemeinschaftsordnung...«

Nach dem Scheitern einer revolutionären Massenbewegung und der Stabilisierung der parlamentarischen Demokratie mit kapitalistischer Wirtschaftsordnung war für Vogeler wie für andere Linkskommunisten nur eine Revolution von unten denkbar, die sie über die Siedlungsbewegung zu erreichen versuchten. In Anlehnung an ihre theoretischen Lehrmeister Kropotkin und Gustav Landauer sollten die Siedlungen als »kommunistische Inseln im kapitalistischen Ozean« durch ihr brüderliches Zusammenleben und Zusammenarbeiten die künftige Gesellschaft antizipieren und zugleich das Bewußtsein der Massen revolutionieren. Doch während die anderen Siedler um die – womöglich revolutionäre – Landnahme rangen, stellte Vogeler seinen ehemaligen Märchenhof als Keimzelle für die neue Gesellschaft zur Verfügung.

»Wir selber waren Besitzer eines großen Hauses mit vielen Räumen und vielem unbenutzten Land. Im Frühling wandten sich Arbeitslose und obdachlose Kommunisten an uns, die fest an die neue Ordnung glaubten. Wir sagten, das Einfachste ist, wir beginnen sofort die bespöttelte Ideologie in die Tat umzusetzen.«

Schon vor Kriegsende war der Barkenhoff internationaler Treffpunkt von Linksintellektuellen, die in den einst von Musik und Poesie erfüllten Räumen die gesellschaftlichen Veränderungen in Rußland und die Möglichkeiten einer Revolution in Deutschland diskutierten. Junge Kriegsheimkehrer fanden hier ebenso Zuflucht wie die nach der Zerschlagung der Bremer Räterepublik politisch Verfolgten. Permanente Überwachung, mehrere Hausdurchsuchungen von Polizei und Reichswehr und schließlich Vogelers Verhaftung am 15. Mai 1919 ließen ihn folgenden Leserbrief veröffentlichen:

»Um den unsinnigen Gerüchten entgegenzutreten, die den Zweck haben, mich und meine Familie den verhetzten Bürgern auszuliefern, stelle ich fest ... daß die lebende oder tote Rosa Luxemburg nicht bei mir gefunden worden ist, daß weder Maschinengewehre noch Handgranaten oder sonstige Waffen bei mir gefunden worden sind, daß kein Widerstand geleistet worden ist, sondern die Truppen und Spitzel auf dem Barkenhoff als Gäste behandelt worden sind.«

Glaubt man Vogelers kurz vor seinem Tod niedergeschriebenen Lebenserinnerungen, so wurde der Gefängnisaufenthalt zu einem ähnlichen Schlüsselerlebnis wie der in der Irrenanstalt. Der Barkenhoff war zu diesem Zeitpunkt trotz Vogelers revolutionären Elans eher eine Notgemeinschaft in Hunger und Repression. Zudem lebten Martha, die drei Vogeler-Töchter und ihr Geliebter noch auf dem Hof, eine zweigeteilte Welt, die sich nicht konsolidieren konnte.

»Die Zeit im Gefängnis war für mich keine schwere Belastung... Heimatlos in dieser Welt, an der ich selber

Heinrich Vogeler in Barkenhoff, um 1900
(Barkenhoff-Stiftung, Worpswede)

geschaffen hatte mit der ganzen Inbrunst meiner Jugend und meines ersten Mannesalters. Also ein Bankrott! Ein völliger Bankrott. Was nun weiter? – Daß Martha alles darauf anlegte, sich auch materiell ganz von mir zu trennen, war mir klar … Nun, Werte waren ja im Barkenhoff genug, die ich übergeben werde. Aber wie geht es dann mit mir auf dem Barkenhoff weiter? – Die sonst ganz sympathischen Intellektuellen aus der Gefangenschaft konnten nicht bleiben, würden den Hof absichtslos, aber durch ihre Undiszipliniertheit in der Arbeit zugrunde richten … Ich setze meinen in sieben Schritte längs und vier Schritte quer aufgeteilten Zellenspaziergang fort. – Nein, um das Schicksal dieser jungen Menschen brauche ich mich nicht zu sorgen; sie werden sich leicht jeder Veränderung der Verhältnisse anpassen, aber zu der Veränderung der Verhältnisse im revolutionären Sinn werden sie nicht beitragen. – Vor kurzem hatte mich der alte Zimmermann aufgesucht, der vor vielen Jahren mein Haus umbaute … Ich hatte mit ihm, einem alten Kommunisten, ein langes Gespräch über die Möglichkeit, mit kommunistischen Arbeitern eine Arbeitskommune aufzubauen, die den Rahmen bilden könnte für eine moderne Kinderschule, in der alle Lehrmittel auf einem lebendigen Betrieb fußten …«

Im Sommer 1919 konstituierte sich aus einem kleinen Kreis anarchosyndikalistischer Handwerker, anthroposophisch orientierter Landwirte und Frauen aus der Arbeiterbewegung, die zum Teil mit ihren Familien und Kindern auf den Barkenhoff gezogen waren, die neue Arbeitskommune, die anders als ihre chaotische Vorläuferin rätedemokratisch organisiert war.

»Die Kommune stellt eine gemeinwirtschaftliche Betriebsgenossenschaft dar; die gesamte Produktion und

Konsumtion wird geregelt durch den Arbeiterrat. Der Arbeiterrat besteht aus 3 Abteilungen:

1. Finanz; ein von den Arbeitern Beauftragter
2. Produktion; ein von den Arbeitern Beauftragter
3. Konsumtion; ein von den Arbeitern Beauftragter

Der Arbeiterrat wird von den Arbeitern auf Grund des gleichen und völlig öffentlichen Wahlrechts gewählt; er kann jederzeit von den Arbeitern abberufen werden... Als Mitglied kann derjenige aufgenommen werden, der sich in einer vierwöchigen Gastzeit als nutzbringend erwiesen hat...«

Eine strikte Hausordnung regelte das Zusammenleben. Auch auf die Problematik des nicht abreißenden Besucherstromes – schätzungsweise 10-15 000 Besucher jährlich, die teils aus Neugier, teils aus Enthusiasmus zu der utopischen Insel pilgerten – und die daraus resultierende Belastung für die Kommune wurde eingegangen. Hier nur ein kurzer Auszug:

»– Auf das Läuten der Hausglocke erscheint jeder pünktlich: morgens 7 Uhr, mittags halb eins, nachmittags halb vier, abends 7 Uhr. Der Tag beginnt um 6 Uhr, so daß vor dem Frühstück Zeit zum Baden und Turnen ist ...

– Durch die Finanzleitung gehen alle Einnahmen und alle Ausgaben. Innerhalb der Kommune ist jeder Geldverkehr und jede Verrechnung ausgeschlossen.

– Die Kinder der Gemeinschaft sind bei leichten Arbeiten hinzuzuziehen, damit in ihnen der Sinn für gegenseitige Hilfe geweckt wird.

– Auf persönliche Aussprache in allen Angelegenheiten des Hofes ist größter Wert zu legen; die Sorgen des Einzelnen müssen durch die Gemeinschaft der Arbeitenden getragen werden.«

Die interne Abschaffung des Geldes schien trotz der

schwierigen Finanzlage der Kommune erstaunlich gut funktioniert zu haben. Alle Einnahmen und Ausgaben regelte der Betriebsrat, nur in dringenden Ausnahmefällen erhielten die Kommunarden eigenes Geld. Durch unermüdlichen Arbeitseinsatz und Intensivierung der Landwirtschaft verdoppelte die Kommune innerhalb von zwei Jahren die Ernteerträge, und sogar ein Sägewerk wurde in Betrieb genommen. Die Ästhetik des Gartens wurde der Nutzbarkeit geopfert. Die Rosen hatten dem Kohl zu weichen, Bäume und Sträucher wurden gerodet, Blumenbeete urbar gemacht. Walter Hundt, der als Landwirtschaftseleve der vorangegangenen Mißwirtschaft eine Ende setzte, erinnerte sich an den schmerzhaften Umwandlungsprozeß. Mining nannte er, wie andere enge Freunde, Heinrich Vogeler nach einer Romanfigur des niederdeutschen Dichters Fritz Reuter.

»Mining, durchdrungen von der zwingenden Notwendigkeit, alles nunmehr in den nährenden Nutzen zu stellen, will jetzt roden und Flächen schaffen, damit für Mensch und Tier Nutzgarten und Weide ausreichen. Das ist bei der Schönheit dieses Anwesens selbst für ihn ein schmerzliches Unterfangen. Viele Büsche und manche Baumgruppen waren von ihm selbst angelegt worden, lebten in seinen Bildern und waren dadurch gewissermaßen mehr, als sonst Baum und Strauch sind. Auch ich kämpfe um den Bestand der Anlagen, obgleich ich mich Minings Argumenten nicht verschließen kann, und ich spüre, wie er gegen sich und seine Vergangenheit wütet.«

Der Schriftsteller Friedrich Wolf, der im Sommer 1921 in der Barkenhoff-Kommune lebte und ihr sein Theaterstück *Kolonne Hund* widmete, berichtete von zehn festen Kommunemitgliedern, gleich viel Frauen wie Männer, und zehn Kindern, einige von ihnen Kriegswaisen. Polittouristen und Studenten während der Semesterferien halfen zwar mit, verschärften jedoch gleichzeitig die prekäre Ernährungslage. Das gleiche galt für die oft über Monate auf dem Hof weilenden Gäste, unter ihnen Martin Bubers Sohn Raphael, der im Barkenhoff ein Vorbild für die zionistische Siedlungsbewegung sah. Wolf schwärmt in seinen Aufzeichnungen von der acht- bis zehnstündigen Feld- und Gartenarbeit nackt in Luft und Sonne. Realistischer aber dürften die Zeilen an seine spätere Frau Else Dreibholz sein.

»... der hiesige schwere Kampf mit Böden, Mensch und Umwelt verbraucht die Barkenhöffer sehr schnell; der Barkenhoff frißt die Menschen ...«

Wolf hatte sich während seines Kommuneaufenthaltes von seiner Frau Käthe getrennt, die als Gymnastiklehrerin auf dem Hof blieb. Trennungen und bis an Psychoterror grenzende Auseinandersetzungen gehörten zum Alltag der Kommunarden. Nicht nur ihr Sendungsbewußtsein, als Vorbild für weitere Siedlungsprojekte zu wirken, belastete das Zusammenleben, sondern auch die, bei aller Gemeinsamkeit, unterschiedlichsten Visionen. Vier der durch ihre jeweilige Arbeit wichtigsten Kommunemitglieder porträtierte Vogeler in seinen Erinnerungen. Er selbst nennt sich hier, in dritter Person, Johannes.

»*August Freiträger*. Alter Zimmermann, zünftiger ... War einer der ersten, die nach dem Zusammenbruch der Bremer Räterepublik auf den Barkenhoff kamen, um die Arbeitskommune aufzurichten. Leistete viel gute Arbeit, neigte aber zum Syndikalismus. Wollte allmählich das ganze Dorf in die Kommune einbeziehen. Einverstanden damit waren aber nur ein paar faule Höfe des Dorfes, ... deren Land durch die eigene Faulheit völlig verkommen war und die durch die aufopfernden Arbeitskräfte der

Kommune wieder auf die Höhe zu kommen hofften. Johannes durchschaute das schnell, und es gab schwere Zusammenstöße mit August.

Fidi Harjes ... Fidis Stellung zur Familie war unerträglich gewesen, jetzt nach ihrem Abzug (vom Barkenhoff) strahlte er, als habe er einen Sieg des Proletariats über die Bourgeoisie besiegelt. Fidi ging in die Werkstätte an seine Messingbuchstaben, die er mit großer Meisterschaft und Akkuratesse aus dem Metall trieb. Durch seine Belieferung der Bremer Firmen half er die Wirtschaft der Kommune in Gang zu halten.

Walter Hundt. Eine der wichtigsten Persönlichkeiten in der Kommune war Walter. Er hatte als Volontär bei einem der Worpsweder Großbauern gelernt... Außerordentlicher Fleiß, sein Interesse, das Land so intensiv wie möglich zu bestellen, unterschied ihn von keinem guten Landarbeiter. Im praktischen Leben war er sehr brauchbar, aber wenn er redete, war er für die meisten schwer verständlich, seine anthroposophische Weltanschauung war ein Ballast...

Klara Möller. Eine handfeste ernste Neuköllner Proletarierfrau. Ihr Mann war als Parlamentär aus dem von der Reichswehr belagerten *Vorwärts*-Gebäude erschlagen worden. Organisatorisch stark im Führen der Wirtschaft.«

Zwar wollte die Kommune nicht nur die Klassentrennung, sondern auch die Geschlechtertrennung überwinden, doch waren die Frauen wie Klara Möller für Küche und Haushalt zuständig. Mit einer Ausnahme: Marie Griesbach, die im Polizeibericht erwähnte Rote Marie, deren Haar so rot war wie ihre Gesinnung. Vogeler hatte sie bei der Beerdigung des Bremer Revolutionärs Johann Knief im April 1919 kennengelernt. Während des Krieges hatte sie als Dreherin in einer Munitionsfabrik gearbeitet und schon 1917 einen Streik gegen den Krieg organisiert. Begeistert von Vogelers Ideen, zog sie im Sommer 1919 auf den Barkenhoff und wurde neben Vogeler zur aktivsten Propagandistin. Seine Schrift *Die Freiheit der Liebe in der kommunistischen Gesellschaft* ist auch als Liebeserklärung an die Rote Marie zu lesen. Ausgehend von ihrer heroischen Tat des Streiks, die ihr ein Jahr Zuchthaus einbrachte, schrieb Vogeler:

»Das sieghafte Weib ... sah auch im Zusammenleben der Geschlechter einen tieferen ethischen Sinn, wie ihn die bürgerliche Ehe geben konnte. Mit einem gelinden Schauer dachte das Weib an das Eherecht der bürgerlichen Gesellschaft mit seiner versklavenden Besitztendenz ... Als einzig sittliches Verhältnis zwischen den Menschen erkannte es nur das eine: die höchste schöpferische Kraft auslösende Liebe. Schwindet diese Kraft, wird sie gar negativ, zerstörend in physischer und psychischer Beziehung, so ist das hohe sittliche Ziel aufgehoben, die Menschen gehen unfruchtbar, ja sich hemmend nebeneinander her.«

Ebenso vehement wie gegen die bürgerliche Ehe wandte sich Vogeler gegen das bourgeoise Verständnis der freien Liebe, die nichts anderes als die sexuelle Ausbeutung der Frau durch den Mann bedeute. Dabei wußte er, der Leidgeprüfte, bei aller Verklärung seines herrschaftsfreien Liebeskonzeptes auch um die menschliche Psyche.

»Was geschieht nun in einer Gemeinschaft, in der die Glieder ringen, um die Reinheit der Liebe zu erhalten, wenn Menschen, die erotische Bindungen eingingen, durch einen Dritten das Verhältnis gestört sehen und sich lassen müssen?«

Noch während Martha Vogeler und die Töchter auf

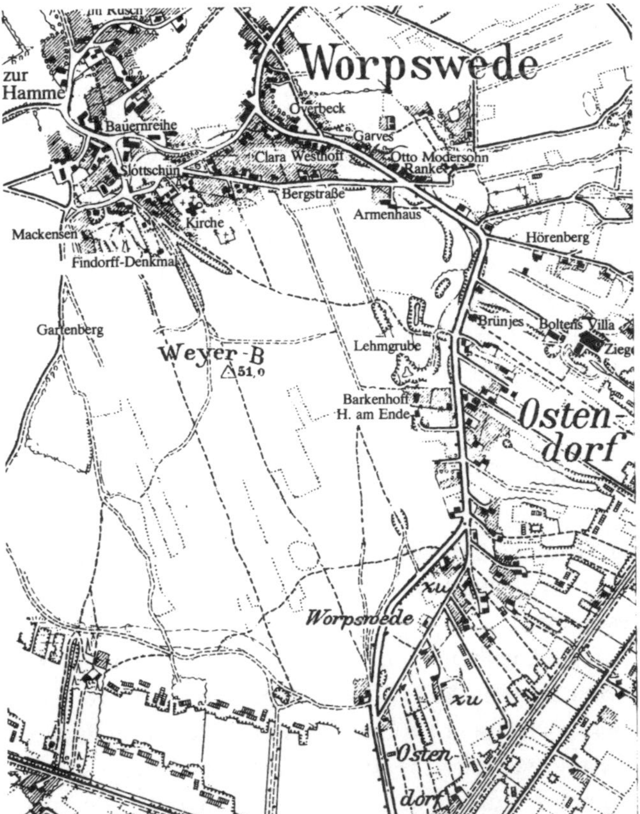

Worpswede/Westerwede, 1897/99: Plan mit den Ateliers und Wohnhäusern der Künstler (Barkenhoff-Stiftung, Worpswede)

dem Barkenhoff lebten, waren der 47jährige Vogeler und die 22jährige Marie Griesbach eine »erotische Bindung« eingegangen. Marie erwartete ein Kind von Vogeler, das sie während einer Reise nach Dresden verlor. Vogelers Lebenstrauma wiederholte sich. Bei ihrer Rückkehr verliebte sich Marie in den gleichaltrigen Kommunarden Walter Hundt. Doch anders als bei der Tragödie mit Martha und Bäumer half ihm die Barkenhoff-Gemeinschaft bei der Bewältigung dieser Lebenskrise.

»Eines Tages kamen Walter und Marie von der Feldarbeit Hand in Hand. Über mich kam es wie das Erwachen aus einem bösen Traum. ›Ich liebe Walter‹, war das einzige, was die rote Marie sagte ... Mein Leben verdüsterte sich, so daß auch die Arbeitsgenossen darunter litten. Da gewann beim alten August und bei Fidi Harjes der Gedanke Gestalt, an den acht Meter langen Bienenstand ein kleines Häuschen anzubauen, das man für mich bestimmte.«

Das Bienenhaus wurde Vogelers Zelle, in der er sich wieder auf seine künstlerische Arbeit konzentrierte. Trotz Intensivierung der Landwirtschaft und der Umstellung auf eine rein vegetarische, da billigere Lebensweise war die Kommune unverändert auf den Erlös von Vogelers Werken angewiesen. Auch sein früherer Mäzen und späterer ideologischer Gegner, der Bremer Kaffeefabrikant Ludwig Roselius, mußte immer wieder mit dem Kauf eines Gemäldes einspringen, für die Kommunarden ein bitterer Sieg des Kapitalismus über ihr Selbstversorgungskonzept. In seiner Schrift *Die Arbeitsschule als Aufbauzelle der klassenlosen menschlichen Gesellschaft* versuchte Vogeler den Widerspruch zu glätten und das Verhältnis von Kopf- und Handarbeit neu zu definieren.

»So brachte mich die Arbeiterschaft sehr bald in mein

Atelier zurück und nahm mir fast jede körperliche Arbeit ab, aus der praktischen Einsicht heraus, daß ich da oben besser für die Gemeinschaft schaffen könnte, wie Dünger auskarren ... Ein Arbeiter, der in der Gemeinschaft einem Künstler die körperliche Arbeit abnimmt, ist in Wirklichkeit Mitschaffender an dem Kunstwerk, das vermittelst seiner Arbeitsübernahme von Künstlerhand entsteht.«

Während Vogeler sich in sein Bienenhaus verkroch, bezogen die Rote Marie und Walter Hundt das Parterrewohnzimmer. Gemeinsamer Treffpunkt war das frühere Atelier, nun Schul- und Spielzimmer der Kinder. Doch, wie Hundt sich erinnerte, kapselten sich die Kommunemitglieder immer mehr ab.

»Wir drei – Mining, Marie Griesbach und ich – wachsen immer mehr zusammen. Die anderen haben mit sich selbst zu tun. Fidi hat oft Besucher bei sich aus seinem Bremer Kreis. August hat seine ›Alte‹, Ernst Bloom hat seine junge Frau, Alfred Lackeit seine Braut Hilda, die ihn von Hamburg aus besucht.«

Mining nannten Marie und Walter ihren 1921 auf dem Barkenhoff geborenen Sohn. Vielleicht ist es der kleine Mining, den Vogeler auf einem Blatt zur Förderung der Arbeitsschule Barkenhoff radierte: ein nacktes, in die Natur gebettetes Baby, das mit großen Augen in die Zukunft schaut, im Hintergrund zwei ebenfalls nackte Erwachsene bei der Feldarbeit, darunter das Motto: Das Schwache wird durch das Starke gerettet werden. Anders als etwa der durch den Barkenhoff inspirierte Hamburger Gartenarchitekt Lebrecht Migge, der in unmittelbarer Nachbarschaft seinen nach anthroposophischen Prinzipien aufgebauten Sonnenhof mit Siedlerschule schuf, blieben die Barkenhoffer ihrer revolutionären Zielsetzung treu, die sie verstärkt durch die Arbeitsschule zu erreichen versuchten. Vogeler schilderte die Diskrepanz, auch wenn der Barkenhoff viel von Migge gelernt hatte.

»Migge glaubte, eine Revolution sei nicht nötig, wenn man dem Menschen die Möglichkeit gäbe, sich selber um sein Haus herum eine eigene Ernährungsbasis aufbauen zu können. So müßten alle Menschen glücklich werden. Im übrigen war er ein Erzreaktionär, hatte aber ein großes landwirtschaftlich-technisches Wissen.«

Vogeler, der seit der Novemberrevolution Kontakt zu reformpädagogischen Kreisen hatte, formulierte in zahlreichen Schriften und Reden seine pädagogischen Vorstellungen als Gegenentwurf zur bürgerlichen Klassenschule.

»Mit drei Jahren vielleicht kommt das Kind in die Schule, werden die äußeren Sorgen der Mutter abgenommen. Die Körperpflege bildet nun zuerst die Grundlage für den gesunden Menschen... Die Erlösungen körperlicher Hemmnisse machen das Turnen zum Tanz, zum freudigen Ausdruck einer sich befreienden Seele ... Das Spiel des Kindes beschäftigt sich mit den nächstliegenden Materialien aus der Natur. Holz, Lehm, Reisig bringen das Kind zur schöpferischen Tat ... das Kind lernt die Nüsse, die Eicheln, die Kastanien kennen; nun aber auch schon ihren Wert für den Betrieb der Schulkommune, für den Betrieb der Gemeinschaft des Dorfes, der Stadt, des Volkes...«

1921 stellte der Barkenhoff beim Minister für Wissenschaft, Kunst und Volksbildung einen Antrag auf Anerkennung als Versuchsschule, zumal man die examinierte Lehrerin Gerda Sommermeyer zur Mitarbeit gewonnen hatte und die auf dem Hof lebenden Kinder im schulpflichtigen Alter waren. Der Antrag wurde ebenso abgelehnt wie jener beim Stader Regierungspräsidenten um eine »Koncessionierung der Arbeitsschule Barkenhoff als Weltanschauungsschule für parteilose, klassenlose, werkschaffende Menschen«. Damit blieben die erhoffte Befreiung von Steuern und die kostenlose Zuwendung von Brachland und Ackergeräten aus. Der galoppierenden Inflation war die Kommune nicht gewachsen. Kredite wurden dem Hof versagt, und auch aus dem Bilderverkauf floß kaum noch Geld. Im September 1921 gründeten die Kommunarden den »Verein Arbeitsschule Barkenhoff«, um auf diesem Weg öffentliche Gelder zu erhalten. Da auch das scheiterte, bat Vogeler ab Ende 1921 in vielen Zeitungen zur Rettung der Kommune und Arbeitsschule um Spenden. Wie froh die Kommune über jede Unterstützung war, beschrieb Friedrich Wolf.

»Die Quäker haben die Kinder der Arbeitsschule Barkenhoff für die kommenden vier Monate in ihre Speisung aufgenommen. Sie haben auch hier ihre unermüdliche Hilfsbereitschaft bewiesen; für sie war die Tatsache, daß Menschen sich zu einer besitzlosen Gemeinschaft und Siedlung verbunden hatten, kein Grund, diesen ihre Hilfe zu verweigern.«

Es wirkt wie Ironie, wenn die angestrebte Einheit von Leben und Lernen dadurch verwirklicht wurde, daß die Kinder mit Gerda Sommermeyers Hilfe beim Schreiben der Dankesbriefe die Rechtschreibung lernten. Doch betrachtet man die Fotos aus jener Zeit, so geht von ihnen die Ahnung einer gelebten Utopie aus: nackte Kinder, die bei der Pfirsichernte und beim Ausbau der Stallungen helfen. Nackt lernen sie mit Arbeitsgeräten und Werkzeug umzugehen, umringen Fidi Harjes in der Metallwerkstatt, wo das Arbeitsschulemblem in Messing getrieben wird, oder sichern mit Vogeler eine Quelle mit Hölzern. Ganz im Sinne der Lebensreformer hatte Vogeler geschrieben:

»Der nackte Körper wird uns das heiligste Ausdrucksmittel unseres seelischen Gleichgewichtes.«

Doch die idyllischen Bilder einer wunderbaren Übereinstimmung von Theorie und Praxis trügen. Gerda Sommermeier verließ aus persönlichen Gründen bereits im Herbst 1921 die Kommune. Schon vorher hatte Fidi Harjes, dessen Werkstatt neben Vogelers Arbeiten maßgeblich zur Finanzierung der Kommune beigetragen hatte, den Barkenhoff verlassen. Walter Hundt schilderte die Auseinandersetzungen zwischen dem Anarcho Harjes und Vogeler, der sich, nicht zuletzt wegen der politischen Isolierung der Kommune, mehr und mehr der KPD zuwandte.

»Friedrich Harjes kann bei allem guten Willen nicht zu festen Positionen kommen. Die Folge ist ahasverisches Suchen, das sich im fortwährenden Aufgreifen und Propagieren aller nur möglichen Ismen kundtut. Pazifismus, Vegetarismus, herrschaftsloser Sozialismus, Ideen wie die Siedlungsutopie in Übersee, »Freiland – Freigeld«, all das sowie die Verfechter solcher Richtungen bringt er an uns heran... Immer mehr geht er in die Kritik. Er und Heinrich Vogeler verkrampfen sich dabei zunehmend in abstrakte Diskussionen über den richtigen revolutionären Weg.«

In seinen Lebenserinnerungen, die ein Abschied von seinem romantischen Utopismus sind, beschrieb Vogeler das schleichende Ende der Barkenhoff-Kommune so:

»Eines Tages kamen die abgewanderten Anarchisten auf den Barkenhoff angefahren. Fidi, der Metallarbeiter verwickelte mich in endlose Diskussionen. Während dieser Zeit luden die übrigen vor allem sämtliche Werkzeuge, die hauptsächlich die Ruhrarbeiter der Kommune geschenkt hatten, aber auch manches Stück, das gemeinsam angekauft war, wie moderne praktische Bienenkästen, auf ihren Wagen und zogen mit dem geraubten Gut ab, um sich eine private Werkstätte in einem ferneren Ort aufzubauen. Natürlich dachte ich nicht daran, gerichtlich gegen diese Gesellschaft vorzugehen und den Bremer Bürgern das ergötzliche Bild zu liefern, wie eine utopische kommunistische Phantasterei ... durch ihre Verankerung in der kapitalistischen Gesellschaft zusammenbrechen mußte ... Ich beriet mich nun mit meinen paar Genossen, die geblieben waren, mit dem alten August, Klara Möller und mit Walter und Marie, die letzten beiden hatten längst beschlossen, sich ein eigenes Grundstück in der Heide zu kaufen und sich ihr Leben dort aufzubauen. Ich machte den Vorschlag, den ganzen Besitz an die Arbeiterschaft zu verschenken, aus dem Barkenhoff ein Erholungsheim für die Kinder der politischen Gefangenen zu machen.«

Im Dezember 1923 übertrug Vogeler den Barkenhoff der der KPD nahestehenden Roten Hilfe, die sich für die politisch Inhaftierten und deren Familien einsetzte. Die Idee, den Barkenhoff für die häufig unterernährten und kranken Kinder der Gefangenen als Erholungsheim zu erweitern, wurde zunächst freudig aufgegriffen. Doch schon bald stellte sich heraus, daß das Arbeitsschulkonzept mit den nur vorübergehend auf dem Hof lebenden Kindern nicht aufrechtzuerhalten war. Die selbstverwaltete Kommune veränderte sich zu einem von der Roten Hilfe verwalteten Heim. Die Konflikte wurden unlösbar, als im Sommer 1924 zwei der mit der Betreuung der Kinder beauftragten Frauen von der Roten Hilfe bezahlt wurden, was ausdrücklich gegen die Satzung der Arbeitsschule verstieß:

»Von den Arbeitenden und Lehrern der Arbeitsschule Barkenhoff darf kein Geld beansprucht werden; das Geldverhältnis innerhalb der Arbeitsgemeinschaft ist völlig ausgeschaltet.«

Das endgültige Aus der Kommune Barkenhoff war damit besiegelt. Vogeler, dessen Autorität vielleicht hätte vermitteln können, befand sich zu diesem Zeitpunkt mit seiner neuen Lebensgefährtin Zonja Marchlewska in der Sowjetunion. Sie, die Tochter des polnischen Revolutionärs und Lenin-Vertrauten Julian Marchlewski, der in Rußland die Internationale Rote Hilfe gegründet hatte, dürfte Vogelers Entscheidung zur Übergabe des Barkenhoffs an die Rote Hilfe mit beeinflußt haben. Wie jene, die auf die Diktatur des Proletariats hofften, verurteilte sie das Kommuneprojekt als sektiererisch. Der weitere Lebensverlauf der drei Protagonisten, die das Experiment einer im »Expressionismus der Liebe« begründeten Kommune wagten, könnte nicht unterschiedlicher sein. Nach der faschistischen Machtergreifung blieb Vogeler endgültig in der Sowjetunion, in der er nun die Verwirklichung seiner Utopie sah. Beim Angriff der Deutschen auf Moskau wurde er nach Kasachstan evakuiert. Dort starb der 72jährige im Juli 1942 elendig. Vergeblich hatte er darum gebeten, nach Moskau zurückkehren zu dürfen, um sich am antifaschistischen Kampf beteiligen zu können.

Die Rote Marie und Walter Hundt siedelten im niedersächsischen Ohlenstedt. Beide hatten sich zur Anthroposophie bekehrt. Marie wurde sechsfache Mutter. Das Motto der Siedlerbewegung nach dem Ersten Weltkrieg – die Rückkehr zur Mutter Erde – hieß nun nicht revolutionäre Landnahme, sondern Bodenständigkeit. Walter Hundt starb mit 78, Marie Hundt mit 87 Jahren, ohne daß sie noch einmal ihren Wohnsitz wechselten.

Der Zauberberg der Gegenkultur: Monte Verità

von Heiner Boehncke

Nach hundert Jahren fällt es schwer, dem Monte Verità gerecht zu werden.

Das liegt zum einen daran, daß in das synkretistische Gewusel, das dort seit der Ankunft von fünf höchst unterschiedlichen Lebensreformern im Herbst 1900 herrschte, kaum Ordnung zu bringen ist. Es hat seinen Grund aber auch in dem strukturellen Gemisch aus Utopie-Anekdoten, heftiger Ideologiekritik und einer diffusen Quellensituation. Vor allem entspringt es jedoch einer großen Utopie-Müdigkeit, die das Scheitern für den gewöhnlichen Ausgang gelebter Alternativen nimmt.

Das ist nach so vielen tödlich verlaufenen gesellschaftlichen Experimenten im 20. Jahrhundert gut zu verstehen, sollte aber nicht im Namen eines generellen Verdachts dazu führen, die Quer-Köpfe und Anders-Denker, die Verhaltens-Rebellen und Radikalisten des Wünschens wegen ihrer Abweichungen unbesehen den totalitären Bewegungen dieses Jahrhunderts zuzuschlagen.

Gewiß gab es um 1900 nicht wenige merkwürdige Reform-Heilige, Naturschwärmer, Nacktbader oder theosophische Mystiker, die später mit kruder Wonne dem Nationalsozialismus verfielen.

Auf dem Monte Verità aber und um ihn herum scheinen sich nach 1900 und nach vielen Kämpfen und Krämpfen, nach Brüchen und Widersprüchen bis in die Nazizeit und später bis in die sechziger, siebziger Jahre gerade solche Außenseiter, Bohemien und Eigenbrötler niedergelassen zu haben, die dezidiert mit Rassismus, Antisemitismus und Nationalismus nichts zu tun hatten.

Die »Brüste der Wahrheit« suchte und fand Harald Szeemann für seine große Monte-Verità-Ausstellung 1980 im Museum Villa Stuck in München. Zwanzig Jahre später darf es ein wenig bescheidener sein. Es wäre wünschenswert, in ein paar ›utopischen Miniaturen‹ solche Ideen und Erfahrungen der Monteveritaner darzustellen, die heute nicht nur schrullig oder hahnebüchen erscheinen, sondern bedenkenswert.

Krankheit ist ein guter Motor für Veränderungen. In den Biographien bedeutender Reformer oder Revolutionäre bildet sie oft das Kippmoment vom normalen, angepaßten Leben in Wagnisse und Experimente.

Es war wohl Syphilis, die der junge, wohlhabende belgische Industriellensohn Henri Oedenkoven auf seinerzeit extravagante Weise auskurieren wollte.

Im Sommer 1899 begab er sich in die Naturheilanstalt von Arnold Rikli in Mellnerbrunn bei Veldes in Oberkrain/Österreich. Die wichtigsten Anwendungen einer lebensreformerischen Misch-Medizin standen dort zur Verfügung: Lufthütten, vegetarisches Essen, Wasser- und Sonnenbäder. Zur körperlichen Askese gesellten sich reinigende Ideen: Die Kur diente der Initiation. Fort mit dem Industrie-Schmutz, mit der penetranten Langeweile der aufkommenden Massengesellschaft. Hinein ins wahre, geläuterte Leben. Aber gleich fällt bei Henri Oedenkoven ein mildernder Zug auf. Er ist kein fanatischer, ideologisch verkrampfter, supergesunder Sektierer. Vielleicht hat ihn die Ökonomie seiner Herkunft gelehrt, ein paar Kompromisse zuzulassen. So mildert er auch gleich die strenge Kur durch die Liebschaft mit der auch bei Rikli weilenden, gut zehn Jahre älteren Klavierlehrerin Ida Hofmann. Oedenkoven war bereits vom Gründungsfieber erfaßt; in eine Siedlung mit lebensreformerischem Sanatorium sollte die Flucht aus der Wilhelminischen Gesellschaft münden, wobei die Richtung schon bald feststand: nach Süden, wo sich seit je ein stabiles Projektionsarkadien etabliert hatte. Für die unüberschaubar gewordenen lebensreformerischen Strömungen, die in Kapitalismus und Arbeiterbewegung die Hauptmanifestationen der Unkultur sahen, bot die Natur sich als Rettungsregion an. Eine allerdings mit krumm rezipierter Evolutionstheorie aufgeladene Natur. Das wird nirgends offenkundiger als beim obligatorischen Vegetarismus. Der Mensch soll Pflanzen essen, damit er nicht auf die niederen Stufen des Tierischen zurücksinkt. Typisch für den späteren Monte Verità, dem bei allem vegetarischen, naturheilerischen Ernst ein Schuß Dada-Denken eigen war, ist die wundersame Überhöhung des Vegetarismus, die der Schriftsteller Emil Szittya in seinem *Kuriositätenkabinett*, der 1923 erschienenen Sammlung von »Begegnungen mit seltsamen Begebenheiten, Landstreichern, Artisten, religiös Wahnsinnigen ...« mitteilt. Alle Nahrung, auch das Gemüse, wäre sündig, behauptete dort ein merkwürdiger Vegetarier, der sogar auf dem Monte Verità als Sonderling auffiel. Alles, was der Erde nah ist, könne nicht gut und heilig sein. Einzig die Kokosnuß, die schon fast im Himmel reife, dürfe gegessen werden.

Die Siedlung in einer Natur, die den Menschen nahe und vertraut bleibt, die in allen Lebensbereichen den Reformideen und Glückwünschen der Bewohner entspricht, die radikaler Gesundheit, suchtfreiem Dasein, privilegierter Erkenntnis geweiht ist, diese Siedlung wird besonders in den Fluchtbewegungen um 1900 zum utopischen Laboratorium für das meist dem bürgerlichen Mittelstand entstammende Reform-Ich.

Wir wissen es seit langem, und schon immer hätte man es wissen können: Überhöhte, alle Lebensbereiche umfassende, radikale wie kompromißlose Daseinsentwürfe pflegen im Verlauf der Realisierung zu scheitern. Wir wissen aber auch, daß oft nur zugespitzte, merkwürdige oder verzerrte Phänomene wahrgenommen werden. Das utopische Laboratorium Monte Verità kann auch als ein Museum vergangener Wünsche betrachtet werden. Und es ist wohl der Anziehungskraft dieser um Ascona und den Monte Verità sichtbar gebliebene Wunschreste zu verdanken, daß später so unterschiedliche Leute wie Konrad Adenauer, Hermann Hesse, Erich Maria Remarque, Lilli Palmer, Max Kruse (die ersten Käthe-Kruse-Puppen entstanden in Ascona), D. H. Lawrence, Henry Jäger – um nur einige wenige zu nennen – diese Ruinen der Utopie immer wieder oder für immer aufgesucht haben.

Im Oktober 1900 treffen sich in Ida Hofmanns Münchener Wohnung ein paar lebensreformerisch gesonnene Leute, die fest entschlossen sind, auszubrechen und eine Siedlung zu gründen.

Neben dem fünfundzwanzigjährigen Henri Oedenkoven, seiner Freundin Ida, Feministin und natürlich Vegetarierin, kommen dort Schwester Jenny, Karl Gräser, den man bei der Kur in Veldes kennen- und schätzen gelernt hatte, dessen jüngerer Bruder Gustav, der theosophische Gutsbesitzer Ferdinand Brune sowie Lotte Hattemer zusammen. Brune taucht später als Besucher auf dem Monte Verità auf, wird aber wegen stark orthodoxer Ansichten nicht akzeptiert. Karl Gräser, ehemals österreichisch-ungarischer Offizier, hatte den größten Teil eines umfangreichen Erbes verschenkt und neigte zu sehr radikalen Ansichten. Sein Bruder Gustav, genannt ›Gusto‹, kommt langhaarig und eigentümlich gekleidet daher und ist so

Hermann Hesse auf dem Monte Verità, 1907: Rechts neben dem Autor stehend Henri Oedenkoven und Ida Hofmann (Slg. Otto Staub, Ascona)

bescheiden, daß er sich gelegentlich ›Gras‹ statt ›Gräser‹ nennt. Lotte Hattemer sollte später als ›geisteskrank‹ gelten. Das Gruppenbild zeigt schon vor dem Aufbruch einschlägige Risse und starke Differenzen.

Die Wahl der Ursiedler fällt auf Ascona, seinerzeit ein Fischerdorf mit 1000 Einwohnern. In den letzten Jahrzehnten des 19. Jahrhunderts hatten sich dort schon mehrere Sonderlinge niedergelassen: Künstler, Vegetarier, religiöse Sektierer, aber auch politische Flüchtlinge – und gerade diese letzte Gruppe sollte dort stark vertreten bleiben.

Franz Hartmann und Alfred Pioda hatten 1889 auf dem Monte Monescia, dem späteren Monte Verità, ein ›Laienkloster‹ errichten wollen; es wurde daraus aber nichts. Jetzt jedoch, im Spätherbst 1900, verkaufte Pioda das Gelände äußerst günstig an die Neusiedler aus Deutschland. Ida Hofmann, die später Henri Oedenkoven heiratete, schrieb in ihrer Broschüre *Monte Verità – Wahrheit ohne Dichtung*, man habe sich nach längerem Suchen für Ascona entschieden, »weil sich hier Menschen, auch mit langen Haaren, vegetarische Pensionen« befanden, und Henri Oedenkoven fügte noch das starke Motiv der Stadtflucht hinzu: Der Hügel des Monte Monescia sei »150 Meter über dem Lago Maggiore, im Mittelpunkt dreier Täler gelegen, im weiteren Umkreis von schneebedeckten Bergen umkränzt, ferne allem höllischen Getriebe und den Übelständen der Städte«.

Nun also konnte das ersehnte Siedlungsexperiment beginnen. Die ersten fünf Monteveritaner begannen im Winter mit der Realisierung der Reform-Träume. Und gleich wurde die genossenschaftlich organisierte Kultivierung des Geländes durch den ersten Krach gestört. Ida und Henri gingen das Projekt, das von Anfang an auch eine Naturheilanstalt vorsah, pragmatisch und kompromißbereit an. Karl Gräser übertraf dagegen alle anderen an Reinheit der Überzeugung. In lebensreformerischer Radikalität lehnte er jede Technik ab, verwarf das Geld als Zahlungsmittel und war generell gegen die Nutzung von Metallen, die man der Erde nicht entreißen dürfte. In Gusto Gräser hatten die Ausgegrenzten jemanden, den sie selber ausgrenzten, kaum, daß mit der Arbeit begonnen worden war. Er fügte sich nicht in die Abläufe und wurde ausgeschlossen.

Auf dem Berg, der ein Hügel ist, wurden bald die ersten Luft- und Lichthütten errichtet, schlichte Holzhäuser mit doppelten Wänden. Zur Selbstversorgung wurden zum Frühjahr hin Obstbäume, Sträucher gepflanzt und Gemüsebeete angelegt.

Jede Tätigkeit war von ausgiebigen Diskussionen begleitet oder unterbrochen. Schließlich waren neben den körperlichen Arbeiten allerhand geistige Fundamente zu legen. Da ging es um eine Rechtschreibreform, um ›freie Libe‹ – ohne e –, da wurden Statuten für ›vegetarische Ehen‹ ersonnen, Reformkleider genäht und getragen, wenn nicht aus Gründen eines sonnenkultischen Nudismus auf jegliche Kleidung verzichtet wurde. Und alle Ideen waren von zeittypischen theosophisch-okkultistischen, von tolstoianisch-pazifistischen und dann auch von anarchistischen Haltungen begleitet.

Das körperlich wie geistig zehrende Leben der Monte Verità-Pioniere wurde nicht bloß von innen heraus gestört. Sehr bald gelangte das Reform-Arkadien zu legendärem Ruf vor allem in Deutschland, in dem gerade mit der Wandervogel-Bewegung, mit Lebens- und Religionsreformern aller Schattierungen, mit Enthusiasten der Kunst und Irrationalismen jedweder Prägung die Rückseiten der Industriegesellschaft ausgelotet wurden. Wobei der Süden mit seinen fast tropischen Reizen am Lago Maggiore als gehöriger Treibsatz wirkte.

Sollte dort, von einem am Monte Verità vermuteten Magnetismus begünstigt, gelingen, was auf Reichsgebiet oftmals so schnöde scheiterte? Lebensreformerische Zeitschriften berichteten in Wort und Bild von diesem ›Zauberberg der Gegenkultur‹. Da waren langhaarige Reigentänzer- und tänzerinnen zu sehen, sorgfältig mit Brettern geschützte ›Licht – Luft – Badeanstalten‹ für Nudisten, Wasserfälle, üppige Vegetation. In diesem – von ferne gesehen – irdischen Paradies schienen sich edle Wilde zu tummeln, die das einfache Leben im Einklang mit sich und der Natur praktizierten. Das galt es, aus der Nähe zu betrachten. Der Jugendstil-Maler Fidus kam vorbei, der Wanderprediger Josua Klein, der sich vom Himmel geschickt wähnte, und der extreme Fastenkünstler Arnold Ehret. Auf dem Weg nach Ägypten machte der entmündigte Naturmensch auf der Flucht vor der Polizei auf dem Monte Verità halt, und alle zusammen schauten den Siedlern bei der Arbeit zu.

Ida Hofmann, des Durcheinanders ein wenig müde, notierte:

»Die Vereinigung so vieler verschiedener Elemente verursachte eine heillose Unordnung auf unserem Berge. Die meisten tun nicht das Notwendige zur Förderung des Zwecks, sondern ungefähr genau das, was ihnen beliebt. Es waltet eine schlecht verstandene Anarchie.« Im nächsten Winter gab es eine kleine Sezession. Jenny Hofmann und ihr Gefährte Karl Gräser verließen das Siedlungsgelände, um sich weiter unten am Hügel niederzulassen. Für geleistete Aufbauarbeit ließen sie sich von Henri Oedenkoven auszahlen. Lotte Hattemer, die schon seit einiger Zeit abseits gelebt hatte und als ›verrückt‹ galt, ging davon.

Nun endlich, im Frühjahr 1902, konnte die Naturheilanstalt eröffnet werden. Um dies zu erreichen, hatte Oedenkoven heimische Handwerker engagiert. Und jetzt erst erhielt das Unternehmen den Namen Monte Verità. Erste Werbeprospekte wurden gedruckt.

Mit der eigentümlichen, in manchen Aspekten auf das Bauhaus vorausdeutenden Architektur ging es voran. Den Licht- und Lufthütten, dem Kernbestand der Gesundheitsarchitektur, folgten größere, architektonisch reizvolle Bauten. Das Paar Hofmann-Oedenkoven wohnte in der Casa Andrea, die man später ›Bambushaus‹ nannte. Ende 1904 wurden zwei außergewöhnliche Häuser fertig, das Gesellschaftshaus, das als Sanatorium der Naturheilanstalt geplant war, und eine achtmal sechsundzwanzig Meter messende Villa, die jedoch als große Licht- und Lufthütte diente. Das heute nicht mehr erhaltene Gesellschaftshaus, auch Zentralhaus genannt, spiegelte in seinem Stilgemisch die unterschiedlichen Ideen und Ideologien der Monteveritaner. Das Interieur war von Elementen des Jugendstils geprägt. Die zwei Freitreppen führten wie geöffnete Arme auf einen offenen Vorraum, der von einer Art orientalischem Baldachin überspannt war. Die Geländer der Freitreppen, die Fenster und Decken waren mit Fischblasenmustern verziert, einem mit geheimem Sinn überladenen Symbol, das für Ruhe und Geborgenheit stehen sollte. Die Villa beeindruckte durch ihren außergewöhnlichen Zuschnitt und einen sofort auffallenden Widerspruch zwischen ihrer Funktion als Lufthütte und ihrer aufwendigen Bauweise.

Seit 1904 kam auch der Dichter und Anarchist Erich Mühsam öfter zum Monte Verità. Spöttisch und gemein schrieb er, der das Kurhaus ›Salatorium‹ nannte:

»Wir essen Salat, ja wir essen Salat,

Und essen Gemüse früh und spat.
Und schimpft ihr den Vegetarier einen Tropf,
So schmeißen wir euch eine Walnuß an den Kopf.«

Aber Mühsam duldete, ja achtete die vegetarischen Kolonisten und erfreute sich selbst einer gewissen Zuneigung. Er zog andere Anarchisten an und öffnete den Berg für Bohemiens.

Es erschienen der Grazer Psychiater Otto Groß und der Schriftsteller Karl Wolfskehl, Oskar Maria Graf und Leonhard Frank, Else Lasker-Schüler und der Schweizer Schriftsteller Hugo Ball, der aus seinem Zürcher Kreis etliche Dadaisten auf dem Monte Verità einführte. Die Frauenrechtlerin Franziska zu Reventlow ließ sich nach vielen Besuchen 1909 in Ascona nieder. Alle brachten ihre Ideen und Projekte mit, und es spricht unbedingt für die Offenheit und Toleranz der Siedler – sofern sie wegen übertriebener Prinzipientreue nicht verbittert und verbohrt ins Abseits geraten waren –, daß sie bei allen Vorbehalten und Frustrationen diese Vielfalt und Verschiedenartigkeit aushielten oder sogar beförderten.

Erich Mühsam träumte von einer Kommune für Lumpenproletarier und wollte Ascona zu einer Zufluchtsstätte machen für »entlassene und entwichene Strafgefangene, für verfolgte Heimatlose, für alle diejenigen, die als Opfer der bestehenden Zustände gehetzt, gemartert, steuerlos treiben, und die doch die Sehnsucht noch nicht eingebüßt haben, unter Menschen, die sie als Mitmenschen achten, menschenwürdig zu leben«. Die Vegetarier beschrieb er als »ethische Wegelagerer«, was ihn nicht daran hinderte, mit ihnen freundlich zu verkehren.

Die auf dem Monte Verità gelebte Ökumene der Gegenkultur mit den merkwürdigsten und unheimlichsten religiösen Vereinen, ideologischen Wahngebilden, ästheti-

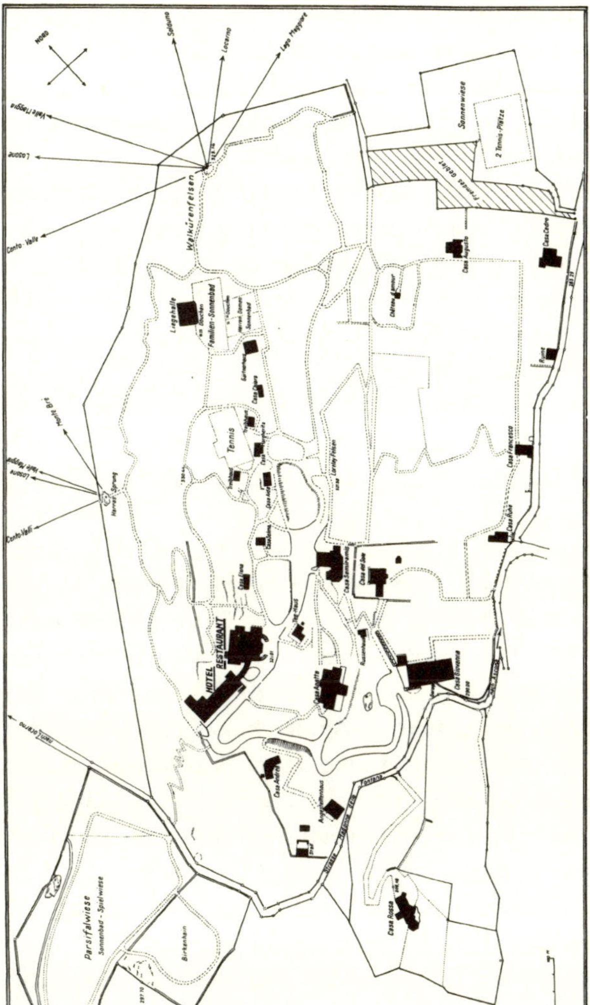

Lageplan nach der Übernahme des Berges durch Baron von der Heydt, 1927 (Slg. Vester, Ascona)

schen Bewegungen ist vielleicht nicht der geringste Beitrag zu einer Utopie der Kommunikation. Bei allen Divergenzen scheint man zumindest zeitweise bereit und fähig gewesen zu sein, einander wahrzunehmen und zuzuhören. Und offenbar unterhielt man sich auch.

Das Gemeinschafts- oder Zentralhaus mit Speiseraum, Bibliothek, Musikraum und Spielzimmer bildete dafür die Voraussetzung. Es folgte der Bau der heute als Museum erhaltenen Casa Anatta – ebenfalls im Jahre 1904; in diesem Jahr wurden auch elektrische Leitungen verlegt, ein weiterer Kompromiß.

Die Casa Anatta beeindruckt mit Flachdach und abgerundeten Innenräumen. 1929 sollte sie Siegfried Giedion in seiner Kampfschrift der Bauhauszeit *Befreites Wohnen* insbesondere wegen des begehbaren Daches würdigen.

Dann und wann besuchte auch der verstoßene Mitgründer Gusto Gräser den Monte Verità. Als ein zu früh gekommener Hippie trug er langes Haar mit Stirnband, Tunika über bloßen Beinen und erfreute das Publikum mit der kräftigen Deklamation selbstgeschriebener Gedichte. Ida Hofmann notierte: »Kinder knien vor ihm nieder, denn sie meinen, der Heiland sei erschienen.« Bekannt wurden auch Ansichtskarten, die Raphael Salomonson, der Buchhalter der Naturheilanstalt, zu verschicken pflegte: Darauf war er nackt bei der Gartenarbeit zu sehen. Darunter der Text »Die Schande hat uns gekleidet, die Ehre wird uns wieder nackt machen«.

Als Hermann Hesse 1906 auf dem Monte Verità zu einer Entziehungskur weilte, freundete er sich mit Gusto Gräser an.

1909 stellten Ida und Henri, der aufreibenden Arbeit müde, immer und immer wieder zwischen den unterschiedlichsten Interessen zu vermitteln, den Sanatoriumsbetrieb ein und beendeten damit ein bedeutendes Projekt innerhalb des lebensreformerischen Experiments. Die beiden Mitbegründer blieben bis 1920 auf dem Monte Verità, um dann nach Spanien und schließlich nach Brasilien auszuwandern. Der Monte Verità wurde mehr und mehr bebaut. 1910 entstand das Hotel Semiramis, 1925 kaufte dann der deutsche Baron Eduard von der Heydt, Kunstsammler und Bankier Kaiser Wilhelms II., das Reformgelände auf und ließ 1927 einen großen Hotelkomplex errichten, den er dann dem Kanton Tessin vermachte. Aus dem Hotel wurde das Konferenzzentrum der ETH, der Eidgenössischen Technischen Hochschule.

Bis zum ersten Weltkrieg blieben Ascona und der Monte Verità lebendige Treffpunkte der unterschiedlichsten alternativen Bestrebungen.

1913 gründete Rudolf von Laban eine ›Schule für Kunst‹ auf dem Monte Verità; er hat damit den Berg zu einem Zentrum des neuen Tanzes gemacht. Im selben Jahr hielt sich auch Isadora Duncan dort auf. Während des Krieges kamen aus Zürich politisch Verfolgte sowie Pazifisten, und Dadaisten bereicherten die Szene durch ihre ästhetischen Provokationen.

Und wieder blieb der Monte Verità der skandalösen Vielfalt seiner Aktivitäten treu.

1917 gab es dort den Kongreß des Orientalischen Templerordens mit einem nächtlichen Fackelreigen.

1923 zerfiel die Anlage. Die Gründer hatten den Berg nach und nach verlassen. Der anfängliche Elan hatte sich in aufreibenden Diskussionen und Streitereien verbraucht. Legendär sollten die Karnevalsfeste werden.

1933 schließlich lud Olga Fröbe-Kapteyn, die sich früh für die Psychoanalyse und Religionswissenschaften interessiert hatte, in ihr Haus am Lago Maggiore zur Gründungsversammlung des ›Eranos-Kreises‹ ein. Gäste waren u.a. der Analytiker C. G. Jung und der Religionswissenschaftler Karl Kerényi. Auch das später berühmt gewordene ›Eranos-Projekt‹ hatte Impulse des Monte Verità aufgenommen. Auf viele theosophische und anthroposophische, licht- und körperkultische, naturbesessene, okkultistische und psychoanalytische, künstlerische Aktivitäten, die in der Region um Ascona stattfanden, wurde hier nicht näher eingegangen. Viele prominente Autoren, Politiker, Schauspieler und Wissenschaftler haben den Monte Verità und Ascona immer wieder besucht. Vermutlich waren ihre Motive dabei so unterschiedlich wie ihre Interessen und das Wissen über die lebensreformerischen Impulse. Daß aber ein Ort immer wieder aufgesucht wird, an dem die alternativen Experimente, die ästhetischen Impulse und auch die politischen Ideen so wild und merkwürdig, so gebrochen und verrückt zusammenkamen, das scheint bei aller Ernüchterung und Einsicht ins Scheitern von Utopien doch dafür zu sprechen, daß der Monte Verità über die Geschichte seiner Projekte hinaus eine Art lebendiges Museum utopischer Energien geblieben ist. Vielleicht ist nicht entscheidend, daß die utopischen Experimente um den Monte Verità immer wieder scheiterten, sondern daß es sie gab. Und außerdem können wir erst jetzt, nach neunzig, hundert Jahren realisieren, was überlebt hat vom ›Berg der Wahrheit‹, der einen viel zu großen Namen trug. Steht nicht ein Vegetarismus, der von seinen irrationalen Bezügen befreit ist, auf der Tagesordnung?

Oase in der Ödnis: die Utopie Kibbuz

von Ruth Führer

Wer von Jerusalem hinunterfährt ans Tote Meer, kommt durch eine der unwirtlichsten Gegenden der Erde: die judäische Wüste. Heiß ist es hier, kein Hauch mehr zu spüren von dem Wind, der weiter oben kühlend über die Berge strich. Dürr und öde brütet das Land vor sich hin, zerrissen von tiefen Klüften, felsigen Schründen. Die türkisgrüne Wasserfläche liegt nackt inmitten der steinigen Steilwände, still, wie abgestorben. Geröll bedeckt den Strand, weiße Salzkruste hat sich abgelagert, Ruinen aufgegebener Militäranlagen ragen in den hitzeflimmernden Himmel. Diese Wüste lädt nicht zu Meditationen ein über Gott und die Welt. Dies ist eine gottverlassene Gegend, die man so schnell wie möglich hinter sich lassen möchte.

Wäre da nicht der Kibbuz Ein Gedi. Eine Oase in der Ödnis, rechter Hand auf einem Plateau gelegen am Ausgang des wild-romantischen Arugot-Tales. Hier blühen Oleander, Bougainvillea und Rosen in üppigen Sträuchern, spenden die drei einzigen Affenbrot-Bäume Israels Schatten auf den gepflegten Wegen: 900 verschiedene Pflanzenarten wachsen hier – im einzigen Botanischen Garten der Welt, in dem Menschen leben. Es gibt ein Gästehaus mit Hotelbetrieb, zwei Restaurants, drei Kioske und einen Kakteengarten. Weiter unten an der Straße liegt, 400 Meter unter dem Meeresspiegel, das kibbuzeigene Kurzentrum, mit natürlichen heißen Schwefelbädern und einem Streifen echtem Strand, wo man, auf dem Rücken im Wasser liegend, die Zeitung lesen kann, ohne unterzugehen. Man könnte Ein Gedi für ein komfortables Feriendorf halten, entdeckte man nicht im Hintergrund die weitläufigen Dattelplantagen und die kleine Kunststoff-Fabrik. Und den Friedhof, auf dem viel zu viele Grabsteine an die Kriegstoten des Kibbuz erinnern.

Ein Gedi ist ein relativ junger Kibbuz. Er entstand Mitte der fünfziger Jahre. Nach der Gründung des Staates Israel und dem folgenden Krieg fiel das nördliche Westufer des Toten Meeres an Jordanien. Ein Gedi – die »Quelle des Zickleins« – war, in der Mitte von Nirgendwo, der letzte israelische Militärstützpunkt vor der Grenze. Zwar sprudelte aus der Zicklein-Quelle tatsächlich Wasser, und die winterlichen Sturzbäche aus den beiden anrainenden Tälern hatten reichlich fruchtbare Erde herangeschafft. Doch der Mutterboden war von Geröll und grobem Gestein übersät, das Meeresufer unfruchtbar vom Salz. Es gab keine richtige Straße; die Reise nach Jerusalem, die heute wenige Stunden dauert, nahm zwei Tage in Anspruch. Ein Gedi schien so unbewohnbar wie der Mond, ein verwüstetes Land, keine Spur von jenem Garten Eden, dem der Kibbuz heute – auf den ersten Blick zumindest – ähnelt.

Was mag die jungen Männer und Frauen bewegt haben, die vor einem halben Jahrhundert in diese feindliche Einöde aufbrachen, um sie fruchtbar zu machen – dem Hunger, der Einsamkeit und dem feindlichem Klima zum Trotz?

Es muß derselbe Pioniergeist gewesen sein wie der, der im Jahr 1908 zur Gründung des ersten Kibbuz überhaupt geführt hatte: die Vision, eine neue Gemeinschaft wortwörtlich von eigener Hand aufzubauen, sich Natur und Erde durch körperliche Arbeit untertan zu machen.

Die ersten Kibbuzniks kamen aus Rußland, wo man die Juden »Luftmenschen« nannte, weil sie viel mehr als Luft zum Leben nicht hatten. Sie kamen aus der sozialistischen Arbeiterbewegung und wollten der Knute des Zaren entfliehen, heraus aus der Enge der jüdischen Ghettos und Schtetl. Erst recht stärkten die Pogrome, die Ende des 19. Jahrhunderts durch Osteuropa rasten, den Willen zur Auswanderung.

Antisemitismus war auch den jugendbewegten Pionieren nicht fremd, die nach dem Ersten Weltkrieg ihre bürgerlich-assimilierten Elternhäuser in Deutschland, Polen, Rumänien, der Tschechoslowakei oder Österreich verließen. Sie trieb die Auflehnung gegen das Kleinbürgertum, der Wunsch nach Auf- und Ausbruch. Nicht wenige von ihnen legten zu Hause gerade noch pro forma und den Eltern zuliebe das Abitur ab, um sich sofort als billige Anlernlinge bei Bauern im Kuhstall oder in Gärtnereien zu verdingen. Noch in ihren Heimatländern schlossen sie sich zu Modell-Kibbuzim zusammen und lernten gemeinsam Hebräisch, um sich auf ihre spätere Aufgabe in Palästina vorzubereiten.

Die dritte große Welle der Kibbuz-Gründer kam mit den Flüchtlingen aus Hitler-Deutschland, meist liberal gesonnenen Juden, die von sozialer Gerechtigkeit träumten. Von einem Land wie ein weißes Blatt, auf das sie die ersten Worte schreiben würden.

Daß das eine Illusion war, war den wenigsten bewußt – und die wenigen, die es sahen, verschlossen davor die Augen.

Der Aufbruchswille und die Tatkraft der meist jungen Neueinwanderer wären verpufft, hätte es nicht eine strategisch operierende Macht gegeben, die ihnen organisatorische Gestalt verlieh und sie kanalisierte: den Zionismus. Seine Geburt fällt in die zweite Hälfte des 19. Jahrhunderts. Zwei ideologische Strömungen prägten die Epoche:

Sozialismus und Nationalismus. In den Köpfen vieler, wenn auch nicht aller Zionisten gehörte beides untrennbar zusammen. Der Jurist Theodor Herzl zum Beispiel, der als Begründer des politischen Zionismus gilt, war weder Sozialist, noch lag der autonome jüdische Staat, von dem er träumte, unbedingt in Palästina. Für ihn hätte es notfalls auch Uganda sein können. Hätten nicht die Briten ihr Interesse signalisiert, im Vorderen Orient einen stabilen Brückenkopf europäischer Vormacht zu schaffen. So wurde – zunächst mit Unterstützung der britischen Mandatsverwaltung, später gegen ihren Widerstand – die historische Heimstätte der Juden zum Territorium des künftigen autonomen jüdischen Staates ausersehen.

Im Zug der zionistischen Besiedlung, die von vornherein auf das platte Land und nicht so sehr auf die Städte zielte, setzten sich schnell kollektive Modelle durch – neben den Kibbuzim vor allem die weniger ideologisch orientierten Moschaw-Genossenschaften, in denen sich kleinbäuerliche Familienbetriebe zusammenschlossen.

In der Kibbuzbewegung selbst gab es von Anfang an unterschiedliche ideologische Strömungen – von links über liberal bis religiös. Als stärkste erwies sich auf die Dauer jene Dachorganisation, die mit der Arbeiterbewegung und der später herrschenden Arbeitspartei paktierte. Sie hatte sich schon in den zehner und zwanziger Jahren mit den zionistischen Jugendorganisationen in Osteuropa und Deutschland verbündet und warb in ihnen um Neueinwanderer.

Unter den Bewerbern wurde streng ausgewählt. Gebildet durften sie durchaus sein, die künftigen Kibbuzniks, vor allem aber mußten sie körperlich belastbar sein und geeignet für die Landwirtschaft.

Daß die Bearbeitung des palästinensischen Bodens derart in den Mittelpunkt der Besiedlungspolitik rückte, hatte nicht nur mit romantischen Idealen zu tun, mit einer neuentdeckten Liebe zur Natur oder mit dem Credo Walter Laqueurs, der Handarbeit als »ethischen Wert an sich« sah, als »Mittel zur Heilung des jüdischen Volkes von seinen sozialen und nationalen Leiden«. Dahinter stand ein strategisches Interesse. Die Leitfiguren des Zionismus waren sich, anders als viele der optimistischen Kibbuzpioniere, durchaus im klaren darüber, daß Palästina alles andere war als eine menschenleere Einöde. Zwar erwarben sie das Siedlungsland auf legalem Weg, meist durch Kauf von Großgrundbesitzern. Doch auf deren Ländereien lebten arabische Bauern, die im Zug der Übernahme durch die neuen Besitzer vertrieben wurden; oft genug richteten sich die Siedler zunächst häuslich in der Hinterlassenschaft der Vertriebenen ein. Über das ganze Land verstreut, waren die Kibbuzim Stachel im Fleisch der palästinensischen Bevölkerung und weit besser geeignet als städtische Siedlungen, die nationale Homogenität zu befördern – sprich: die Ent-Arabisierung des Landes. Auf die Infrastruktur der Kibbuzim stützte sich auch die Untergrund-Bewegung Haganah bei ihrem doppelten Kampf gegen die protestierenden Palästinenser und die britische Mandatsverwaltung, die die jüdische Einwanderung blockierte.

Die Wehrarchitektur vieler Kibbuzim – mit Turm und Sicherheitskordon – spricht eine deutliche Sprache: Diese Genossenschaften waren *nach außen* Instrumente der Kolonisierung, der Grenzsicherung und Landnahme und wurden bevorzugt an strategisch wichtigen Punkten gegründet – ganz wie das Paradies von Ein Gedi. Martin Buber hat die Schlange benannt, die diesen Garten Eden bewohnte: Die Kibbuzniks meinten wohl, ihre Kollektive stünden in Utopia – dabei lägen sie doch in Arabien.

Nahal Kibbuz, 1952: Junge Kibbuzim beim Hora-Tanz
(Foto: David Seymour/Magnum/Focus)

Nach innen allerdings kamen die frühen Kibbuzim einer mehr oder weniger sozialistischen Utopie schon näher. Häuser, Land und Produktionsmittel wie Traktoren und Erntemaschinen waren selbstverständlich kollektiver Besitz. Genauso die Arbeitskraft der Kibbuzmitglieder. Wie sie verteilt wurde – wieviel Zeit auf Ausbildung, Studium, Freizeit und die verschiedenen Beschäftigungen in Produktion und Dienstleistung entfiel – wurde, basisdemokratisch, bei der allwöchentlichen Generalversammlung aller Kibbuzmitglieder entschieden. Die Geschäfte führten gewählte Organe, deren Besetzung jährlich oder alle zwei, drei Jahre wechselte. Eine individuelle, an der Leistung ausgerichtete Entlohnung gab es nicht – alle erhielten dieselben Zuwendungen für private Bedürfnisse, oft nur ein mageres Taschengeld. In Kibbuzim besonders strenger Observanz fielen selbst Konsumartikel wie Teekessel und später Fernseher oder Autos unters Gemeineigentum. Die Hausarbeit wurde durch die gemeinsame Küche und Wäscherei erledigt, für die Kinder waren kollektive Erziehungseinrichtungen zuständig, Gesundheitsfürsorge sowie die Pflege von Alten und Kranken trug die Gemeinschaft. So wurden, zumindest nominell, die Frauen von den häuslichen Pflichten entbunden – doch weniger aus Gründen der Emanzipation als aus Pragmatismus. Das Ziel der Kibbuzbewegung lautete Befreiung nicht von, sondern zur Arbeit – und alle Arbeitskräfte wurden in der Landwirtschaft gebraucht. Einschließlich der Jugendlichen, die nach der Schulbank in den Obstplantagen oder auf dem Feld schwitzten.

So stellte der Kibbuz das Ideal eines geschlossenen Arbeitsmarkts dar. Arbeitskräfte von außen, also abhängige Lohnarbeiter, zu beschäftigen war überflüssig und mit der Utopie einer ausbeutungsfreien, egalitären Gemeinschaft unvereinbar.

Mit diesem Idealbild vor dem inneren Auge reiste Anfang der achtziger Jahre eine Gruppe von Bielefelder Soziologen in den Kibbuz Ayeleth Haschahar am Jordan. Aus ihrer Beschreibung spricht der Schock über das, was sie dort vorfanden.

»Es ist 9 Uhr morgens und wir stehen in der Küche des Hotels, in der offiziellen Sprache des Kibbuz ›Gästehaus‹ genannt, und beschicken die beiden automatischen Spülmaschinen ... Die Arbeitskollegen sind Araber oder arabische Juden. Der Chefkoch ist Ausländer, Franzose. Wir kommen ... mit einer marokkanischen Jüdin ins Gespräch. Die Araberin lebt mit ihrem Mann und ihren sechs Kindern in dem nahegelegenen Ort Hazor. Sie arbeitet hier als Lohnarbeiterin im Schichtdienst für geringes Entgelt. Als Ausgleich werden Nahrungsmittel organisiert. Von dieser Frau erfahren wir, daß hier in der Küche kein Kibbuznik arbeitet. Ähnliches konnten wir bei unserer Arbeit in den Obstplantagen beobachten. So trifft man dort vorwiegend Volontäre aus aller Herren Länder und arabische Arbeitskolonnen. Immerhin leben rund 500 erwachsene Juden im Kibbuz. Man trifft sie während der Mahlzeiten im zentralen ›Dining-room‹. Wo arbeiten sie aber? Im Hotel zum Beispiel arbeiten Kibbuzniks nur im Management ... In den Plantagen wird die Pflückarbeit auch von auswärtigen Arbeitskräften durchgeführt. Nur die Betätigung der Maschinen ... geschieht durch die Kibbuzniks. Auch die Aufsichtsarbeit liegt in ihren Händen ... Für jede unsachgemäß gepflückte Frucht gibt es 1/40 Abzug vom vereinbarten Gesamtlohn für den vollen Kontainer. Abzüge von diesem Akkordlohn sind der Normalfall.«

Was war aus dem Ideal der Gemeinschaft der Gleichen geworden? Was aus der Utopie, die die Bielefelder Professoren dort verwirklicht zu finden hofften? Sie war durch ihren eigenen Erfolg in eine tiefe Krise geraten. Das zentrale Stichwort heißt: »Industrialisierung«.

Am Anfang der Bewegung stand die Agrarproduktion für den Eigenbedarf. Aber das sozialistische Modell Kibbuz mußte lernen – und es lernte schnell und effizient –, daß es nicht mehr war als eine Insel im kapitalistischen Ozean. In den sechziger und siebziger Jahren stellten sich die Kibbuzim um; sie begannen, Orangen und Äpfel, Mangos und Avocados für den Weltmarkt zu produzieren und zum Teil auch schon weiterzuverarbeiten – zu Orangensaft etwa oder zu Tiefkühlkost. Doch wie überall auf der Welt wurde auch in Israel die Landwirtschaft immer weniger rentabel. So begannen die Kibbuzim mit dem Aufbau eigener Industrien – im Fall von Ayeleth Haschahar mit einer Fabrik für Autoreifenformen. Da sie dabei konsequenter und zunächst wesentlich schneller vorgingen als der Rest der israelischen Gesellschaft, lagen ihre Einkommen Anfang der achtziger Jahre im oberen Sechstel der Pyramide.

Ein Erfolg nicht ohne negative Folgen – denn er brachte die Aufweichung zentraler Prinzipien mit sich. Die notwendige Professionalisierung und Spezialisierung untergruben die Ämterrotation, die Beschäftigung von Lohnarbeitern gefährdete die grundlegenden Ideen von Gleichheit und Eigenarbeit. Soziale Reibungen waren die Folge, sowohl im Inneren als auch nach außen.

Denn die orientalisch-jüdischen, erst recht die palästinensischen Arbeitskräfte im Kibbuz wurden in keiner Weise an dem Reichtum beteiligt, den sie mit erwirtschafteten. Sie hatten keine Mitbestimmungsrechte, sie aßen nicht im gemeinsamen Speiseraum, sie konnten ihre Kinder nicht in den kibbuzeigenen Kindergärten oder Schulen unterbringen. Kein Wunder, daß der wachsende wirtschaftliche Erfolg der Kibbuzim bei ihnen auf Mißtrauen stieß, daß sie sich ausgebeutet fühlten. Eine soziale und ethnische Spaltung zeichnete sich ab – orientalische Unterschicht versus osteuropäisch geprägte Inselwelt des Kibbuz. Die Rechnung wurde präsentiert, als die orientalischen Juden Anfang der achtziger Jahre mit ihrer Mehrheit die bis dahin regierende, vielfach mit den Kibbuzim verflochtene Arbeitspartei abwählten und Menachem Begin zum Ministerpräsidenten machten. Auf einmal waren die historischen Verdienste der Kibbuzim um den Aufbau des Landes und um die Festigung der israelischen Infrastruktur nicht mehr viel wert. Als Begin im Jahr 1981 die »Dolce Vita« am kibbuzeigenen Swimmingpool anprangerte und die angeblich millionenschweren Kibbuzniks als »soziale Schmarotzer« und Bürde des Steuerzahlers bezeichnete, waren das nur die ersten Vorboten einer ernsten Krise.

Zuerst drehte Begin am Subventionshahn. Gelder flossen nun nicht mehr in die Kibbuzim, sondern in die Errichtung jüdischer Siedlungen im Westjordanland und im Gazastreifen – eine neuerliche, aggressive Landnahme, an der sich die Kibbuzbewegung nicht mehr beteiligte. Kurz darauf wurde Israel von einer Hyperinflation mit extrem hohen Zinssätzen erschüttert. Wer jetzt investieren wollte, mußte sich hoch verschulden. Viele Kibbuzim verloren einen Großteil ihrer Vermögenswerte, einigen drohte der Bankrott. Banken verhängten Kreditsperren, durch die der Ankauf neuer Maschinen und die Entwicklung neuer Produktionslinien verhindert wurden.

Obendrein kam es 1989 zum Zusammenbruch des Sozialismus im Ostblock. Für die bereits angeschlagenen Kibbuzniks eine zusätzliche Entmutigung – schien es doch, als ob das Modell sozialistischer Gemeinschaften ohne materiellen Arbeitsanreiz prinzipiell nicht überlebens- und konkurrenzfähig sei.

Die Folgen der Krise sind noch heute spürbar. Zwar ist die Industrie mittlerweile der größte Arbeitgeber im Kibbuz – aber sie produziert vielerorts mit veralteten Anlagen. Kunststofferzeugung, Metall- und Lebensmittelverarbeitung liegen an der Spitze – arbeitsintensive Branchen mit problematischen Entwicklungsaussichten, während im restlichen Israel und in der westlichen Welt die kapitalintensiven Industrien favorisiert werden. So verdreifachte sich die Zahl der Beschäftigten ›von draußen‹ innerhalb zweier Jahrzehnte. Etwa 60% aller Arbeitskräfte im Kibbuz machen sie heute aus – und längst sind sie nicht mehr nur unqualifizierte Hilfsarbeiter, sondern auch angestellte Fachkräfte wie Datenverarbeiter, Programmierer, Manager und Finanzexperten.

Auch ohne den finanziellen Einbruch der achtziger Jahre hätte die Dynamik der wirtschaftlichen Entwicklung und der zunehmenden Individualisierung auf Dauer zu einer Zerreißprobe geführt; der rapide erhöhte Druck, Gewinne machen zu müssen, hat sie nur beschleunigt. Unter den ehemals Gleichen wuchsen die Unterschiede. Die Vorstellung, daß jeder in jede Aufgabe hineinrotieren könne, mußte als eine der ersten aufgegeben werden. Auch der Grundsatz der materiellen Gleichheit funktionierte nicht mehr. Ein Fabrikdirektor ohne Firmenwagen, Auslandsreisen und feinen Zwirn ist kaum mehr denkbar – selbst wenn er als idealistisches Kibbuzmitglied darauf zu verzichten bereit wäre. Häufig genug aber fand sich nicht einmal qualifiziertes Personal innerhalb des Kollektivs. Dann mußten Experten aus der freien Wirtschaft eingekauft werden, und die forderten selbstverständlich weitreichende Kompetenzen, wenn sie die Geschäfte führen sollten. So verlor die wöchentliche Generalversammlung der Kibbuzniks kontinuierlich an Entscheidungsbefugnis. Mittlerweile tagt sie in den meisten Kibbuzim nur noch wenige Male im Jahr, um Grundsatzentscheidungen zu treffen; die Basisdemokratie hat der repräsentativen Demokratie Platz gemacht.

Zugleich veränderte sich der Lebensstil im Kibbuz von Grund auf. Die abgeschottete Gemeinschaft von einst hat Abschied nehmen müssen von ihrem Inseldasein. Sie mußte sich öffnen für Einflüsse und Menschen von außen. Von denen kommen die meisten im Gefolge der ökonomischen Entwicklung, die wenigsten, weil sie von der Kibbuzidee fasziniert wären: Angestellte und Arbeiter aus der städtischen Umgebung oder Gastarbeiter aus Thailand, die in der Landwirtschaft unentbehrlich geworden sind. Studenten oder junge Familien, die das aus der Not geborene Angebot angenommen haben, sich innerhalb des Kibbuz oder an seinem Rand ein Zimmer oder eine Wohnung »im Grünen« zu mieten – ohne daß sie je mit der Idee liebäugelten, Mitglied zu werden. Neueinwanderer aus Rußland, die im Kibbuz den allergrößten Kulturschock überwinden und ihren Hebräischunterricht absolvieren, ausländische Volontäre, Touristen in den Gästehäusern und mittlerweile auch Kinder und Jugendliche aus den umliegenden Dörfern oder Städten, die die Kibbuzschule besuchen. Sie alle prägen mit ihrem Lebensstil die neue, multikulturelle Kibbuzgemeinschaft – ganz zu schweigen vom Einfluß der modernen Medien. Noch in den siebziger Jahren besaßen viele Kibbuzim nicht einmal einen Fernseher oder private Telefone. Inzwischen haben Internet und Videospiele auch die Kibbuzhaushalte erobert; die jüngere Generation geht so selbstverständlich mit ihnen um wie ihre städtischen Altersgenossen – und wird diesen damit immer ähnlicher. So ist der ehemals beinah autarke Kibbuz mit unzähligen Beziehungsfäden in die globalisierte Welt eingesponnen – und verliert dabei immer mehr an eigenem Gesicht.

Das gilt auch für die Erziehung. Die Kinder der Pioniergenerationen wuchsen in gemeinsamen Schlafsälen unter Gleichaltrigen auf, sie erlebten den Konformitätsdruck der peer group und die Ferne der Eltern ganz ungemildert. Eine Erfahrung, die sie an ihre eigenen Kinder offenbar nicht weitergeben wollen. Sonst hätte nicht überall die zweite Generation die kollektive Erziehung rückgängig gemacht. An die privaten Wohneinheiten der Erwachsenen wurden private Kinderzimmer angebaut, die Familie, die einst zugunsten der Gemeinschaft zurückgedrängt worden war, gewinnt wieder an Gewicht. Die gemeinsamen Speisesäle sind nur noch morgens und mittags geöffnet, abends ißt man im engeren Kreis. Auch die Hausarbeit wurde reprivatisiert – kaum überraschend: zu Lasten der Frauen. Parallel wuchsen die Budgets, die dem einzelnen Mitglied zur privaten Verwendung zur Verfügung gestellt werden. Jetzt kann – oder muß – man sich selbst überlegen, ob man sein Geld lieber in ein Auto oder in die Altersvorsorge investiert – denn auch die ist ein Problem geworden, seit die Kibbuzim sich stärker am Gewinn orientieren als früher.

Als Gretchenfrage aber für die Überlebenschancen der Lebensform Kibbuz gilt, ob der Grundsatz der gleichen Bezahlung aller Mitglieder aufrechterhalten wird. In einigen Kibbuzim ist er bereits aufgegeben; dort werden nach Qualifikation und Leistung gestaffelte Löhne bezahlt – ein schmerzhafter Abschied von der Utopie, der nicht selten dazu führte, daß die Mitglieder sich untereinander nicht mehr grüßen.

Trotz so vieler Anpassungsleistungen sieht die Zukunft des Kibbuz alles andere als rosig aus. Kibbuzkindern von heute sind die romantisch-idealistischen Vorstellungen der Pioniergenerationen, sind Sozialismus und Zionismus fremd. Sie fühlen sich dem utopischen Modell nicht mehr verpflichtet als Jugendliche irgendwo anders den Lebensentwürfen ihrer Eltern. Unsichere wirtschaftliche Aussichten tragen zusätzlich dazu bei, daß immer mehr von ihnen dem Kibbuz den Rücken kehren.

So leben heute nur noch zwei Prozent der Israelis im Kibbuz – ein Prozent weniger als noch in den achtziger Jahren. Das Durchschnittsalter der Kibbuzmitglieder liegt gefährlich hoch. Um die jungen Leute zu halten oder neue Zuzügler zu gewinnen, werden immer größere Zugeständnisse ans Leben draußen gemacht, die aber ironischerweise den Unterschied zwischen dem Kibbuz und seiner Umgebung immer weiter verwischen und seine Daseinsberechtigung um so mehr in Frage stellen. Im Grunde, so scheint es, hat der Kibbuz heute keine gesellschaftliche Funktion mehr. Er lebt nur noch durch die verschwindende Zahl jener weiter, die ihm biographisch oder emotional verbunden sind. Dazu gehören auch jene jungen Leute, die sich aus den konkurrierenden Lebensstilen des modernen Israel die scheinbar überholten Ideale eines egalitären Lebens herausgepickt haben. Abseits der pluralistischen Kibbuzim ihrer Eltern haben sie eine neue Generation von Kollektiven begründet – allerdings nicht auf dem Land, wo sie nicht überlebensfähig wären, sondern in abgelegenen Städten, wo sie sich sozial engagieren.

Die »grünen« Kibbuzim dagegen wurden in den siebziger Jahren von jungen Neueinwanderern aus Amerika und Westeuropa als Ökodörfer gegründet. Sie verstehen sich als Wegbereiter für eine regionale, über Israels Grenzen hinausgreifende Umweltpolitik. In ihren Augen ist die Kibbuzbewegung der ideale Träger eines ökologischen Neubeginns.

An einem anderen Neubeginn arbeiten jene Kibbuzim, die der Bewegung »Frieden jetzt«, Schalom Achschaw, nahestehen. Sie begreifen sich als Vorreiter der israelisch-palästinensischen Versöhnung, bauen in arabischen Dörfern Häuser wieder auf, die vom israelischen Militär zerstört wurden, und leisten juristische Hilfestellung für Beduinen, deren Weidegründe konfisziert wurden.

Es ist zweifelhaft, ob solches soziale, ökologische oder politische Engagement das ideologische Vakuum füllen kann, das die Kibbuzbewegung bedroht. Ihre traditionelle Rolle als geistige Avantgarde der israelischen Pioniergesellschaft haben die Kibbuzim jedenfalls ausgespielt – sie war das Ergebnis einer einmaligen und unwiederholbaren historischen Situation, in der eine beachtliche Zahl von Menschen dem Leben in Utopia scheinbar sehr nahe kam. Es war ein Traum – ein schöner Traum, aber eben auch nicht mehr als ein Traum.

Hoffnung auf eine Weltrevolution: die Münchner Räterepublik

von Michaela Wunderle

Vier Jahre hat die Welt der Knechte
ihr Blut verspritzt fürs Kapital.
Jetzt steht sie auf, zum ersten Mal
für eigene Freiheit, eigene Rechte.
Germane, Römer, Jud' und Russ'
in einem Bund zusammen –
der Völker brüderlicher Kuß
löscht alle Kriegesflammen.
Jetzt gilt's, die Freiheit aufzustellen.
Die rote Fahne hoch, Rebellen!

Was Erich Mühsam mit Emphase besang, das nennt der Schriftsteller Friedrich Hitzer heute eine große Hoffnung. »Wenn wir den Begriff der Utopie auf die Zeit vom Herbst 1918 bis Mai 1919 anwenden«, sagt er, »dann war es die Hoffnung auf eine ›Weltrevolution‹, auf eine sozialistische Ordnung und eine neue Form der Demokratie, nämlich die der Räte. Der Funke sprang von Rußland auf Europa über und insbesondere auf Deutschland.«

Der russische Funke zündete Ende Oktober 1918 in Kiel. Die Matrosen weigerten sich auszulaufen, als die Marineleitung sie in letzter Stunde gegen England schikken wollte. Dann traten die Werftarbeiter in den Streik, und am 4. November besaß der Arbeiter- und Soldatenrat in Kiel die oberste Gewalt. Drei Tage später war die Revolution in München. Dort wollte man um jeden Preis aus dem Krieg heraus, da Bayern durch den Zusammenbruch

Österreichs unmittelbar bedrohtes Grenzgebiet geworden war. Daß dies der bayrische König bewerkstelligen könne, glaubte jedoch niemand mehr. Berlin hatte während des Krieges die staatlichen Sonderrechte Bayerns außer Kraft gesetzt, ohne daß Ludwig III. dies verhindern konnte oder wollte. Um so mehr Menschen strömten zu der Friedenskundgebung, zu der SPD und USPD – die von enttäuschten Sozialdemokraten neugegründete pazifistische Unabhängige SPD – für den 7. November aufgerufen hatten. Zum Versammlungsort Theresienwiese eilte auch der Schriftsteller Oskar Maria Graf.

»›Herrgott, heute ist ja ganz München da, da wär doch was zu machen‹, sagte ich zu Schorsch. Ein bärtiger Hüne lächelte überlegen und meinte superklug: ›Nana, heute gehen wir net hoam...‹«

Die SPD-Redner fordern Frieden und Demokratie. »Kein Frieden ohne Revolution!« lautet dagegen der Schlachtruf des bei den Münchner Arbeitern sehr populären Unabhängigen Sozialisten Kurt Eisner.

»Es lebe der Friede! schrieen in diesem Augenblick um mich herum die Leute«, berichtet Graf weiter. »Hoch Eisner! Hoch die Weltrevolution! Ungefähr eine Minute war es still. Plötzlich schrie Felix Fechenbach in die bewegte Menge: ›Genossen! Es hat keinen Zweck mehr, viele Worte zu verlieren! Wer für die Revolution ist, uns nach! Mir nach!‹ Und mit einem Schlag geriet die johlende Masse ins Vorwärtsdrängen. Überall gesellten sich neue Trupps zu uns, nun auch schon einige Bewaffnete. Wir marschierten, eingekeilt in einer dahinstürmenden Menge, fast ganz an der Spitze, kaum fünf Schritt weit entfernt von Eisner, den ich unablässig betrachtete. Er war blaß und schaute todernst drein: Nichts redete er. Fast sah es aus, als hätte ihn das jähe Ereignis selber überfallen ... Arm und Arm mit dem breitschultrigen, wuchtig ausschreitenden blinden Bauernführer Gandorfer ging er.«

Erhard Auer, Chef der bayrischen SPD, zieht mit seinen Leuten, ein Musikkorps an der Spitze, durch die Stadt und mahnt zur Ruhe. Die Revolutionäre stürmen zu den Kasernen.

»(In der Max-II-Kaserne stand) ein Offizier älteren Jahrgangs vor gradlinig aufgestellten Soldaten und kommandierte Übungen. Er kam nicht einmal dazu, sich umzudrehen. Einer schlug mit aller Gewalt von hinten auf seinen Kopf und trieb ihm den Helm bis tief unter die Ohren. Lautlos sank der Getroffene um, und schon in der nächsten Sekunde schlugen die Soldaten wie auf Befehl ihre Gewehre auf den Boden, daß sie krachend auseinanderbrachen. Lachend liefen sie über. ›Aus ist's! Revolution! Marsch!‹ hörte ich im Tumult. Seitlich in einem Menschenhaufen hielt einer eine Rede und forderte auf zur Gründung eines Soldatenrates.«

Gegen 10 Uhr abends ist München in der Hand der Aufständischen. Im überfüllten Mathäser-Bräu wählen Arbeiter, Soldaten und – Besonderheit der Münchner Revolution – die Bauern einen provisorischen Zentralrat. König Ludwig III., noch am Nachmittag hat er nicht auf seinen gewohnten Spaziergang verzichtet, ist überstürzt in eines seiner Schlösser geflohen. Kurz vor Mitternacht, im besetzten Landtag, erklärt Kurt Eisner die Dynastie Wittelsbach für abgesetzt. Unter brausendem Beifall proklamiert er den Freistaat Bayern. Am 8. November schließt das ganze Land sich den Münchnern an. Eilends überkleben die Geschäftsleute auf ihren Türschildern den Titel Hoflieferant. Die Straßen der Hauptstadt sind schwarz von Menschen, derweil sich im Landtag aus den Mitgliedern der Räte und verschiedenen Fraktionen des alten Landtags ein provisorischer Nationalrat konstituiert. Erster Ministerpräsident der Republik Bayern ist der graubärtige Kurt Eisner, der folgenden Aufruf formuliert:

»Arbeiter, Bürger Münchens! Vertraut dem Großen und Gewaltigen, das in diesen schicksalsschweren Tagen sich vorbereitet! Helft alle mit, daß sich die unvermeidliche Umwandlung rasch, leicht und friedlich vollzieht. Jedes Menschenleben soll heilig sein. Der Bruderkrieg der Sozialisten ist für Bayern beendet. Es lebe die bayrische Republik! Es lebe der Frieden! Es lebe die Weltrevolution!«

Eisners unbedingtes Beharren auf Freiheit und Menschenwürde, Sozialismus und Demokratie prägte die hundert Tage seiner Regierung. Er, ein hochgebildeter Mann, Journalist und Literat, strebte nach einer Revolution, die, so Eisner, »vielleicht zum ersten Mal in der Geschichte das Ideal mit der Wirklichkeit versöhnen sollte«.

Eisner sah in demokratisch gewählten, streng kontrollierten und jederzeit abrufbaren Räten nach dem Zusammenbruch des kaiserlichen Obrigkeitsstaates das Grundelement einer wahrhaft sozialistischen Gesellschaft. Zugleich verteidigte er das Parlament als Errungenschaft der bürgerlichen Revolution. Bayern sollte eine parlamentarische Verfassung erhalten, um den nach Betrieben und Berufen organisierten Räten Mitbestimmungs- und Kontrollrechte zu garantieren.

Eisners Freistaat ist das Signal zur demokratischen Erneuerung des Deutschen Reichs von den süddeutschen Ländern her. Deshalb wird der Ministerpräsident auch Außenminister, deshalb möchte er Bayerns begrenzte Souveränität wiederherstellen und geht auf Konfliktkurs mit der Reichsregierung. Es zeigt sich, daß die im Weltkrieg vollzogene Integration Bayerns in das von Preußen geführte Reich nicht mehr rückgängig zu machen ist. Doch zunächst sichert dem Wahlmünchner Eisner das Beharren auf bayrischer Eigenständigkeit eine große Popularität. Selbst die bürgerlichen Parteien bieten ihm die Mitarbeit an.

»Nun begann ein neues Leben!« notierte die Pazifistin und Frauenrechtlerin Lida Heymann, die sich für eigene Frauenräte und demokratische Schulen einsetzte. »Endlich war die Mitarbeit von Frauen erwünscht! Man brauchte keinen Schlaf. Nur eine Flamme brannte: sich helfend beim Aufbau einer besseren Gemeinschaft zu betätigen ... Im gegenseitigen Austausch der Ideen sahen wir Menschen einen neuen, vernunftgemäßen Staat aufbauen, in dem es sich für alle lohnte zu leben. Jeder, der etwas zu geben hatte, war willkommen, weil er durch seine Pläne und Ideen dem Staate neue Werte versprach.«

Heftige Bewegung löst die Revolution auch in der Kunst- und Literatenszene Münchens aus, dem liberalen Anti-Berlin der Jahrhundertwende. Im »Rat geistiger Arbeiter« treffen sich Ricarda Huch, Bruno Frank, Wilhelm Hausenstein, Rainer Maria Rilke, auch Heinrich Mann; Thomas Mann hingegen hält sich befremdet abseits. Der Vorsitzende des »Rats«, Professor Lujo Brentano, ist als liberaler Volkswirtschaftler kein echter Parteigänger der Revolution. Daß er Handelsminister werden soll, zeigt, wie weit Eisner davon entfernt ist, alte Gegensätze zu konservieren. Bei der Regierungsbildung erhält die SPD vier von acht Ministerien. Eisners Partei, die Unabhängigen, bekommt drei, der parteilose Professor Edgar Jaffé eins. Der Machtkampf innerhalb des Kabinetts lähmt die Aktionsfähigkeit der Regierung aber fast sofort. Innenminister Erhard Auer, der als rechter Sozialdemokrat schon die Revolution nicht wollte, drängt auf die Entmachtung der

Räte und rasche Parlamentswahlen, kurzum, auf die Wiederherstellung der bürgerlichen Ordnung. »Auerochsen« nennt der anarchistische Dichter-Rebell Erich Mühsam den Innenminister und seine Gefolgschaft verächtlich. Mühsam ist führendes Mitglied des Revolutionären Arbeiterrats (RAR), der in ganz Bayern Betriebsräte auf die Beine stellt, eine Landesorganisation der Arbeiter-, Soldaten- und Bauernräte sowie einen gesamtbayrischen Zentralrat zustande bringt. Unter Mühsam wird der RAR ein Sammelbecken für Linksoppositionelle, die nach Sozialisierung und Pressezensur rufen und durch Aktionen auch durchsetzen wollen.

»Einmal rannten Scharen in die nächtliche Stadt und besetzten sämtliche Zeitungsdruckereien«, erinnerte sich Oskar Maria Graf später. »Im Hofraum des Münchner Tageblatts hielt Mühsam eine Rede über die nunmehrigen Maßnahmen und die solchermaßen sozialisierte Presse. Die alten Redakteure wurden abgesetzt, die Druckereiarbeiter schienen gewonnen, denn ihnen war eine Beteiligung am Reingewinn versprochen worden. Auf einmal aber erschienen Eisner und der damalige Polizeipräsident Staimer mit einer Truppe Sicherheitswehr. Ein Blutbad drohte. Eisner verschwand im Zeitungsgebäude, und als er wieder auftauchte, erfuhr man, daß er heimlich in die Druckereiräume gegangen sei und die Arbeiter heimgeschickt habe. Bestürzt sah sich alles an, und verärgert zerstreute sich die Menge.«

Kurt Eisner blieb seinem Ideal vom freiheitlichen Staat treu. Er lehnte die Pressezensur selbst dann noch ab, als die Berichterstattung gehässig und antisemitisch wurde. Eisner, Jude galizischer Herkunft, wurde in nachgerade klassischer Manier zum bedrohlichen Fremden stigmatisiert. Eigentlich heiße er Koschnowsky oder Kosmanowsky,

ERKLÄRUNG.

Die versammelten Betriebsräte erklären, daß sie für die bestialischen Handlungen (Erschießung von Geiseln im Gymnasium) in keiner Weise verantwortlich sind. Die Betriebs- und Soldatenräte sprechen einstimmig ihren tiefsten Abscheu über solche unmenschliche Taten aus. Sie versprechen, die in der Versammlung am 30. April 1919 anwesenden Führer Toller, Maenner und Klingelhöfer, die nur im Auftrag des Proletariats gehandelt haben, in jeder Weise zu decken.

München, den 1. Mai 1919.

Die Betriebs- und Soldaten-Räte Münchens.

AUFRUF!

Die Betriebs- u. Soldatenräte Münchens haben angesichts der niederschmetternden Tatsache, daß mit Waffengewalt die Freiheit des Proletariats niedergeknebelt werden soll, beschlossen,

am 1. Mai gegen jede Vergewaltigung die Manen aufzufordern, waffenlos zu demonstrieren.

Dabei protestieren sie mit Entrüstung gegen die fluchwürdigen Verbrechen jener Elemente, welche durch ihr Handeln die heilige Sache des Proletariats im Kampf für die Menschlichkeit verraten haben.

Soldaten! Laßt Eure Waffen in den Kasernen!
Arbeiter! Laßt Eure Waffen in den Betrieben!
Kommt mit den Frauen und Kindern heraus auf alle großen Plätze und Wiesen!

Ungebeugt wird das Proletariat an diesem Tage seine Räte und den Geist seiner Räterepublik hochhalten. **Es lebe der Rätegedanke!**

München, 1. Mai 1919.

Die Betriebs- und Soldatenräte Münchens.

(Stadtbibliothek München)

häufe insgeheim Reichtum an, er habe ein Verhältnis mit Tilla Durieux, der mit Eisner und seiner Frau befreundeten Schauspielerin.

Die *Rote Hand* kam in Umlauf, das antisemitische Hetzblatt der von Rudolf Glauer alias Baron von Sebottendorf im November 1918 gegründeten geheimen Thule-Gesellschaft, die bereits das Hakenkreuz als Symbol führte. Glauer versuchte ein Attentat gegen Eisner, und er hatte die Hand im Spiel bei der Schaffung einer Bürgerwehr, die auch Rechtssozialist Auer förderte, trotz schwerster Kabinettskrisen, die er dadurch auslöste. Wie die Berliner Ebert-Noske-SPD suchte und fand Auer das Bündnis mit jenen, die einst zu den Todfeinden der Sozialdemokratie gehört hatten und sich nun an ihre Rockschöße hängten: mit Offizierkorps, Nationalisten und Rechtskonservativen. Es gelang ihm, Eisner einen frühen Wahltermin für den Landtag abzuzwingen, obwohl dieser hatte warten wollen, bis sich das Rätesystem gefestigt hätte. Doch die politische Entwicklung im Reich stärkte Auer. Der ›Reichskongreß der Arbeiter- und Soldatenräte‹ beschloß nämlich am 19. Dezember 1918 seine eigene Entmachtung, indem er mit großer Mehrheit gegen die Räteverfassung und für die Wahl der Nationalversammlung, den früheren Reichstag, votierte – nun, da das Ende des Kriegs gesichert schien, zogen vor allem viele Soldatenräte den Trennstrich gegen links. Dort formierten sich die Anhänger der Rätemacht. Rosa Luxemburg und Karl Liebknecht wurden auch in Bayern Symbolgestalten eines radikalen Sozialismus, für den sich das Wort Kommunismus einbürgerte. Im Revolutionären Arbeiterrat in München gewann Max Levien, ein junger Naturwissenschaftler aus Moskau, Einfluß. Oskar Maria Graf, der selbst aktiv für die Räterepublik eintrat, schrieb:

»Die Spartakisten Mühsam und Levien riefen zum offenen Kampf gegen die Regierung auf. Die Eroberung der Macht durch das Proletariat forderten sie. Um sie herum scharten sich die Unzufriedenen und wälzten sich durch die Straßen. Dann kam wieder Polizei und republikanische Schutztruppe auf Lastkraftwagen. Drohend richteten sich Maschinengewehre auf die weichenden Züge, eine Salve knallte in die Luft, alles lief, alles schrie. Das Vertrauen zu Eisner schwand langsam, die Verbitterung wuchs. Die Zeitungen logen und hetzten.«

Die breite Parteienphalanx der Rätegegner schürt nach Kräften die Angst vor der Bolschewisierung Bayerns, und unter diesen Umständen wirkt sich das neue demokratische Frauenwahlrecht wohl negativ aus. Die Landtagswahlen am 12. Januar 1919 jedenfalls bringen den bürgerlichen Parteien eine klare Mehrheit. Große Verliererin ist Eisners organisatorisch sehr schwache USPD, die von insgesamt 180 Parlamentsmandaten nur drei erhält, ein Ergebnis, das durch die Wahlen zur Berliner Nationalversammlung sieben Tage später kaum korrigiert wird. Der nun von einer bürgerlichen Mehrheit beherrschte, neu legitimierte bayrische Landtag soll am 21. Februar 1919 zusammentreten. Die politischen Leidenschaften, ohnehin aufgepeitscht seit der blutigen Zerschlagung des Berliner Spartakusaufstandes im Januar, der auch Rosa Luxemburg und Karl Liebknecht das Leben kostete, werden indes immer hitziger. Diejenigen, die die Feudalordnung zerschlagen, das demokratische Wahlrecht und eine rätefreundliche vorläufige Verfassung geschaffen haben, finden sich nicht damit ab, Opposition zu sein. Zugleich wird Kurt Eisner zur Zielscheibe ungezügelten Hasses und übelster Verleumdung durch die gesamte Presse, als er öffentlich auf dem Bekenntnis zur deutschen Kriegsschuld beharrt. Die beispiellose Hetze in den Zeitungen führt schließlich zum Mord.

Am 21. Februar 1919 tritt Anton Graf Arco auf Valley, Offizier des ehemals königlichen Leibregiments, hinter Kurt Eisner, als dieser zur Neueröffnung des Landtags unterwegs ist, die Rücktrittserklärung seiner Regierung in der Tasche. Arco tötet ihn durch zwei Schüsse in den Nakken. Der Mörder, von den Kugeln der Leibwächter schwer verletzt, überlebt.

Er sei ein fanatischer junger Offizier gewesen, sagt Friedrich Hitzer, Autor eines Buches über Graf Arco. »Unter Beifall begeht er eine Tat, die er für seine Pflicht hält.«

Nach dem Mord Panik im Landtag. Dort schießt der Arbeiter-Revolutionär Alois Lindner vor versammeltem Plenum auf Innenminister Auer und verletzt den vermeintlichen Drahtzieher des Attentats schwer. Einen bürgerlichen Abgeordneten, der ihm in den Arm fällt, erschießt Lindner. Ein anderer Politiker stirbt, als von der Zuschauertribüne, wo sich revolutionäre Arbeiterräte aufhalten, plötzlich ein Kugelhagel auf die in Todesangst auseinanderstiebenden Abgeordneten niedergeht. Aufruhr, Zeitungsbesetzungen, Brandstiftung in der Stadt, derweil sich im überfüllten Deutschen Theater ein provisorischer ›Zentralrat der Bayrischen Republik‹ bildet und sogleich den Belagerungszustand verhängt. Dann tiefe Trauer.

»Am Tag von Kurt Eisners Einäscherung war es, als trauere ganz München um seinen großen Toten«, schreibt Lida Heymann später. »In den Straßen, durch welche der Trauerzug sich langsam bewegte, standen die Menschen in feierlicher Haltung. Lautlose Stille herrschte überall. Arbeiterfrauen hoben ihre kleinen Kinder hoch, Männer entblößten das Haupt zum letzten Gruß, tiefe Ergriffenheit herrschte und gab der Feier jene Weihe, wie sie nur eine feste Zusammengehörigkeit großer Massen auslöst ... Drei Tage Trauer um den Toten waren nur Ruhe vor dem Sturm.«

Die Ermordung Eisners wird zur Zäsur. »Eine Revolution ist nur dadurch zu retten, indem man sie weiterführt«, verkündet entschlossen der Sozialphilosoph Gustav Landauer, der Eisners Grabrede gehalten hat. Bislang hatte die politische Entwicklung Bayerns auf den Parlamentarismus zugeführt. Nun treibt sie in Richtung Räteherrschaft. Das Machtvakuum, das der auseinandergelaufene Landtag hinterlassen hat, füllt der provisorische Zentralrat, etwa 70 Vertreter des linken Spektrums. Den Vorsitz führt Ernst Niekisch, mithin Staatsoberhaupt Bayerns. Der linke Sozialdemokrat, ein Volksschullehrer aus Augsburg, läßt Waffen an Arbeiter verteilen und beruft den Bayrischen Rätekongreß ein. Erich Mühsam, den die Presse als potentiellen Verbrecher und Volksverhetzer diffamiert, fordert mit flammender Rede zur spontanen Proklamation der Räterepublik Bayern auf:

»Jetzt ist der Augenblick gekommen, wo wir uns zu entscheiden haben für den Sozialismus, für den Anfang einer neuen Gesellschaft oder für ein Weiterwursteln in Provisorien. Täuschen Sie sich nicht über die Stimmung draußen.«

Draußen drängt die Arbeiterschaft mit Macht nach links. Drinnen unterliegt Mühsam dennoch deutlich. Unter dem Einfluß eines von SPD und USPD ausgehandelten Kompromisses votiert der Rätekongreß schließlich für seine eigene Entmachtung und erkennt den aus freien Wahlen hervorgegangenen bayrischen Landtag als einzig legitime Gewalt an. Dennoch lösen sich weder die Arbeiter- und Soldatenräte noch der Zentralrat auf, als Johannes Hoffmann, SPD-Kultusminister unter Eisner, am 17. März Ministerpräsident einer von der bürgerlichen Mehrheit geduldeten Linksregierung wird. Hoffmanns Minister treten fast alle schon 14 Tage später wieder zurück. Angesichts des neuerlichen Machtvakuums entschließt sich eine Runde von etwa 100 Vertretern der Räte, Sozialdemokraten und Unabhängigen, Gewerkschaftlern, Bauernbündler und Anarchisten eher zögernd zu dem Schritt, den Gustav Landauer durch Glockengeläut in ganz Bayern kundtun möchte. »Baiern ist Räterepublik!« verkündet er. »Das werktätige Volk ist Herr seines Geschicks. Zum Zeichen der freudigen Hoffnung auf eine glückliche Zukunft für die ganze Menschheit wird hiermit der 7. April zum Nationalfeiertag erklärt. Zum Zeichen des beginnenden Abschieds vom fluchwürdigen Zeitalter des Kapitalismus ruht in ganz Baiern die Arbeit, soweit sie nicht für das Leben des werktätigen Volkes notwendig ist. Es lebe das freie Baiern! Es lebe die Räterepublik! Es lebe die Weltrevolution!«

München feierte mit roten Fahnen und roten Rosetten, Aufzügen und Blasmusik eine Revolution, die keine Chance hatte. Die Entscheidungen über die Gestaltung des Staates und die Machtverteilung innerhalb der deutschen Republik waren schon gefallen, in Berlin, im Ruhrgebiet, in Mitteldeutschland. Isoliert blieben die Münchner selbst in Bayern. Zwar griffen die Räte im ganzen Land nach der Macht; doch sie währte manchmal nur Stunden. Die Arbeiterstadt Nürnberg lehnte die Räterepublik ganz ab. Gustav Landauer schien das Risiko des Scheiterns in Kauf genommen zu haben. Er schrieb an einen Freund:

»Ich bin nun der Beauftragte für Volksaufklärung, Unterricht, Wissenschaft, Künste und noch einiges mehr. Läßt man mir ein paar Wochen Zeit, so hoffe ich, etwas zu leisten; aber leicht möglich, daß es nur ein paar Tage sind, und dann war es ein Traum.«

Der Traum währte sechs Tage. Gustav Landauer, eine asketisch-hagere Gestalt mit langem schwarzen Haar und Bart, blieb keine Zeit, die angestrebte »Umbildung der Seelen« in Angriff zu nehmen. Dem philosophischen Verfechter eines freiheitlichen Sozialismus fiel in dieser ersten Räterepublik eine Schlüsselrolle zu, neben dem pazifistischen Schriftsteller Ernst Toller, der wie Landauer ein Freund Eisners war. Toller, noch nicht 30jährig, wurde neuer Vorsitzender des Zentralrates und damit Staatschef Bayerns. Erich Mühsam übernahm das Referat für Rußland und Ungarn, wo seit dem 20. März die Rätemacht herrschte, und versicherte Lenin per Funkspruch, das neue Bayern habe die Beziehungen zu Berlin abgebrochen und werde »die revolutionäre Internationale herstellen und der Weltrevolution den Weg ebnen«. Mühsam wäre gerne Außenminister geworden, durfte aber nicht, weil seine Genossen befanden, für dieses würdige Amt sei er zu sehr Bohemien. Toller schlug einen Dr. Lipp vor, den niemand kannte, und mangels anderer Kandidaten akzeptierte man ihn.

Der neue Außenminister versandte unentwegt Telegramme, selbst an den Vatikan. Auch sonst kam, wie Erich Mühsam es ausdrückte, »sehr wenig Positives« zustande. Die Zeit war zu kurz, die Lage schwierig. Die Reichsbank stellte die Zahlungsanweisungen nach Bayern ein, der Telefonverkehr funktionierte kaum mehr.

»Der Bahnverkehr stockte, Streiks tobten, die Geschäftswelt war in tausend Ängsten, vor den Brotläden stauten sich lange Reihen«, erinnerte sich Oskar Maria Graf 1927 in seinem autobiographischen Bekenntnisbuch *Wir sind Gefangene*. »Ein ungeheurer Druck lag über der Stadt. Selbst der Unbeteiligte spürte den Schrecken des herannahenden Hungers. Verlassen dehnten sich die sonst belebten Marktplätze aus. Die Bauern lieferten nichts mehr. Das unbeständige Hin und Her der Regierung, die verhetzende Agitation der Parteien hatte sie rebellisch gemacht. Die Stadt sah sich mit einem Male verlassen.«

Paradoxerweise versagten ausgerechnet die Kommunisten der Räterepublik ihre Mitarbeit. Sie forderten sogar zum Generalstreik gegen die sogenannte ›Scheinräterepublik‹ auf. Eugen Leviné, Chef von knapp 60 Münchner Kommunisten, beteiligte sich als getreuer Leninist an keiner Koalition, die nicht unter seiner Führung stand.

»Leviné hat dieses Unternehmen als eine Provokation denunziert«, berichtete seine Witwe später. »Er sagte, die Unabhängigen waren Revolutionäre ohne viel Erfahrung, die Anarchisten hatten auch nie sehr viel Erfahrung, wie man eine Revolution macht und was das bedeutet, eine Sowjetrepublik ...«

Rosa Leviné begleitete ihren Mann, den die Berliner Parteileitung Anfang März nach München entsandt hatte. Leviné, in Petersburg geboren und in Deutschland erzogen, studierter Volkswirtschaftler und Berufsrevolutionär, bestritt, daß es einen eigenständigen bayrischen Weg der Revolution geben könne. Und er lehnte jede Zusammenarbeit mit der SPD ab.

In München stritten die Sozialisten. In Bamberg, dessen Garnison ihn unterstützte, holte Ministerpräsident Hoffmann zum Gegenschlag aus. Seine Rumpfregierung wurde vom Reich als rechtmäßig anerkannt. Durch den Aufmarsch von Truppen wollte Hoffmann Münchens Versorgung mit Kohle und Nahrungsmitteln kappen. Das SPD-regierte Württemberg sandte Regimenter, und Kriegsminister Ernst Schneppenhorst stellte Freikorps zusammen. Jener Schneppenhorst, der eben noch in München die Ausrufung der Räterepublik heftig befürwortet, sich aber, als es soweit war, schleunigst abgesetzt hatte.

»Am 12. April war die Lage offenkundig sehr ernst geworden. Die Regierung Hoffmann hetzte das Land in unglaublicher Weise gegen München auf, gegen uns bekanntere Führer wurden die ungeheuerlichsten Verleumdungen in die Welt gesetzt, von denen besonders die Behauptung, wir hätten in München die Kommunisierung der Frauen bereits eingeführt (jedem Bolschewisten müsse jede Frau nach Belieben zur Verfügung stehen), auf die naive Bevölkerung Eindruck machte.«

Erich Mühsam, der dies schrieb, gehörte zu dem Dutzend Genossen, die bei dem von Hoffmann angezettelten Putsch am 13. April in aller Frühe als Rädelsführer verhaftet und nach Niederbayern verschleppt wurden. Die sozialdemokratisch geführte Republikanische Schutztruppe – von Krupp und einer Antibolschewistischen Liga finanziert – besetzte den Hauptbahnhof und andere öffentliche Gebäude. Doch die Kommunisten übernahmen die Führung schlecht bewaffneter Arbeiter, schlugen zurück und setzten sich zu ihrer eigenen Überraschung schließlich durch.

Der Sieg einiger tausend bewaffneter Arbeiter warf alle Bedenken Levinés über den Haufen. Wider jede Vernunft mag er ja einen Moment lang gehofft haben, die bayrische Räterepublik könne durch die Verbindung mit der russischen und der ungarischen Revolution und durch einen baldigen Sieg der Räte in Österreich bestehen. Doch letztlich blieb er Realist.

»Er hat keine Minute daran gezweifelt«, erinnerte sich seine Witwe, »daß ein militärischer Kampf bevorsteht. Und natürlich war klar, daß man da nicht mehr siegen konnte.«

Eugen Leviné, Max Levien und der Russe Towia Axelrod waren die führenden Köpfe der kommunistische

Räterepublik, an der sich auch Unabhängige Sozialisten und Sozialdemokraten beteiligten. Der freiheitliche Sozialist Ernst Toller betrachtete die Kommunisten als eine Gefahr für den demokratischen Rätegedanken, stellte sich aber zur Verfügung, um seinen Einfluß zu behalten. Gustav Landauer dagegen schied aus der Regierung aus. Der Gegner jedweder Form von Klassenherrschaft lehnte auch die Diktatur des Proletariats ab, die zu errichten Eugen Leviné mit unsicheren Helfern und zufälligen Mitläufern sich anschickte.

Die Herrschaft der Kommunisten stürzte München ins Chaos. Die bürgerliche Presse wurde verboten, das Bankwesen verstaatlicht, Gewerbe- und Industriebetriebe der Kontrolle der Betriebsräte unterstellt. Ein Generalstreik lähmte das öffentliche Leben. Hunger breitete sich aus. Es kam zu Plünderungen. Schier über Nacht entstand die Rote Armee, 10- bis 20000 Mann unter dem Oberbefehl des blutjungen Matrosen Rudolf Eglhofer, der einige Tage lang auch die Münchner Garnison befehligte. Bereits vierzehn Tage später war Eglhofer tot. Er wurde schon bei der Gefangennahme erschlagen. Zunächst jedoch errangen Rotgardisten bei Allach und Dachau einige Siege gegen die aus Nordbayern anrückenden Weißen. Zudem zeigten sich Hoffmanns bayrische Truppen wenig gewillt, auf Landsleute zu schießen. Dies bestärkte Ernst Toller in der Hoffnung, das drohende Blutbad durch Verhandlungen und Truppenrückzug noch abwenden zu können. Die Kommunisten wiederum hielten Tollers eigenmächtiges – und letztlich ergebnisloses – Ersuchen um Verhandlungen für Verrat und Desertion und ließen ihn zeitweilig verhaften.

Auf einer Versammlung am 26. April 1919 entzogen die Betriebsräte den Kommunisten das Vertrauen, während sich der Ring der Eroberer um die »Bolschewiki-Stadt«

München schloß. 60 000 Mann, bayrische, württembergische und preußische Truppen, von Reichswehrminister Gustav Noske entsandte Freikorps, retteten die Regierung des Sozialdemokraten Hoffmann, indem sie wahllos alle erschossen und erschlugen, die ihnen als Parteigänger der Räterepublik erschienen, auch Verletzte und Sanitäter. Die grausigen Nachrichten über die politischen Säuberungen in Bayern sickerten nach München durch. Die Rote Armee bröckelte, viele Arbeiter und Soldaten tauchten unter. Nur noch wenige tausend rüsteten sich unter kommunistischer Führung zum letzten Kampf.

Schon wurde in den Randbezirken der Stadt geschossen, da geschah eine Bluttat, die München in unbeschreibliche Erregung versetzte. Acht im Luitpold-Gymnasium arretierte Mitglieder der Thule-Gesellschaft, sieben Männer und eine Frau, wurden erschossen; Ernst Toller berichtet, daß sie gefälschte Ausweise der Räteregierung und Faksimile-Unterschriften ihrer Führer in der Tasche trugen. Bis heute ist nicht geklärt, wer den Befehl zu diesen Erschießungen gab. Damals wurden sie als Geiselmord aufgefaßt und lösten gerade auch bei den Revolutionären Entsetzen, ja Verzweiflung aus. Tatsächlich diente er zur Legitimierung grausamster Vergeltungsmaßnahmen.

»Überall zogen lange Reihen verhafteter, zerschundener, blutiggeschlagener Arbeiter mit hochgehaltenen Armen. Seitlich, hinten und vorn marschierten Soldaten, brüllten, wenn ein erlahmter Arm niedersinken wollte, stießen mit Gewehrkolben in die Rippen, schlugen mit Fäusten auf die Zitternden ein. Das sind alles meine Brüder, dachte ich, man hat sie zur Welt gebracht, großgeprügelt, hinausgeschmissen. Sie sind alle Hunde gewesen wie ich, haben ihr Leben lang kuschen und sich ducken müssen, und jetzt, weil sie beißen wollten, schlägt man sie tot.«

Oskar Maria Graf, der dies schrieb, kam nach kurzer Haft wieder frei. Andere wurden getötet, wie viele, wurde nie genau festgestellt; die Angaben schwanken zwischen 400 und 1500. Am 1. Mai 1919 – zum ersten Mal wurde er als Festtag der Arbeiter gefeiert – begann die Eroberung Münchens; erst sieben Tage später wurden die willkürlichen Exekutionen verboten, mußten Verhaftete der ordentlichen Gerichtsbarkeit überstellt werden. Etwa 4000 Menschen wurden standrechtlich erschossen, 2200 zu Zuchthaus und Festungshaft verurteilt; der weiße Terror hingegen ging straffrei aus. Ein Standgericht verurteilte Eugen Leviné zum Tode; Ministerpräsident Hoffmann lehnte die Begnadigung ab. Gustav Landauer, vom Schreibtisch weg verhaftet, wurde mißhandelt, erschlagen, zerschossen, seine Leiche gefleddert. Ernst Niekisch, Towia Axelrod und Ernst Toller erhielten langjährige Festungsstrafen, ebenso Erich Mühsam; ihn ermordeten die Nazis 1933 im KZ Oranienburg. Max Levien entkam auf Umwegen nach Moskau und verschwand im Mahlstrom des stalinistischen Terrors.

Die Räterepublik war vorbei, die Revolution am Ende. »Wir sind gescheitert«, schrieb Ernst Toller, »alle, alle begingen Fehler, alle trifft Schuld, alle waren wir unzulänglich, die Kommunisten ebenso wie die Unabhängigen.« Die Hoffnung, von Bayern aus die sozialistische Weltrevolution vorantreiben zu können, hatte scheitern müssen. Unter der Gewalt der Verfolgung zerbrach auch der Glauben an die sozialistische Utopie. Denn anders, als Eugen Leviné es prophezeit hatte, führte die blutige Niederlage nicht zu einer Steigerung der revolutionären Energien. Der verzweifelte Mut der wenigen, die die Räterepublik zuletzt verteidigten, blieb nicht als Kraftquell im Bewußtsein. Vielmehr erwuchsen aus dem Scheitern übermächtig die Gefühle des Verrats, der Hilflosigkeit und Schwäche; auch daraus wurde das »Dritte Reich« geboren. Die politischen Folgen der Rätezeit, die Radikalisierung nach rechts und ein rabiater Antisemitismus, förderten Hitlers Aufstieg. Seine Kampftruppen, bis zur personellen Identität und erst recht im Denken, Auftreten und Kampfstil die gleichen wie Noskes Freikorps, marschierten im Sturmschritt in ihre neue Zeit.

Ein Nachhall der Revolution klingt in der demokratischen Verfassung an, deren Entwurf Ministerpräsident Hoffmann noch im Mai 1919 dem Landtag vorlegte. Sie gründet auf dem Gedanken der Volkssouveränität und sieht – neben der freien, geheimen, gleichen und unmittelbaren Wahl der Volksvertreter – auch die Möglichkeit eines Volksbegehrens vor. Eine Verbindung von repräsentativer und direkter Demokratie, wie sie Kurt Eisner angestrebt hatte. An den ersten republikanischen Ministerpräsidenten Bayerns erinnert auch Artikel 1 dieser Verfassung. Er schreibt fest, was Kurt Eisner in der siegreichen Revolutionsnacht des 7. November 1918 programmatisch verkündet hatte: Bayern ist ein Freistaat.

Ein Ort für eine Schule: Alexander S. Neill und Summerhill

von Dorothee Meyer-Kahrweg

»Sie wollen bestimmt nach Summerhill«, meint die freundliche Dame im kleinen Reisebüro am Bahnhof in Leiston, bei dem man alle Fahrkarten bekommt und den neuesten Nachbarschaftsklatsch erfährt. Ein neues Gesicht in Leiston? Da bedarf es keiner hellseherischen Fähigkeiten, um das Ziel der Reise zu erraten. In Leiston mit seinen etwa 5000 Einwohnern gibt es außer dem Dampfmaschinenmuseum nur noch eine Attraktion: die von Alexander Sutherland Neill gegründete freie Schule Summerhill. Seit 1927 hat die Privatschule ihren Sitz in einem alten viktorianischen roten Backsteinbau am Ortsrand von Leiston. Darum herum nur Felder und Wiesen, ein paar Kilometer sind es zum Kieselstrand, den aber auch nur die Birdwatcher interessant finden, da das Kernkraftwerk Sizewell diesen Teil der Grafschaft Suffolk an der Ostküste Englands nicht gerade zu einem Ferienparadies macht.

»Leiston liegt wirklich am Rande des Universums«, meint auch Misha Cale, 15 Jahre alt und seit acht Jahren in Summerhill. »Leiston ist eine kleine Stadt mit wenigen Geschäften und einigen anderen Schulen. Es ist keine sehr interessante Gegend, man kann hier nicht viel machen. Der einzige Grund, warum Summerhill hier ist, ist der, daß Neill nach einem Ort für seine Schule gesucht hat. Alle Angebote waren zu teuer, und dann kam er hierher und fand für wenig Geld viel Land, Gras, Wälder und das Haus; und da hat er sich gedacht: ›Okay, laß uns die Schule hier ansiedeln.‹« Die Schüler von Summerhill sind selbstbewußt, sie klingen manchmal etwas altklug – vielleicht auch nur etwas zu klug für ihr Alter –, und sie sind radikale Verfechter der Ideen von Summerhill.

Summerhill, das heißt heute wie vor 80 Jahren: Schüler und Erwachsene sind gleichberechtigt, und jedes Kind, egal, wie alt es ist, darf selbst entscheiden, ob es am Unterricht teilnehmen will oder nicht.

Zur Zeit gibt es etwa 70 Schülerinnen und Schüler in Summerhill. Die Kleinsten sind vier Jahre alt, wohnen bei den Eltern in der Umgebung der Schule und kommen nur für einige Stunden in der Woche. Die Größeren leben in Summerhill. Sie bleiben, bis sie 16 oder 17 Jahre alt sind, und die meisten von ihnen schließen die Schule mit einer externen Prüfung ab, die den Besuch eines Colleges ermöglicht.

»Summerhill hat wahrscheinlich die glücklichsten Schüler der Welt«, steht auf dem gelben Sweatshirt eines Jungen, und die Kinder, die gerade kreischend aus dem hohen Tor des Schulgebäudes rennen und sich gegenseitig mit Wasserbomben bewerfen, scheinen der gleichen Meinung zu sein. Ein ganz normaler Tag in Summerhill: Viele Schüler sind in den Klassenräumen, der Theaterkurs übt auf dem Vorplatz des Haupthauses, im Speisesaal sitzen die zwölfjährige Hester und die 15jährige Ni-Chieh am Klavier und üben zusammen die Musik eines japanischen Zeichentrickfilms ein, und auf dem gesamten Gelände spielen die, die gerade keine Lust auf Unterricht haben.

Zenum Hasani aus Berlin ist zwölf Jahre alt und seit einem knappen Jahr in Summerhill. Er sieht das mit dem Unterricht nicht so eng. Heute läßt er eine Stunde ausfallen und zeigt der Besucherin lieber das Schulgelände. Da ist einmal das alte Haupthaus mit dem großen düsteren Versammlungsraum, in dem auch Feste gefeiert werden können, dem Lehrerzimmer, einigen Klassen, dem Speisesaal und Schlafräumen für Kinder und Lehrer im ersten Stock. Vor dem Haupthaus liegt ein baumumstandener Platz mit Totempfahl und Halfpipe, auf dem Gelände verstreut gibt es noch ein paar niedrige, rosagetünchte Gebäude mit Klassenzimmern, Werkstätten, Computerräumen und weiteren Schlafräumen für die Schüler. Ein paar alte Wohnmobile, die etwas abseits stehen, dienen als Unterkünfte für weitere Lehrer, und ein riesiger Baum mit weit ausladenden Zweigen lädt zum Klettern ein. Besucher dürften da aber nicht rauf, erklärt mir Zenum, die würden nämlich zu oft herunterfallen und sich etwas brechen. Das ganze Gelände wirkt etwas heruntergekommen, hat aber Charme.

Zenum gefällt Summerhill. Hier habe er das Recht zu sagen, was er machen wolle, und könne bestimmen, wie sein Tag ablaufe: »Keiner sagt dir, was du zu tun hast.« Zenum hat nichts gegen die ›normale‹ Schule, auf die er vorher in Berlin gehen mußte. »Natürlich gab es da tausendmal mehr Druck als hier, aber daran gewöhnt man sich auch nach sechs Jahren.«

Misha konnte sich nie daran gewöhnen: »Ich hasse die staatliche Schule«, sagt er und drückt damit aus, was viele Schüler in Summerhill denken.

Die Schule gehaßt hat auch Alexander Sutherland Neill, der, 1883 als viertes Kind eines Schulleiters geboren, in dem kleinen schottischen Ort Kingsmuir aufwuchs.

»Sein Vater war der Dorfschullehrer. Damals war das Leben sehr hart, und sein Vater war ein sehr strenger Lehrer. Neill war außerdem kein guter Schüler, und er fand alles sehr schwierig – so wie die meisten Schüler der damaligen Zeit«, erzählt Neills Tochter Zoe Readhead, die Summerhill heute leitet.

Blick auf das Schulgelände von Summerhill
(Foto: John Bulmer/Camera Press/Picture Press Life)

Zwang, Disziplin und die Angst vor Schlägen bestimmten den Alltag des kleinen Jungen nicht nur in der Schule, sondern auch zu Hause, wo der Vater die Kinder mit der Trillerpfeife zu den Hausaufgaben rief. Eher aus der Not geboren wurde Alexander S. Neill trotz seiner schlechten Erfahrungen selbst Hilfslehrer. Nach einigen Jahren, in denen er unter der Aufsicht der jeweiligen Rektoren in den Klassen ein strenges Regiment führen mußte, studierte er in Edinburgh zunächst Agrarwissenschaften und dann Englisch. Während des Studiums begann sich A. S. Neill, der später nur noch Neill genannt wurde, für Kultur zu interessieren und als Journalist zu arbeiten. Aufgrund einer Venenentzündung wurde er bei Ausbruch des Ersten Weltkrieges für untauglich erklärt. Neill bewarb sich erneut um eine Stelle als Lehrer und übernahm im Oktober 1914 die Leitung einer Dorfschule in Gretna Green, im Südwesten Schottlands. Hier begann Neill seine Erziehungsmethoden zu entwickeln: Die Kinder durften während der Stunden schwatzen und konnten die Klasse verlassen, wenn ihnen der Unterricht zu langweilig erschien. Das war revolutionär und wahrscheinlich nur in der Abgeschiedenheit des schottischen Dorfes möglich, wo ihn die Eltern der Kinder gewähren ließen.

Langsam nahmen seine Ideen Formen an: Neill beschäftigte sich mit der Psychoanalyse, hielt Vorträge über Erziehungsmethoden und schrieb stark autobiographisch geprägte Bücher über die Erfahrungen eines Dorfschullehrers. Sein Lehrer und Freund war in dieser Zeit der amerikanische Pädagoge Homer Lane, der zwischen 1913 und 1918 eine Besserungsanstalt für jugendliche Straftäter leitete, in der viel Wert auf handwerkliche Arbeiten gelegt wurde und in der die Jugendlichen die Regeln ihres Zusammenlebens selbst bestimmten.

Nachdem Neill versucht hatte, diese Selbstverwaltung in der King Alfred School, einer Reformschule in London, zu etablieren, deswegen aber mit dem dortigen Leiter John Russell aneinandergeriet, suchte Neill schließlich auch über Englands Grenzen hinaus nach einer eigenen Schule, in der er seine Ideen verwirklichen konnte.

1921 schien sein Ziel in greifbare Nähe gerückt. Auf einer Reise durch Deutschland, bei der er verschiedene Reformschulen besuchte, kam er auch nach Hellerau bei Dresden. In Hellerau, einer vom 1907 gegründeten deutschen Werkbund erbauten Gartenstadt, besuchte er die dortige Jaques-Dalcroze-Schule. In einem Seitenflügel durfte er schließlich eine Internationale Schule nach seinen Vorstellungen gründen. Neill, inzwischen 37 Jahre alt, investierte sein ganzes Geld in seine erste eigene Schule, in der Kinder aus ganz Europa aufgenommen wurden. Hier kristallisierten sich einige Grundzüge von Neills Erziehungsmethoden heraus, die er sein Leben lang beibehalten sollte:

Die Schüler konnten selbst entscheiden, ob sie am Unterricht teilnehmen wollten, und sie trafen sich zu regelmäßigen Versammlungen, um die Dinge zu regeln, die den Unterricht und ihr Zusammenleben in der Schule betrafen. Wenn Neill Schüler maßregelte, dann oft mit sogenannten paradoxen Strafen: Ein Kind, das absichtlich das Geschirr zertrümmert hatte, wurde aufgefordert, noch weitere Dinge zu zerstören, ein anderes Kind, das gestohlen hatte, wurde von ihm aufgefordert, alle Dinge, die Neill gehörten, wegzunehmen.

»Das Resultat ist, daß ich gegenwärtig nicht die geringste Ahnung habe, wo die folgenden Artikel sind: zwei Scheren, ein Messer, ein Rechenschieber (im Wert von einer Guinee), ein Rasier-Abziehstein ...«, schrieb Neill

1923. Von den Lehrern erforderte diese Methode sehr viel Geduld und Nachsicht, die Kinder konnten durch die paradoxen Strafen ihre Aggressionen und ihren Haß ausleben und erfuhren, daß sie trotzdem angenommen und geliebt wurden.

In seinem achten Buch *The Problem Child* schrieb Neill 1926: »Das schwierige Kind ist ein Kind, das unglücklich ist. Es ist im Krieg mit sich selbst, und konsequenterweise im Krieg mit der Welt.«

Neills Ziel war nicht, Charaktere nach seinen Vorstellungen zu formen, sondern den Kindern so viel Raum zu geben, daß sie sich nach ihren eigenen Vorstellungen entwickeln konnten. Damit unterschied er sich deutlich von der Neuen Deutschen Schule, mit der er das Gebäude teilte.

»Die Neue Schule wurde von Idealisten betrieben, von denen die meisten der Jugendbewegung Deutschlands angehörten«, schrieb Neill in Erinnerung an seine Zeit in Hellerau. »Sie verurteilten Tabak, Alkohol, Foxtrott und Kinos; sie trugen Wandervögel-Kleidung. Wir auf der anderen Seite hatten andere Ideale; wir waren gewöhnliche Menschen, die Bier tranken und rauchten und Foxtrott tanzten ... Unsere Absicht war es, unser eigenes Leben zu leben, während wir den Kindern freistellten, ihr eigenes Leben zu leben. Wir gingen davon aus, daß die Kinder ihre eigenen Ideen bilden würden.«

Diese Zeit endete 1923, nachdem die politische und wirtschaftliche Situation in Deutschland immer schwieriger geworden waren. Nach einer kurzen Verlegung der Schule nach Österreich suchte Neill zusammen mit seiner späteren Frau, der Australierin Lilian Neustädter, einen neuen Ort für seine Schule. 1924 mieteten sie schließlich in Lyme Regis, an der Südküste Englands, ein großes Gebäude aus dem 19. Jahrhundert auf dem sogenannten Summer-Hill, der einen weiten Blick auf die Lyme-Bucht freigab.

Neill warb für seine Schule damit, daß sie »problematische« Kinder aufnehme, solche, die »faul, träge und antisozial« seien. Entsprechend viele »problematische« Kinder wurden in Summerhill angemeldet. Nicht alle konnten aufgenommen werden, da Neill einsah, daß auch seine Schule nur einen bestimmten Anteil an emotional und sozial gestörten Kindern vertrug.

1927 mußten Neill und seine Frau mit ihrer Schule umziehen. Sie fanden schließlich das alte viktorianische Gebäude in Leiston, in dem die Schule noch heute ihren Sitz hat. Den Namen Summerhill behielten sie bei.

Nach dem Tod von Neills erster Frau Lilian heiratete Neill mit 61 Jahren seine 34jährige Sekretärin Ena Wood, mit der er 1946 die Tochter Zoe bekam.

Ein freundschaftlicher Kontakt verband Neill mit Wilhelm Reich, mit dem er auch auf seinen vielen Vortragsreisen öfter zusammentraf. In Summerhill bauten die Schüler schließlich einen Orgon-Akkumulator, in den man sich laut Reich nackt setzen mußte, um positive Einwirkungen auf den Organismus zu erfahren. Auch wenn Neill den Forschungen Reichs skeptisch gegenüberstand, so waren sich die beiden doch einig in dem Glauben, daß Kinder ihre Sexualität möglichst frei ausleben sollten.

Das Thema Sexualität reizt heute mehr die Phantasie Außenstehender als die der Schüler von Summerhill selbst. »Habt ihr wirklich Sex im Swimmingpool?« wurde Misha schon von den Dorfkindern gefragt. »Na klar«, habe er voll Ironie geantwortet, »jeden Tag.« Doch auch für Summerhill gelten die englischen Gesetze, die Sex bei Jugendlichen unter 16 Jahren verbieten. Anders als in der noch immer recht prüden englischen Gesellschaft wird in Summerhill jedoch offen über Sex geredet. Gemeinsam in einer Wanne zu baden oder nackt im Pool zu toben ist ebenso normal.

Richtig bekannt und berühmt machte Neill das Buch *Summerhill, A Radical Approach to Child Rearing*, das 1969 unter dem in die Irre führenden deutschen Titel *theorie und praxis der antiautoritären erziehung – das beispiel summerhill* in der Zeit des gesellschaftlichen Umbruchs großes Aufsehen erregte.

Anders, als der Titel es nahelegt, ist Neills Erziehungsmethode nicht antiautoritär in dem Sinne, daß die Kinder machen können, was sie wollen.

Neill hatte beispielsweise überhaupt keine Probleme damit, einem Kind, das ohne anzuklopfen in sein Zimmer stürmte, ein Buch mit den Worten an den Kopf zu werfen: »Hau ab, du störst.« Er verbot seiner Tochter Zoe außerdem, an seiner Schreibmaschine zu spielen, solange sie klein war, da er diese Schreibmaschine für seine Arbeit brauchte. Die Kinder sollten lernen, Rücksicht zu nehmen, aber genauso verlangte er, daß Eltern und Lehrer auf die Schüler Rücksicht nahmen.

Zeit seines Lebens hielt Neill an der Ansicht fest, daß Kinder erst durch die Neurosen der Eltern, durch eine sexuell verklemmte Erziehung und die restriktive Religion antisozial und neurotisch würden. In Anspielung auf das Buch *Herr der Fliegen* von William Golding schrieb er: »Ich bin sicher, daß sich diese Gruppe oder irgend eine andere Gruppe freier Kinder auf einer einsamen Insel nie gegenseitig umbringen würde, wie es Jungen von einer ›disziplinierten‹ Schule in einer anderen Geschichte getan haben.« Und später fügte er hinzu: »Golding hat die falschen Kinder studiert. Wahrscheinlich hat er nie Kinder erlebt, die ohne Formung von außen waren, die Liebe statt Haß erfuhren, Kinder, die natürliches Mitgefühl haben und tolerant sind.«

Neill schrieb noch lange, hielt Vorträge und zog sich erst Ende der sechziger Jahre aus dem Schulalltag zurück. 1973 starb er im Alter von fast 90 Jahren.

Zuerst übernahm seine Frau Ena die Schulleitung, seit 1985 leitet seine Tochter Zoe die Schule.

»Er wollte keine Utopie schaffen, er war ein sehr praktisch denkender Mann«, sagt Tochter Zoe Readhead in Erinnerung an ihren Vater. »Er sah, daß in den Schulen viel falsch lief, und er wollte das ändern. Daraus entwickelten sich seine Ideen. Wie Sie sich vorstellen können, unterschieden sie sich grundlegend von denen aller damaligen Schulen. Er wollte den Kindern Kraft geben und die Freiheit, eigene Entscheidungen zu treffen. Das war damals unglaublich radikal – und es ist es noch heute. Eines der wichtigsten Dinge, die Kinder in Summerhill lernen, ist, daß du selbst für deine Handlungen verantwortlich bist. Jede Entscheidung, die du in deinem Leben triffst, hat Einfluß auf dein Leben und das anderer. Und du bist dafür verantwortlich und mußt es akzeptieren, auch mal zu sagen: ›Das oder jenes war eine falsche Entscheidung, dies oder jenes habe ich falsch gemacht, und ich muß darauf reagieren.‹ Ja, ich glaube fest daran, daß jedes Kind, das von klein auf hier in Summerhill oder einer ähnlichen Schule lebt, zu einer ausgeglichenen, abgerundeten Persönlichkeit heranwächst.«

Entscheidungen treffen und damit zurechtkommen, das lernen die Schüler beispielsweise in den Versammlungen, die mindestens zweimal in der Woche stattfinden und in wöchentlichem Wechsel von einem der Schüler oder Lehrer geleitet werden. Dabei treffen sich alle Schüler und

Lehrer in dem hallenartigen Hauptraum der Schule und diskutieren die anstehenden Probleme. Hier legen die Kinder auch gemeinsam mit den Lehrern die Regeln fest, nach denen sie leben möchten. Es gebe etwa 230 Gesetze, erklärt Misha, aber sie gingen alle auf einen Grundsatz zurück: »Du kannst alles machen, solange du damit niemanden anderen störst.«

So ist beispielsweise geregelt, wann welche Altersklasse von Kindern zu Bett geht, wann wo Ruhe zu herrschen hat, daß jeweils nach einer halben Stunde andere Kinder an die Tischtennisplatte gelassen werden müssen, oder auch, daß im Toaster wirklich nichts anderes als Brot geröstet werden darf.

Der Kantsche Imperativ ist allerdings nicht allein Grund für manche Vorschrift: Damit sie ihre Freiheit sinnvoll ausnutzen, haben die Kinder beispielsweise die Regel eingeführt, daß sie nur außerhalb der Unterrichtszeit am Computer spielen oder fernsehen dürfen.

Die meisten Vorschriften können wöchentlich geändert werden, doch es gibt auch einige wenige, die unumstößlich sind: So dürfen die Schüler keinen Alkohol trinken oder andere Drogen zu sich nehmen.

Wer gegen die Regeln verstößt, wird mit kleinen Geldbeträgen bestraft oder muß im Haus helfen, Müll aufsammeln oder den Tisch abräumen.

Wer etwas angestellt hat, wird zu einem Meeting geladen. So wie die Mädchen Betham und Poppy, die ihre Mitschüler damit ärgerten, daß sie nachts keine Ruhe gaben und die anderen daran hinderten einzuschlafen. Zur ›Strafe‹ werden Betham und Poppy eine Woche lang zum Betten-Dienst eingeteilt, das heißt, sie müssen abwechselnd eine Woche lang abends dafür sorgen, daß die Schüler zu ihren festgelegten Zeiten ins Bett gehen und das

Licht ausmachen. Ein anstrengender Job, meint Zoe Readhead, denn die Jüngsten gehen um acht Uhr ins Bett, die Ältesten um Mitternacht.

Die Kinder von Summerhill sind keine Engel, aber sie lernen, gut und rücksichtsvoll miteinander umzugehen. Unruhe verbreiten vor allem Schüler, die das System der Selbstverwaltung noch nicht gewöhnt sind. Kinder über zwölf Jahren werden daher gar nicht neu aufgenommen.

Soziale Kompetenz bescheinigen auch die staatlichen Behörden der Summerhillschule. Ansonsten üben sie bei ihren regelmäßigen Kontrollen viel Kritik: Bemängelt werden stets die schlechte Ausstattung der Schule und vor allem der mangelnde Wissensstand einiger Schüler. Tatsächlich ist es schon vorgekommen, daß ein Jugendlicher Summerhill verließ, ohne rechnen und schreiben zu können. Die Versuchung, den Unterricht zu schwänzen, wenn keine Sanktionen drohen, ist offensichtlich für viele, die von normalen Schulen nach Summerhill kommen, sehr groß.

Ausgerechnet unter der linksliberalen Regierung Tony Blairs drohte der Schule tatsächlich das Aus. Die Schulaufsichtsbehörde hatte 1999 mit Rückendeckung des Bildungsministeriums versucht, die Auflage zu erteilen, daß der Unterricht verpflichtend sei. Summerhill hatte sich dagegen gerichtlich gewehrt und Anfang 2000 Erfolg: Die Schule habe das Recht auf ihre eigene Philosophie, der Unterricht bleibe freiwillig.

Die Schule vertritt die Auffassung, daß die Schüler Wissenslücken sehr schnell schließen können, wenn sie dazu bereit seien, wieder zu lernen.

Auch die 15jährige Beth hat die Freiheit zu Anfang weidlich ausgenutzt: Als sie im Alter von zehn Jahren nach Summerhill kam, habe sie ein bis anderthalb Jahre lang nur gespielt und keine einzige Unterrichtsstunde besucht.

Für sie, die unter der staatlichen Schule so sehr gelitten hatte, sei das eine wundervolle Zeit gewesen. »Ich glaube nicht«, sagt sie heute, »daß es wirklich etwas ausmacht, wenn du viel versäumt hast. Wenn du wieder in die Klasse kommst, besprichst du mit dem Lehrer, was du lernen mußt, und dann fängst du eben wieder da an, wo du aufgehört hast.«

Englischlehrer Michael Newman muß lachen, als er an seine erste Zeit in Summerhill denkt: »Ich fühlte mich ziemlich schlecht, als ich das erste Mal in der leeren Klasse stand. Ich dachte: Warum ist keiner da? Liegt's an mir, hab ich sie gelangweilt, war die Stunde in der letzten Woche so schlecht? Als ich später die Schüler fragte, waren sie sehr höflich und sagten: ›Ach, ich hab's vergessen‹ oder so, weil sie mich nicht verletzen wollten. Doch in der Regel waren sie einfach nicht da, weil sie andere Dinge zu tun hatten.«

Das macht den Unterricht nicht einfach. An dem einen Tag fehlt mal der, am anderen die. Unterricht ist nur möglich, indem man ihn modulartig in kleinen Einheiten zusammenfaßt. Zu Anfang jedes Schulabschnitts können sich die Schüler zudem in die Fächer eintragen, die sie überhaupt besuchen möchten. In jedem Kurs sind etwa drei bis zehn Schüler.

Für Lehrer ist Summerhill auch aus anderen Gründen eine Herausforderung: Sie müssen akzeptieren, daß sie keine Macht über die Kinder ausüben können, daß sie sogar im schlimmsten Fall wieder gehen müssen, wenn die Kinder nicht mit ihnen zurechtkommen. Wegen der beständig schwierigen finanziellen Situation der Schule bekommen sie zudem nur etwa die Hälfte des sonst üblichen Lohns und müssen dafür in kleinen Zimmern im Haupthaus oder in heruntergekommenen Wohnwagen auf dem Gelände hausen.

»Ich denke, daß die Leute, die hier nach Summerhill kommen, gut ausgebildet sind, nicht unbedingt im akademischen Sinne, aber im pädagogischen Sinne«, sagt Zoe Readhead. »Ich glaube, daß sie über ihre Umwelt nachdenken und über das Thema Erziehung. Es sind oft mutige Menschen, die hierherkommen, eine Weile bleiben und dann wieder woanders hingehen. Und das ist ja auch ganz in Ordnung, wenn man Anfang 20 ist, will man nicht für Jahre in Summerhill bleiben, sondern auch wieder was anderes machen. Und ich bin ganz glücklich damit, denn so bekommen wir interessierte und engagierte Lehrer, und ich glaube, sie tun der Gemeinschaft wirklich sehr gut.«

Die Gemeinschaft funktioniert seit 80 Jahren, und Zoe Readhead denkt nicht daran, das System zu ändern. Jedes Jahr kommen neue Schüler aus der ganzen Welt, zur Zeit viele aus Asien, und jedes Jahr verlassen einige die Schule. »Ich glaube nicht, daß du das Leben draußen schwierig findest«, ist Zoe Readhead überzeugt, »aber daß du traurig bist, weil du mit Menschen aufgewachsen bist, die ehrlich sind. Und wenn du dann rausgehst und mit anderen zusammentriffst, die viele Probleme mit sich haben, dann ist das traurig. Aber du kannst damit umgehen, weil du das in Summerhill gelernt hast.«

Summerhill mag nicht die richtige Schule für die Kinder sein, die gut mit dem Druck in einer normalen Schule zurechtkommen und viel Spaß daran haben zu lernen. Denn die vielen Fehlstunden der anderen Schüler können das Lernniveau der gesamten Klasse drücken, auch wenn diese Klassen viel kleiner sind als in herkömmlichen Schulen. Aber beeindruckend sind die soziale Kompetenz der Schüler und ihre Selbständigkeit. Für Misha und Beth, die in den herkömmlichen Schulen so gelitten haben, ist Summerhill das Beste, was ihnen passieren konnte. Hier wurden ihnen Raum und Zeit gelassen, zu sich zu kommen und zu überlegen, was sie mit ihrem Leben anfangen wollen. Die beiden machen sich keine Sorgen über ihre Zukunft. Beth, die angefangen hat, Gedichte und Erzählungen zu schreiben, geht inzwischen regelmäßig zum Unterricht, denn sie will in einem Jahr aufs College, um dort »irgend etwas mit Literatur« zu studieren. Und Misha möchte mit Computern arbeiten, einen anständigen Job haben und viel Geld verdienen.

Genies habe Summerhill noch nicht hervorgebracht, schrieb Neill in seinem Buch *Summerhill, A Radical Approach to Child Reading.* »Nein, das war bisher noch nicht der Fall. Ein paar schöpferische Menschen vielleicht, die noch nicht berühmt sind, einige hervorragende Künstler ... einen ausgezeichneten Möbeldesigner, mehrere Schauspieler und Schauspielerinnen, ein paar Naturwissenschaftler und Mathematiker, die vielleicht eines Tages neue Entdeckungen machen werden. Gemessen an der verhältnismäßig kleinen Zahl von Schülern in Summerhill ... sind relativ viele unserer Kinder in schöpferische Berufe gegangen.«

Die Welt hat sich geändert, und natürlich hat das Einfluß auf die Zukunftswünsche der Kinder in Summerhill. Doch noch immer gilt Neills Spruch: »Mir ist es lieber, wenn Summerhill einen glücklichen Straßenkehrer hervorbringt als einen neurotischen Premierminister.« Summerhill wirbt mit diesem Spruch – ganz zeitgemäß auf einem Mousepad.

Natürliche Wirtschaftsordnung? Die Utopie der geldlosen Gesellschaft

von Joachim Meißner

Der Fluß des Geldes bestimmt den endlosen Güter- und Warenverkehr unserer Zeit. Die Möglichkeiten des Geldes scheinen beinahe unbegrenzt: Es ist an jedem Ort der Welt und zu jeder Zeit einsetzbar. Geldpolitik versucht, diese Geldströme zu lenken, um noch mehr Wachstum und Wohlstand zu schaffen. Alles, so scheint es, dreht sich ums Geld. Doch was, wenn das Vertrauen in Gold und Geld verlorengeht, wenn das Geld nicht einmal mehr das Papier wert ist, auf dem es gedruckt wurde? Dann regiert der Tausch! Der Schwarzmarkt diktiert die Preise: eine Geige gegen 2 kg Butter, 1 Volksempfänger gegen 30 Eier – so etwa sahen die Tauschregeln nach dem Zweiten Weltkrieg aus. Vor allem in Zeiten der wirtschaftlichen Depression oder nach Kriegen kehrten die Menschen zum direkten Tausch ›Ware gegen Ware‹ zurück. Der Tauschhandel ist aber nicht nur Geschichte, quasi ein Relikt überholter historischer Epochen. Seit einigen Jahren erfährt er eine Renaissance.

Vor allem in Amerika und in den westeuropäischen Industriestaaten sind in den letzten Jahren Bewegungen entstanden, die in Konkurrenz zum traditionellen System des Waren- und Geldumlaufs ein Leben ohne Geld und Zinsen organisieren. Die Utopie der geld- und zinslosen Gesellschaft ist ihr Ideal, das sie in Tauschbörsen und Barter-Clubs, Tauschringen, Zeitbörsen oder LETS (Local Exchange Trading System) auf zumeist regionaler Ebene praktizieren. Nicht Mark, Dollar, Pfund, Peso, Franc oder

Euro sind ihre Währungseinheiten, sondern Taler, Batzen, Heller oder Peanuts – der Phantasie sind da keine Grenzen gesetzt. Doch das Zahlungsmittel hat hier nicht einfach nur einen anderen Namen, sondern auch eine andere Funktion. Das wird deutlicher, wenn Währungen ›Ithaka-Hour‹ oder ›Talent‹ heißen. Die geldlosen Verrechnungssysteme arbeiten mit Leistungs- oder Zeiteinheiten, die zwar ähnlich wie auf einem Girokonto verbucht werden. Doch statt abstrakter Zahlen werden hier Arbeitsstunden verrechnet. Ein Beispiel: Frau Müller braucht Hilfe im Garten. Als Mitglied im Wetterauer Talentmarkt bezieht sie regelmäßig die *Marktzeitung*, in der sie liest, daß Frau Schulz Arbeiten im Garten übernimmt. Frau Müller setzt sich mit Frau Schulz in Verbindung und verabredet mit ihr einen Nachmittag in Frau Müllers Garten. Die Arbeit dauert 3 Stunden, die sich Frau Schulz auf ihrem Konto als 60 Wettertaler bei der Tauschzentrale gutschreiben läßt. Frau Müllers Konto hingegen wird mit demselben Betrag belastet. Dieses Minus kann sie ausgleichen, wenn sie zum Beispiel dem Sohn von Herrn Meier Klavierunterricht gibt oder dem arbeitslosen Herrn Koch hilft, Bewerbungsschreiben zu formulieren. Eine Stunde Arbeit ist dabei immer gleich viel wert, 20 Wettertaler, völlig unbenommen, welche Leistung erbracht wird. Die Wettertaler können nicht in reguläres Geld, also in DM, getauscht werden. Und um das System transparent zu gestalten und Mißbrauch vorzubeugen, erhält jeder Teilnehmer Einblick in die Konten der anderen Mitglieder. Weltweit gibt es über 2000 Tauschbörsen, die nach diesem oder einem ähnlichen System funktionieren und es ermöglichen, mit ›Blüten‹, ›Creditos‹, ›Grains de Sel‹, ›Hags‹ oder ›Strouds‹ Dienste in Anspruch zu nehmen, Gegenstände zu leihen oder zu kaufen. Das Internet ist dabei zu einem wichtigen Hilfsmittel geworden, weil es die für den Tausch wichtigen Informationen über Angebot und Nachfrage schneller und umfassender liefert, als dies bisher möglich war. Außerdem erlaubt es eine Vernetzung der regionalen Tauschbörsen und damit die Ausbildung nationaler und internationaler Tauschstrukturen. Ihren größten Rückhalt haben die Tauschringe jedoch ohne Zweifel auf lokaler Ebene, wo sie sehr erfolgreich funktionieren und beständig wachsen.

Den Tauschbörsen liegt das Prinzip der Nachbarschaftshilfe zugrunde, Leistungen auf der Basis von Gegenseitigkeit untereinander auszutauschen. Diese soziale Komponente ist nicht nur ein Nebeneffekt, sondern ein zentrales Motiv der Tauschbörsen. Der auf diese Weise organisierte und koordinierte Aus-Tausch von Fähigkeiten, Talenten und Erfahrungen fördert in einer zunehmend als anonym und kalt empfundenen Urbanität den sozialen Aus-Tausch und aktiviert die Sozialbeziehungen auf eine selbstmotivierte, nicht durch Sozialmanagement erst mühselig angeschobene Weise. So bleibt auch nicht das Gefühl zurück, etwas schuldig zu sein oder zur Last zu fallen. Darüber hinaus lassen sich zum Beispiel Leistungen tauschen, für die sich auf dem regulären Markt keine Anbieter finden würden, so wenn etwa die Reparatur längst veralteter Elektrogeräte nachgefragt wird. Aber auch Leistungen, die zu teuer sind oder für die man sich üblicherweise nicht bezahlen ließe, wie das Vorlesen oder die Begleitung ins Theater, finden sich in den Börsenblättern der Tauschzentralen wieder.

Tauschringe haben aber nicht nur praktische Vorteile, sondern auch, wie die Frankfurter Wirtschaftsjournalistin Heike Leitschuh-Fecht, die sich seit Jahren mit alternativen Wirtschaftssystemen beschäftigt, betont, wirtschafts-

und gesellschaftspolitische Bedeutung: »Vor allem arbeitslose und einkommensschwache Personen werden unabhängiger vom Geld und von staatlicher Unterstützung, und sie erhalten neue Möglichkeiten, ihre Fähigkeiten nutzbringend einzusetzen. Tauschringe fördern regionale Strukturen; indem sie auf das Angebot vor Ort zurückgreifen, helfen sie Energie einzusparen. Sie machen vieles erst möglich, was in geldvermittelten Märkten vielleicht keine Chance hätte, beispielsweise werten sie ökologisch sinnvolle Reparaturleistungen oder Leihsysteme auf. Darüber hinaus fördern die Tauschringe Hilfe zur Selbsthilfe, Solidarität, Selbstbewußtsein und Kreativität der Beteiligten und können soziale Isolierung, vor allem alter Menschen, überwinden. – Und nicht zuletzt verhindern sie eine durch den Zins verursachte Umverteilung zugunsten der Geldkapitalbesitzer.«

Da in den Tauschbörsen meist die Zeit die entscheidende Verrechnungseinheit ist, bieten diese geldlosen Systeme Menschen, die wenig Geld, aber viel Zeit haben, die Chance, sich in die Wirtschaft zu integrieren. Aber nicht nur Privatpersonen, auch Unternehmen und sogar Staaten wickeln einen Teil ihrer Bezahlung nicht mit Geld, sondern im Tausch ab. Zumeist sind diese Institutionen in Barter-Clubs zusammengefaßt, benannt nach dem englischen Wort für Tausch: »barter«. Allein die »Barter Clearing & Information«, eine der größten und ältesten Barter-Gesellschaften in Deutschland, organisiert jedes Jahr rund 120 000 Geschäfte zwischen 4000 und 5000 Unternehmen im bargeldlosen Tausch. Doch wenn sich Daimler-Benz etwa rund 1000 Busse von Ecuador mit Bananen bezahlen läßt, dann geht es vor allem um gewerbliche Zwecke und Gewinnorientierung. Den kommerziellen Barter-Clubs sind die sozialen und integrativen Ansätze der Tauschringe zumeist fremd, auch wenn die Regeln, nach denen die Barter-Gesellschaften ihren Handel durchführen, denen der Tauschringe ähneln. Angesichts hoher Arbeitslosigkeit und zunehmender Verschuldung der Städte überlegen auch Kommunen, ob sie neue Wege in ihrer Steuer- und Finanzpolitik gehen sollen. Statt beispielsweise in Mark oder Euro könnten Bürger die kommunalen Abgaben und städtischen Angebote mit dem Alternativgeld eines lokalen Tauschringes bezahlen, dem auch die Gemeinde angehört.

Solche vorsichtigen Versuche sind jedoch noch immer die Ausnahme. Eine Gemeinde, die erfolgreich aus der Geldwirtschaft aus- und in die Tauschwirtschaft einstieg und damit in ihrer Zeit weltberühmt wurde, war das kleine Tiroler Dörfchen Wörgl. 1932 zählte die österreichische Gemeinde 4200 Einwohner, davon waren rund 400 Menschen arbeitslos – eine Folge der großen Weltwirtschaftskrise. Infolge des New Yorker Börsenkrachs vom 24. Oktober 1929, der als der *Schwarze Freitag* in die Geschichte einging, stiegen in den westlichen Industrieländern die Arbeitslosenzahlen auf über 30 Millionen. Allein in Deutschland waren 1932 sechs Millionen Menschen ohne Arbeit. Auch in Wörgl erhöhten sich die Arbeitslosenzahlen täglich. Die Gemeinde war zudem hoch verschuldet: So konnten weder Arbeitslosen- und Sozialfürsorgeprogramme finanziert werden, noch hatte man das Geld, um die nötigsten Instandhaltungsarbeiten an Straßen und öffentlichen Gebäuden vorzunehmen. Einen Ausweg aus der Krise suchte der sozialdemokratische Bürgermeister Wörgls, Michael Unterguggenberger. Der 1884 in Hopfgarten im Brixental geborene Handwerker und Lokführer war erst ein Jahr zuvor, 1931, in sein politisches Amt gewählt worden und wollte nun die schwere Krise der hochverschuldeten Gemeinde lösen. Ohne je ökonomische Studien betrieben zu haben, griff Unterguggenberger zu den Standardwerken eines Karl Marx oder Pierre Joseph Proudhon. Allerdings mit mäßigem Erfolg. Erst in dem Werk *Die Natürliche Wirtschaftsordnung* des deutsch-argentinischen Kaufmanns Silvio Gesell (1863-1930) fand er eine ihn überzeugende Erklärung für die Wirtschaftskrise und konkrete Hinweise zu ihrer Überwindung.

Die Wirtschaftslage zu Beginn der dreißiger Jahre war von einer Deflation geprägt. Das heißt, die Preise der Waren fielen, das Geld gewann dadurch ständig an Wert. Das genaue Gegenteil einer Inflation. Da die Waren immer billiger wurden, wurde ihr Kauf, wenn er nicht unbedingt notwendig war, zurückgestellt – man wartete einfach ab, bei fallenden Preisen eine logische Folge. Das umlaufende Geld wurde, weil es in den Privathaushalten und Unternehmen zurückgehalten wurde, immer weniger, die Geldmenge verkleinerte sich, und Geld wurde ›Mangelware‹.

An dieser Stelle setzte nun Unterguggenbergers Nothilfe-Programm an, das einstimmig, trotz aller politischen Unterschiede, am 8. Juli 1932 vom Gemeinderat verabschiedet wurde und das auf Gesells Theorie basierte. Gesell hatte in seiner *Natürlichen Wirtschaftsordnung* die Vorteile des Geldes als modernes und unschlagbares Zahlungsmittel radikal in Frage gestellt. Eine gewagte, beinahe revolutionäre These, denn die führenden Ökonomen und Wirtschaftspolitiker der Zeit hoben die Segnungen des Geldes für die Gesellschaft hervor und kritisierten es nicht. Sie konnten sich dabei auf eine lange Tradition und große philosophische Köpfe berufen. Der Begründer des Liberalismus, John Locke, hatte bereits im 17. Jahrhundert die unbegrenzte Akkumulation des Geldes ethisch auch damit gerechtfertigt, daß es nicht verderbe. Anders als Waren, die irgendwann ungenießbar oder mangelhaft werden, könne das Metall gehortet und zu großem Reichtum angesammelt werden. Diese Grundeigenschaft des Geldes mache es jedem anderen Zahlungsmittel überlegen. Gesell hatte dagegen erkannt, daß die Möglichkeiten des Geldes und der Geldsteuerung, in wirtschaftlichen Krisen entschärfend zu wirken, an Grenzen stoßen. In Zeiten der Deflation führe der Charakter des Geldes, – bildhaft gesprochen – nicht zu ›rosten‹, dazu, daß Geld dem Umlauf entzogen werde. Die Geldstauung habe dann unweigerlich einen Warenstau zur Folge, denn wenn Geld zurückgehalten werde, so Gesells These, werde auch weniger verkauft und somit auch weniger produziert. Eine Folge: Die Arbeitslosigkeit steige und mit ihr die Verarmung breiter Bevölkerungsschichten. Schließlich, so prognostizierte Gesell, würde es unweigerlich zu sozialen Unruhen kommen.

Diesem Teufelskreis war man nicht hilflos ausgeliefert. Es konnten Gegenmaßnahmen ergriffen werden, indem man, auch das konnte Unterguggenberger bei Gesell nachlesen, ein Zahlungsmittel einführt, das wieder die natürliche Eigenschaft des Verfalls annimmt. Dieses ›Freigeld‹ wird immer weniger wert, je länger es liegt. Durch den daraus entstehenden Umlaufzwang wird die Wirtschaft wieder aktiviert, Arbeitslosigkeit abgebaut, und der Wohlstand für alle steigt. In Wörgl führte Unterguggenberger dieses ›Freigeld‹ in Form sogenannter ›Arbeitswertbestätigungsscheine‹ ein. Die Scheine wurden im Wert von 1, 5 und 10 Schillingen ausgegeben und hatten ihren Verfall auf ihrer Rückseite bereits vorgesehen. Dort waren Felder vorgedruckt, auf die monatlich Stempelmarken aufzukleben waren. Diese Marken bestätigten zum einen die Gültigkeit des Scheins, zum anderen führten sie zur Reduzierung um 1% des angegebenen Nennwertes. Das Interesse seiner Inhaber war es also, den Schein möglichst schnell wieder auszugeben, da er monatlich an Wert verlor. Mit diesen Wertscheinen finanzierte Wörgl gleich mehrere Bauvorhaben. Kanalisierungs- und Straßenarbeiten wurden ebenso in Auftrag gegeben wie der Bau einer neuen Sprungschanze. Eine Notstandsküche wurde eingerichtet, ein Waschhaus und ein Holzhaus bei der Gemeindemühle gebaut sowie die Errichtung der Straßenbeleuchtung finanziert. Im Schnitt konnte die Gemeinde auf diese Weise 50 bis 60 Arbeiter direkt und etwa 40 Mann in der Zulieferindustrie beschäftigen. Die Arbeiter gaben ihre Arbeitswertscheine sogleich wieder für Konsumartikel aus, so daß die Geschäftsleute damit ihre Steuerschulden bei der Gemeinde bezahlen konnten. So war der Kreislauf binnen kurzem geschlossen und das Tauschmittel für weitere Projekte wieder in der Gemeindekasse. Während die Arbeitslosigkeit in Österreich in dieser Zeit um 10 Prozent weiter anstieg, ging sie in Wörgl um 25 Prozent zurück.

Das Echo auf die Erfolgsgeschichte des Tiroler Dorfes war unerwartet groß: Während die Nachbargemeinden um Wörgl sich ebenfalls anschickten, Schwundgeld einzuführen, lösten Zeitungsartikel im Ausland großes internationales Interesse aus. Volkswirtschaftler und Politiker kamen, um sich vor Ort vom Funktionieren der neuen Tauschordnung zu überzeugen. Unter ihnen war auch der Geldtheoretiker Professor Irving Fischer aus den Vereinigten Staaten, der Gesells Idee so überzeugend fand, daß er sie anwenden wollte, um die Depression in Amerika zu beseitigen. Frankreichs Ministerpräsident Eduard Daladier besuchte im Sommer 1933 Wörgl und war ebenfalls begeistert: »Dieses Geld hat überaus beachtenswerte Ergebnisse gezeitigt. Die Bewohner haben mir erklärt, daß sie solches Geld, das sie leben läßt, dem Goldwahn und anderen veralteten Ideen vorziehen.«

Nur wenige Monate später berichtete die große Pariser Zeitschrift *Illustration* über das Wörgler Experiment, und noch im selben Jahr gründete sich in Frankreich ein Dachverband für Tauschgesellschaften. Der Pfarrer der Nachbargemeinde Westendorf pries Wörgls Leistung sogar als Beginn revolutionärer Veränderungen historischen Ausmaßes: »Wenn es auch lächerlich schien, daß sich das kleine Tirol gegen die Gewalt Napoleons erhob, der Funke aus Tirol hatte genügt, um im übrigen Europa einen Brand auszulösen, der die unbesiegbar scheinende Macht zerbrach. Es geht heute nicht gegen Napoleon, aber die Macht, die heute zerschlagen werden muß, die internationale Hochfinanz, ist größer als die Macht Napoleons.«

Doch die Popularität hatte für Wörgl auch einen Nachteil: Aufgeschreckt durch die vielen Zeitungsmeldungen und durch die Vorstellung, viele Gemeinden in Österreich könnten aufgrund der anhaltenden Depression dem Beispiel Wörgl folgen, intervenierte die Nationalbank bei der Tiroler Landesregierung. Man solle den Wörgler Gemeinderatsbeschluß aussetzen, denn, so das Argument der Notenbank, damit werde das ihr allein zukommende Banknotenprivileg unterlaufen. Der Gemeinderat wehrte sich: Die Arbeitswertscheine seien kein Geld. Sie seien nur auf den an der Nothilfe beteiligten Personenkreis beschränkt, der sich freiwillig an der Selbsthilfeaktion beteilige, und damit kein allgemeingültiges Zahlungsmittel. Doch der Protest half nichts: Im November 1933 beendete der Verwaltungsgerichtshof das so erfolgreiche Projekt.

Am Ende des Zweiten Weltkrieges schrieb der amerikanische Dichter Ezra Pound, der 1945 in einem Pisaner

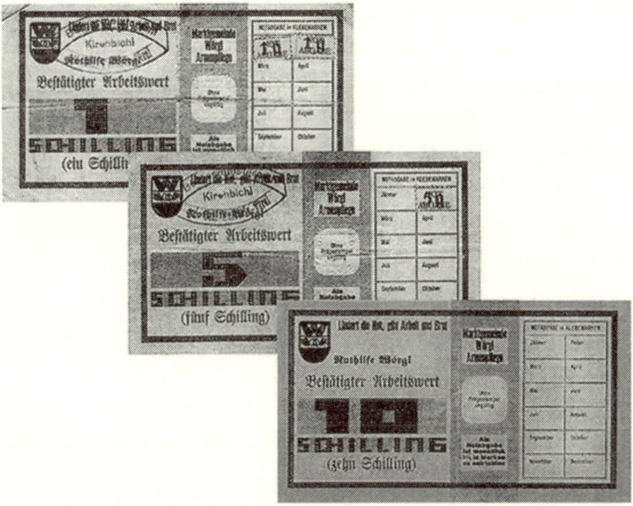

»Bestätigter Arbeitswert«: Zahlungsmittel der geldlosen Gesellschaft

Militärlager gefangengehalten wurde, seine *Pisaner Gesänge.* Darin nimmt der Dichter, der Wörgl zweimal, 1935 und 1936, besucht hatte, auf Unterguggenbergers Experiment Bezug: »Eine nette kleine Stadt im Tirolischen, in einer weiten Talsohle gelegen nahe bei Innsbruck. Und als ein Schein der Kleinstadt Wörgl in Innsbruck über die Theke wanderte und der Bankier es wahrnahm, geriet der Geldklüngel Europas aus dem Häuschen. Der Staat braucht nicht zu borgen, noch brauchen Veteranen eine Staatsgarantie für Privatpump zu Wucherzinsen. In der Tat liegt hier der Hase im Pfeffer. Der Staat braucht nicht zu borgen, wie Wörgls Bürgermeister nachwies, der Milch lieferte und dessen Frau Hemden und Lederhosen handelte.«

Das Experiment von Wörgl schien dem Dichter der Wirtschaftskritik ein gangbarer Weg zwischen Kapitalismus und Sowjetwirtschaft. Die Utopie des dritten Weges prangert vor allem die ›Wucherzinsen‹ an, ein Topos, der sich schon lange durch die Geschichte der Menschheit zieht und der eng verbunden ist mit der Ablehnung des Geldes überhaupt. Schon in der Bibel wird immer wieder auf den verderblichen Einfluß des Geldes auf den Menschen verwiesen. Alle negativen Charaktereigenschaften von der Unersättlichkeit über den Stolz bis hin zur Gottesentfremdung werden damit verbunden. Auch ein Zinsverbot, zumindest gegenüber verarmten Stammesgenossen, kennt das Alte Testament: »Leihst du einem aus meinem Volk, einem Armen, der neben dir wohnt, Geld, dann sollst du dich gegen ihn nicht wie ein Wucherer benehmen. Ihr sollt von ihm keinen Wucherzins nehmen.«

Begründet wird das Zinsverbot mit der besonderen Sorge Jahwes für die Armen und Schutzbedürftigen. Als geradezu unsittlich brandmarkte Aristoteles den Zins.

Den Austausch von Gütern und den Gebrauch des Geldes lehnte der griechische Philosoph nicht ab, die Zinsnahme bei Darlehensgeschäften bezeichnete er dagegen, ebenso wie die Bibel, als Wuchergeschäft, »das aus guten Gründen verhaßt ist, da es seinen Erwerb aus dem Gelde selbst zieht und nicht aus den Dingen, zu deren Vertrieb das Geld eingeführt wurde. Denn dieses sollte nur zur Erleichterung des Austausches dienen; der Zins aber bewirkt, daß es sich selbst vermehrt. Der Zins wird als Geld vom Gelde erzeugt. Deshalb ist diese Art des Erwerbs die allernaturwidrigste.«

Die Kritik an der Habsucht ließe sich mühelos ebenfalls an den Kirchenvätern und dem kanonischen Zinsverbot, das Juden und Mauren ausnahm, darstellen und über Martin Luther, der den Zins für ein Werk des Teufels hielt, und die Frühsozialisten und Kommunisten bis zu Vertretern heutiger Kapitalismuskritik weiter verfolgen. Gemeinsam ist diesen Kritikern mehr oder weniger, daß sie Geld und den Zins als Geldesgeld für moralische Defizite der Gesellschaft verantwortlich machten und die gesellschaftliche Organisation in ihrer einseitigen Ausrichtung auf Materialität möglichst eingeschränkt sehen möchten. Die Utopie der eigentums- oder aber zumindest geldlosen Gesellschaft gründet darauf, daß in ihr die individualsittlichen und allgemein-moralischen Werte, die die Synthesis einer Gemeinschaft ausmachen, strukturell so geschützt sind, daß sie nicht mehr korrumpierbar sind. Der »amor sceleratus habendi«, die verbrecherische Liebe zum Habenwollen, die in den liberalen Gesellschaftsentwürfen nicht als etwas Negatives, sondern als Motor für den gesellschaftlichen und moralischen Fortschritt gesehen wird, erscheint von dieser anderen Warte aus als die Ursache für Unterdrückung und fortschreitende Zerstörung ökologischer Ressourcen. Doch auch wenn sich beide Positionen unversöhnlich gegenüberstehen, sie eint die Annahme, daß die Ausstattung des Geldes mit bestimmten Eigenschaften zugleich in Wechselwirkung mit der Art und Qualität der gesellschaftlichen Organisation steht. Während die einen im Geld ein Mittel zum Handel, zur Wertaufbewahrung und eine Recheneinheit sehen und in diesen klassischen Geldfunktionen einen Faktor für gesellschaftlichen Fortschritt erblicken, ist für die andere Seite das Geld die Ursache allen Übels und seine Beseitigung, oder zumindest Modifikation zu einem alle Menschen nützenden Instrument, die Voraussetzung für individuelles und gesellschaftliches Glück. Zwar wird die Rückkehr zum Naturalgeld von niemandem heute ernsthaft vertreten, doch die direkte Tauschbeziehung erscheint vielfach als ein Zurück zur Natur, als der Königsweg, entseelte, nur auf materiellen Vorteil ausgerichtete und auf einem anonym ausgetragenen Wettbewerb basierende Beziehungen wieder mit einem menschlichen Antlitz zu versehen. Dahinter steht die Marxsche Auffassung von der die menschlichen Beziehungen entfremdenden Funktion des Geldes. In der Unmittelbarkeit der Kommunikation zwischen den Menschen und ihren Produkten ist der Mensch selbst der Mittler. Das Geld, so Marx, zerstört diese Einheit: »Indem der Mensch diese vermittelnde Tätigkeit selbst entäußert, ist er hier nur als sich abhanden gekommener, entmenschter Mensch tätig. Durch diesen fremden Mittler – statt daß der Mensch selbst der Mittler für den Menschen sein sollte – schaut der Mensch seinen Willen, seine Tätigkeit, sein Verhältnis zu andren als eine von ihm und ihnen unabhängige Macht an. Seine Sklaverei erreicht so die Spitze.«

Erinnert wird von Gegnern der modernen Geldwirtschaft auch daran, daß Geld in seiner Geschichte durchaus wechselnde Formen annehmen konnte und keineswegs auf seine jetzige Erscheinungsform festgelegt war. Je nach Region und Kulturstufe galten noch viele andere Rohstoffe wie zum Beispiel Muscheln, Tee oder Getreide als Geld. Salz war im Mittelalter so wertvoll wie Gold. Lange Zeit war der Handel mit Salz ein königliches Privileg. Sein Kauf wurde besteuert und über seine Gewinnung eifersüchtig gewacht. Die Transporte auf den Salzstraßen mußten sogar vor Überfällen geschützt werden. Und nicht selten wurden blutige Gefechte um Salzrechte geführt. Springt man in die heutige Zeit, dann erscheint die Propagierung des Tauschhandels vielen als ein Rückfall in die Steinzeit. Noch heute sehen Wirtschaftstheoretiker im Tauschhandel nur eine primitive Vorstufe zur Geldwirtschaft. Der Wirtschafts- und Sozialgeschichtler Karl Erich Born interpretierte die restlose Durchsetzung und positive Einschätzung des Geldes in seiner heutigen Erscheinungs- und Gebrauchsform seit der Aufklärung zugleich als Erfolgsgeschichte des Fortschritts, wenn er schreibt: »In den politischen und gesellschaftlichen Reformen, die durch die Französische Revolution und die Industrielle Revolution in Europa ausgelöst wurden, wurden bisher bestehende naturale Verpflichtungen und persönliche Bindungen und Freiheitsbeschränkungen durch Geldleistungen abgelöst und beseitigt. Deshalb konnte Georg Simmel in seiner *Philosophie des Geldes* das Geld als ›Träger individueller Freiheit‹ bezeichnen, weil es die persönlichen Unfreiheiten der Naturalwirtschaft überwunden habe.«

Die Anhänger der Utopie einer geldlosen Gesellschaft bestreiten genau diese Wirkung des Geldes. An die Stelle der persönlichen und rechtlichen Abhängigkeiten in den Feudalgesellschaften seien in der bürgerlichen Gesellschaft nicht nur andere Freiheiten, sondern auch neue Unfreiheiten getreten. Und es ist in der Tat nicht zu bestreiten, daß die modernen Industriestaaten auf der Notwendigkeit des unbegrenzten wirtschaftlichen Wachstums funktionieren, auch wenn der tatsächliche Lebensstandard stagniert. So machen die Anhänger der Tauschwirtschaft eine andere Rechnung hinsichtlich der Entwicklungsgeschichte geldgestützter Gesellschaften auf: Zinsen bewirken einen kontinuierlichen Transfer von Reichtum von der breiten Mehrheit auf eine kleine Minderheit. Über 60 Prozent des deutschen Gesamtvermögens konzentrieren sich auf 10 Prozent der Haushalte. Nach Angaben der Vereinten Nationen haben die 200 reichsten Personen der Welt ihre Nettovermögen in den vier Jahren vor 1998 verdoppelt, auf mehr als eine Billion Dollar. Das Gesamtvermögen der drei reichsten Milliardäre übersteigt, so die UN, das Gesamt-Bruttosozialprodukt aller am wenigsten entwickelten Länder und ihrer 600 Millionen Menschen. Zugleich geht mit dieser Konzentration von immer mehr Geld in der Hand immer weniger Menschen auch ein Anwachsen der Arbeitslosigkeit einher. 1958 gab es in Frankreich 25 000 Arbeitslose. 40 Jahre später waren es fast 3,5 Millionen. Das ist kein französisches Privileg, es ist ein weltweites Problem. Man rechnet heute mit etwa 120 Millionen Arbeitslosen auf der Erde, davon etwa 35 Millionen in den Industrieländern, 18 Millionen in Europa.

Der Fortschritt, den das Geld bewirkt haben soll, scheint sehr einseitig ausgefallen zu sein. Michael Wünstel ist einer der Organisatoren, die derzeit einen bundesweiten Informations- und Datenaustausch für alle Tauschringe in Deutschland aufbauen. Er sieht sich inzwischen aufgerufen, mit den Mechanismen alternativer Geldmodelle genau jene Probleme zu beseitigen, die Born ganz offensichtlich nicht dem Geld anlastete und die nach ihm doch eigentlich als überwunden galten.

»Wenn es einen Weg gibt, die Menschheit vor weiteren Krisen wie Umweltzerstörung, Arbeitslosigkeit, Hunger, Verschuldung, Gewalt und Kriegen zu bewahren, so muß in jedem einzelnen Menschen die Überzeugung wachsen, daß eine bessere, friedlichere, gerechtere und menschlichere Welt möglich ist und daß es sich lohnt – gemeinsam mit anderen – diesen Weg Schritt für Schritt zu gehen. Einen zwar kleinen, aber dennoch vielleicht entscheidenden Schritt auf diesem Weg könnten in Zukunft Projekte sein, die an einem zentralen Punkt unserer Daseinsproblematik, die man vielleicht als Wachstums- und Einkommensproblematik charakterisieren könnte, ansetzen. Schon heute gibt es in Deutschland, in Europa und in Übersee eine Reihe entsprechender Initiativen, die mit unterschiedlichen alternativen Geldmodellen versuchen, den freien Güteraustausch zwischen Menschen zu ermöglichen – ohne den durch Zins und Zinseszins bedingten Zwang zu stetigem Wachstum, ohne Konzentration der Wirtschaftsmittel (Boden und Geld) in den Händen weniger und ohne schleichende Verschuldung und damit verbundener Verarmung eines immer größer werdenden Teils der Bevölkerung auch in den Industrieländern.«

Die grundlegende Frage bleibt: Kann man (wirtschafts-)ethische Probleme über das Geld bzw. seine Organisation lösen? Der Wirtschaftshistoriker Born hatte mit Georg Simmel auf die »Charakterlosigkeit« des Geldes verwiesen: »Der Geldverkehr (entzieht sich) ebenso wie die reine Intellektualität oder die äußere Rechtsform (nicht) dem sachlich und sittlich perversesten Inhalt. Das Geld als solches ist eben wertneutral. Und das Verhältnis von Geld und Moral ist nicht eigentlich ein Problem des Geldes, sondern ein ethisches Problem derer, die über den Wert des Geldes bestimmen, und aller, die das Geld benutzen.«

Der einzelne, eingebunden in eine ihm vorgegebene Wirtschafts- und Sozialordnung, soll nun angesichts dieser übermächtigen Struktur seine individuelle Ethik gefälligst sozialverträglich ausrichten. Ihm wird nun die Verantwortung für die Probleme dieser Welt allein angelastet. Doch das Geld zementiert eine gesellschaftliche Ordnung, die zugleich ein bestimmtes Sozialverhalten, das Streben nach Mehr, belohnt, und ein anderes, Solidarität, bestraft. Wer hat da noch die freie Wahl, sich seine Ethik auszusuchen? Die Utopie der geldlosen Gesellschaft führt zumindest dazu, das Nachdenken über gerechtere Wirtschaftsformen zu fördern und Geld und seinen Status, seine Organisations- und Bewertungsformen in der Gesellschaft zu hinterfragen. Geld nicht als natur- und gottgegeben hinzunehmen, sondern zu kritisieren, ist in Zeiten, in denen der Kapitalismus nach dem Zusammenbruch des real existierenden Sozialismus sich überall als Sieger geriert, um so notwendiger.

Auroville – ein globales Dorf in Südindien

von Steffen Graefe

Versteckt zwischen schattigen Bäumen stehen hier und da kleinere und größere Bungalows: futuristisch anmutende Villen und rote Backsteinhäuser im Bauhausstil, elegant geschwungene, buntbemalte Pavillons wie in Disneyland neben einfachen, roten Lehmhütten mit Dächern aus Palmenblättern. Auf der Terrasse einer der Anlagen sitzen Touristen aus Frankreich, Großbritannien und Deutschland. Kinder spielen im Swimmingpool. Zwei einheimische tamilische Frauen putzen den Boden. Ein Idyll – scheinbar wie im Robinson Club. Doch ein Ferienidyll wollten die Erbauer, die vor über 30 Jahren das ungefähr 200 km von Madras entfernt gelegene Auroville gründeten, keineswegs errichten. Diese Stadt sollte keine gewöhnliche Stadt werden, keine Touristenhochburg für sonnenhungrige Großstädter, die ihren Bürostreß für einige Tage hinter sich lassen wollen, um das Luxusambiente einer auf exotisch getrimmten Hotelanlage genießen zu können. Auroville sollte eine ›gelebte Utopie‹ werden, wie sich ein Zeitzeuge, der bei der Einweihungszeremonie von Auroville zugegen war, erinnert.

»Alle waren sie damals von dem hohen Ideal erfüllt, in dieser Wüste das universale Bewußtsein zu etablieren. Die geplante Stadt sollte so gebaut werden, daß der Mensch in ihr seine höheren geistigen Fähigkeiten entwickeln könnte.«

Mitten in einer kargen Wüstenlandschaft in Südindien wurde am 28. Februar 1968 der Grundstein für die Stadt Auroville gelegt. Einige tausend Menschen aus aller Welt waren zur Gründungsversammlung geladen. Die damalige indische Ministerpräsidentin Indira Gandhi sprach ein Grußwort. Auch Mira Alfassa, die Gründerin von Auroville und Frau des 1950 verstorbenen indischen Philosophen Shri Aurobindo, war anwesend. Von ihren Anhängern wird sie schlicht »die Mutter« genannt. Die Inder verehren sie als Verkörperung von Saraswati, der Göttin der Weisheit. Mira Alfassa war die Verfasserin der Charta der geplanten »Stadt der Morgenröte«:

»Auroville gehört niemandem im besonderen. Auroville gehört der ganzen Menschheit. Aber um in Auroville zu leben, muß man bereit sein, dem Göttlichen Bewußtsein zu dienen. Auroville wird der Ort einer Bildung ohne Ende, ständigen Fortschritts und einer Jugend sein, die niemals altert. Auroville wird der Platz materieller und spiritueller Forschung für eine lebendige Verkörperung einer wirklich menschlichen Einheit sein.«

Während Aurobindo in seinen vielen Büchern die Theorie eines ›integralen‹, alle Bereiche des Lebens durchdringenden Yoga beschrieben hatte, wollte »die Mutter« sein Werk in die Praxis umsetzen. Auroville – die »Stadt der Morgenröte« – sollte ein multinationales Zentrum für spirituelles Wachstum werden. Mit diesem Experiment sollte die Arbeitswelt mit einer spirituellen Dimension erfüllt werden: Nicht der Profit sollte das Zusammenleben der Menschen Aurovilles bestimmen, sondern die gegenseitige Hilfe bei der Entwicklung zum sogenannten ›Übermenschen‹. Diesen Begriff hatte Aurobindo von Friedrich Nietzsche übernommen und in seinem Sinne verändert. Für Aurobindo war der Mensch, wie er in *Zyklus der menschlichen Entwicklung* schrieb, kein fertiges Produkt.

»Der Mensch ist ein abnormales Wesen, das noch nicht seinen normalen Zustand gefunden hat. Obwohl er unendlich vollkommener ist als Tier und Pflanze, ist er in seiner eigenen Natur nicht so vollendet wie diese.«

Der heutige Mensch, behauptete Aurobindo, habe so lange sein Ziel nicht erreicht, wie er sich von kleinlichen Gefühlen wie Neid, Gier oder Eifersucht beherrschen lasse. Der Weg zum »Übermenschen« bestehe darin, alle diese egoistischen Empfindungen aufzugeben und durch eine Geborgenheit in einem höheren, »göttlich« genannten Zustand zu ersetzen. Der Weg des herkömmlichen indischen Yoga könne diese Entwicklung nur teilweise fördern, weil der Aspekt des sozialen Lernens von der einseitig individualpsychologisch orientierten Yogaphilosophie in der Regel ausgeklammert werde.

Auf der gesellschaftlichen Ebene sollte nun die geplante Stadt Auroville Voraussetzungen für ein Gemeinwesen schaffen, in dem die negativen Charakterzüge des Menschen eliminiert sein würden. Menschen aus vielen verschiedenen Ländern wurden deshalb eingeladen, in Auroville ein friedvolles Miteinander einzuüben. Die Gründer von Auroville wollten eine ›gelebte Utopie‹ erproben, das Ideal eines zuvor noch niemals erreichten Zusammenlebens von Menschen in Frieden und Solidarität in die Wirklichkeit umsetzen.

Anfang der sechziger Jahre gab Aurobindos Nachfolgerin, »die Mutter«, dem französischen Architekten Roger Anger den Auftrag, ein Modell zu entwickeln, das der spirituellen und kosmopolitischen Dimension der geplanten Stadt gerecht werden sollte. Bei der Gründungsversammlung im Februar 1968 wurde der Stadtplan erstmals der Öffentlichkeit vorgestellt. Roger Anger hatte der Stadt die Struktur eines galaktischen Spiralnebels gegeben. Gemäß antiken kosmologischen Vorstellungen spiegelt sich im Kleinen das Große. So sollte auch Auroville wie ein

Vision einer »Stadt der Zukunft«: Mira Alfassa, die »Mutter« von Auroville (Foto: Sabine Steputat/Picture Press Life)

Mikrokosmos, als ein irdisches Abbild des Universums gebaut werden. Im Zentrum des Planes sieht man Hochhäuser für die kollektiven Wohneinheiten, im Randbereich ist Raum für individuelle Häuser. Links oben befindet sich die Kulturzone mit Museen, Schulen und Forschungsinstituten. Daneben ist ein Stadion eingezeichnet für die Olympischen Spiele im Jahr 2000; das war eine sehr kühne Vorstellung des Architekten. Im Mittelpunkt der Spirale befindet sich eine parkähnliche Ruhezone, darin ist der meditative Mittelpunkt Aurovilles eingezeichnet mit dem spirituellen Wahrzeichen der Zukunftsstadt, dem Matrimandir (Muttertempel).

Seit seiner Gründung wurde Auroville zum Anziehungspunkt für zahlreiche Aussteiger und Sinnsucher, die mit den heimischen Verhältnissen in Europa oder Amerika nicht mehr zurechtkamen. Die etwa dreißigjährige deutsche Verwalterin Sigrid trieb es vor etwa zehn Jahren nach Auroville. Im kalten Deutschland wollte sie es nicht mehr aushalten. Sie brach ihr Studium ab, packte einen Koffer und buchte einen Flug nach Indien ohne Rückfahrkarte. Da sie nur wenige Ersparnisse mitgenommen hatte, mußte sie anfangs monatelang mit einer Hängematte im Freien kampieren. Heute beschäftigt sie fünfzehn tamilische Arbeiter und leitet ein lukullisches Guest-House. Den Vorwurf, sie würde die billigen einheimischen Arbeitskräfte ausbeuten, will sie nicht auf sich sitzen lassen. Während im wildwuchernden indischen Kapitalismus die Arbeiter überhaupt keine soziale Absicherung hätten, biete Auroville seinen tamilischen Angestellten bevorzugte Bedingungen. Wenn es nötig sei, setze sie sich für ihre Angestellten auch persönlich ein. Eines ihrer Mädchen, Manju, sei zum Beispiel gezwungen worden, den Exliebhaber ihrer Mutter zu heiraten, erzählt Sigrid. Manju aber habe sich gewehrt und erklärt, sie wolle »diesen Kerl« in Madras nicht heiraten, der so viel älter sei als sie. Viel lieber wolle sie in Auroville bleiben und arbeiten. Denn so gute Arbeitsbedingungen würde sie in ganz Indien nicht mehr bekommen. Eines Tages sei sie dann verschwunden. Damals erzählte man sich, sie sei von ihren Verwandten entführt und doch noch zur Hochzeit mit dem Liebhaber gezwungen worden.

Das war vor vielen Jahren. Drei Jahre später tauchte sie dann plötzlich wieder in Auroville auf und bat um ›Asyl‹. Bei ihrem ungeliebten Mann hatte sie ein Kind zurückgelassen. Auch ihre Hochzeitsschnur hatte sie weggeworfen. Ihre Position als geschiedene Frau war denkbar schlecht – vielleicht wie in Deutschland vor 100 Jahren. Sigrid nahm Manju dann wieder bei sich auf. Das Mädchen war völlig mittellos. Die hohe Mitgift hatte der Ehemann kassiert. Ein zweites Mal würde Manju nicht mehr heiraten können, denn kaum ein Mann heiratet in Indien ein Mädchen, wenn es keine Mitgift mitbringt. Jungfrau ist sie auch nicht mehr. Und von ihrer Familie wurde sie verstoßen. So blieb ihr nur noch Auroville als eine kleine soziale Enklave, in der Menschen nicht wie Objekte behandelt werden.

Ungefähr die Hälfte der etwa 1500 Einwohner Aurovilles sind Inder. Nicht alle verdingen sich als Hilfsarbeiter der europäischen Einwanderer. Die dreißigjährige Sozialarbeiterin Ambu zum Beispiel berät die Aurovillaner im Umgang mit den Einheimischen. Sie arbeitet in der ›Village Action Group‹, einer Arbeitsgruppe, die für ein gutes Verhältnis zu den umliegenden Dörfern sorgen soll. Die ›Village Action Group‹ umfaßt viele Aktivitäten. Eine davon ist die Bildungsarbeit. Es wurden z. B. Schulen für verwahrloste Kinder eingerichtet. Dabei bemüht man sich um eine Sensibilisierung für ethische und ökologische Fragen. Immer wieder wird das Problem der Umweltverschmutzung thematisiert oder das Kastensystem kritisch reflektiert. Die ›Village Action Group‹ will in der Diskussion und in gemeinsamen Projekten mit der einheimischen Dorfbevölkerung neue Perspektiven bieten und andere Lebensweisen einüben. Schon Kinder zwischen 8 und 14 Jahren werden in die Workshops integriert. Die Eltern der Kinder reagierten allerdings zunächst befremdet. Durch Bettelei und kleine Handlangertätigkeiten tragen die Kinder schließlich zum Lebensunterhalt der Familien bei. Da die Eltern selbst niemals zur Schule gegangen sind, fehlte ihnen das Verständnis für die Bedeutung der schulischen Erziehung. In regelmäßigen Treffen konnte die ›Village Action Group‹ bald viele Eltern überzeugen, daß es auch zu ihrem Vorteil sei, wenn die Kinder eine Ausbildung bekommen.

Die Sozialarbeiterin Ambu erhält 3400 Rupien, etwa 170 DM, im Monat. Das ist Durchschnittslohn in Auroville. Auch den Europäern wird nicht mehr gezahlt. Anders als Ambu können diese aber meist noch auf eigene Ersparnisse zurückgreifen. Trotz solcher bescheidenen Verhältnisse sind die Erwartungen der umliegenden Dorfbevölkerung an die Aurovillaner sehr hoch, wie Ambu aus Erfahrung weiß. Es sei schon einige Jahre her, erklärt sie, daß die Dörfer Land an Auroville verkauft hätten. Heute tue man so, als hätten die Dörfer Auroville das Land geschenkt. Denn erst heute sei man sich bewußt geworden, wie wertvoll das Land sei. Selbstkritisch bekennt Ambu, daß die Aurovillaner in der Anfangszeit nur wenig über die hiesige Kultur gewußt hätten und zunächst noch allzusehr mit der Klärung eigener Probleme befaßt gewesen seien. Es sei eine harte Arbeit gewesen, das karge lehmige Land für die geplante Stadt urbar zu machen. Um einen guten

Kontakt zur Dorfbevölkerung zu bekommen, hatten die Aurovillaner sich in der Anfangszeit mit Spenden ›den Rücken freigehalten‹. Das sei allerdings taktisch nicht besonders klug gewesen, meint Ambu, denn dadurch seien Abhängigkeiten und eine fragwürdige Erwartungshaltung geschaffen worden. Solche Abhängigkeiten würden den Prinzipien der Sozialarbeit widersprechen:

»Wir Sozialarbeiter sagen: Wenn eine Person hungrig ist, dann gib ihm keinen Fisch, sondern lehre ihn zu fischen. Die Aurovillaner jedoch haben den Leuten Fisch gegeben. Stattdessen hätten sie aber die Bewohner lehren sollen, wie sie selber Fische fangen können. Und so gewöhnten sich die Leute daran, von den Aurovillanern alles geschenkt zu bekommen.«

Inzwischen haben die Aurovillaner dazugelernt. Ihre Kontakte zu den einheimischen Nachbarn im Grenzbereich der beiden indischen Bundesstaaten Tamil Nadu und Pondicherry haben sich sehr konstruktiv entwickelt. Das bestätigt auch Ramalingam, Mitarbeiter im Ministerium des Bundeslandes Pondicherry. Er äußert sich voller Lob über Auroville, denn die Aurovillaner hätten sich bestens in die indische Umgebung integriert. Ihre soziale Aufbauarbeit würde sogar in Neu-Delhi positiv gewürdigt. Zu einem symbolischen Beitrag von nur wenigen Pfennigen könnten sich die Tamilen zum Beispiel im Krankenhaus Aurovilles behandeln lassen. Das sei einzigartig in Indien, wo man üblicherweise sehr viel Geld für Ärzte zahlen muß. Auch die von den Aurovillanern gegründete Schule für Einheimische mit einem kostenlosen Unterrichtsangebot sei nicht selbstverständlich in einem Land ohne Schulpflicht und mit relativ hohen Schulgebühren.

Wer nach Auroville auswandern will, sollte in der englischen Sprache firm sein und bereits als ›Tourist‹ erste

Erfahrungen in Auroville gesammelt haben. Wer sich dann dafür entscheidet, dahin auszuwandern, sollte sich darüber im klaren sein, daß von ihm ein hohes Maß an Engagement und Einsatzbereitschaft erwartet wird. Das erste Jahr muß der Ankömmling voll und ganz selbst finanzieren. Darüber hinaus muß er noch genügend Kapital mitbringen, damit er sich ein Haus in Auroville bauen kann. Ab 10 000 Euro kann man hier schon ein kleines Anwesen errichten. Das Haus und das Land bleiben aber im Besitz der Gemeinschaft der Aurovillaner.

Für die Bewohner gibt es nur ein Bleiberecht, je nachdem, wie sehr sie sich für die Kommune einsetzen. Die ersten zwei Jahre werden als Probezeit verstanden. Der neue Bewohner soll diese Zeit nutzen, das Leben in dem Dorf kennenzulernen, und sich Projekte aussuchen, bei denen er sich ehrenamtlich engagieren will. Ein solches ehrenamtliches Engagement wird vorausgesetzt. In Auroville besteht Gütergemeinschaft. Nach der zweijährigen Probezeit entscheidet ein Komitee, ob der Kandidat für die Zukunftsstadt geeignet erscheint. Wer nach Auroville auswandern will, muß also einige Vorleistungen erbringen.

Trotz solcher Hürden kommen immer wieder neue Aussteiger in das ›globale Dorf‹. Der Künstler Rolf Lieser zum Beispiel hat in Auroville seine Träume verwirklicht. Wie ein Sultan aus tausendundeiner Nacht lebt er in seinem buntbemalten Haus, einem runden Pavillon im Stil Hundertwassers mit gußeisernen Lotusblütenfenstern. Früher hatte er als Graphiker in einem Kölner Werbebüro gearbeitet. Doch bald kamen ihm Zweifel am Sinn seiner Tätigkeit. Es gefiel ihm nicht, alle seine Energien nur dafür einzusetzen, daß irgendwelche Produkte besser verkauft werden würden. So hob er alle Ersparnisse von seinen Konten ab, löste seinen Hausstand auf und buchte einen

Flug nach Sri Lanka. Es dauerte einige Monate, bis der Aussteiger endlich in Auroville ein neues Zuhause gefunden hatte.

Jenseits der Leistungsgesellschaft und unbehelligt vom Leistungsdruck, kann Rolf nun wie einige andere privilegierte Bewohner Aurovilles ausschließlich seinen künstlerischen Neigungen nachgehen. Für das gemeinschaftliche Leben in Auroville muß er sich nicht besonders engagieren. Er wird in seiner Nische geduldet und geschätzt. Denn mit seiner künstlerischen Arbeit leistet er einen wichtigen Beitrag für die ästhetische Gestaltung der Zukunftsstadt, in der Kunst, Musik und andere Formen der Kreativität hoch geschätzt werden. Einen solchen individualistischen Lebensstil kann sich aber nur leisten, wer seine Ersparnisse Auroville gespendet hat. Je mehr Geld ein Aurovillaner in die »Stadt der Morgenröte« investiert, desto mehr wird er von täglichen Arbeitspflichten entbunden. Wer darüber hinaus für die Gemeinschaft aktiv ist, macht dies freiwillig – wie zum Beispiel der deutsche Architekt Helmut, der bereits seit 1979 in Auroville lebt. Er praktiziert den Yoga der Arbeit, Karmayoga, im Sinne von Aurovilles Gründervater Shri Aurobindo.

»Shri Aurobindo sagt: ›We have to find the silence on the marketplace.‹ Das ist das, was wir Bewußtheit nennen. Gemeint ist das permanente Erinnern von dem, was ich eigentlich will, was Aurobindo auch das ›Disattachment‹ nennt, ehrgeizig zu sein im Sinne einer perfekten Arbeit, aber trotzdem nicht an den Früchten dieser Arbeit zu hängen, um deinen Egoismus aufzupolieren. In Deutschland arbeiten wir nur, um Geld oder um Ansehen zu haben. Schon in der Schule wird uns gesagt: Wir müssen eine eigene Meinung haben. Ich finde das gar nicht wichtig, eine eigene Meinung zu haben. Es gibt eine Wahrheit, die übergeordnet ist, nur versuchen wir das nicht intellektuell zu sehen, sondern wir versuchen, das mit unserem Leben anzugehen.«

Um »die Stille auf dem Marktplatz zu finden«, wurde Auroville gegründet. Nach den Vorstellungen »der Mutter« sollte hier eine Abwandlung des Karmayoga praktiziert werden. »Karma« kommt aus dem altindischen Sanskrit und hat unter anderem die Bedeutung »Tat« oder »Handlung«. »Yoga« leitet sich ab aus dem Sanskritverb »yuj« und heißt »verbinden«. »Karmayoga« bedeutet demnach sinngemäß: »Eine höhere Verbindung suchen durch oder im Handeln«. Dieser »Yoga der Arbeit« soll auch dem sogenannten einfachen Arbeiter einen Zugang zu einem universalen, allverbindenden Bewußtsein ermöglichen, das ihm hilft, kleinliche egoistische Bedürfnisse zurückzustellen und mit den anderen in Gelassenheit harmonisch zu kooperieren.

Auroville, so Helmut, Musiker und Leiter des Kinderchors von Auroville, sei allerdings noch weit vom Ideal einer ›gelebten Utopie‹ entfernt. Das alltägliche Arbeitsleben sei auch hier nicht frei von Spannungen.

»Wir haben ganz unterschiedliche Anschauungen. Wir beenden nicht alles friedfertig positiv. Weil genau das wäre die ›heilige Stadt‹. Die haben wir hier nicht.«

Trotzdem mutet die von den nur 1500 Bewohnern erarbeitete Infrastruktur dieser »Stadt der Morgenröte« imposant an. In Auroville werden Computer und Software hergestellt; Lederwaren, Schmuck, Räucherstäbchen, Kleidung werden produziert und exportiert, Nachbarschaftshilfegruppen sollen das Verhältnis zu den umliegenden Dörfern verbessern. Im »Pour Tous«, dem genossenschaftlich organisierten Laden »für alle«, kann man bargeldlos einkaufen. Vorher muß man allerdings ein eigenes Depot bei der Auroville-Bank eingerichtet haben, von dem dann die Beträge abgebucht werden. Das Gesundheits-Zentrum sorgt für eine durchaus anspruchsvolle medizinische Versorgung. In Auroville gibt es mindestens vier verschiedene private Schulen, einige Kindergärten, ein Theater mit Freilichtbühne, große, geräumige Architekturbüros, ökologischen Landbau, Wassergewinnungsanlagen und vieles andere mehr. Zahlreiche Aktivitäten und Arbeitsgruppen prägen das soziale Leben. Auroville schreibt auch Rekorde: Nirgendwo in Asien sollen so viele Sonnenkollektoren auf kleinem Raum konzentriert sein wie in Auroville. Welches Dorf mit einer vergleichbaren Einwohnerzahl kann auch nur annähernd eine ähnliche ›Leistungsbilanz‹ vorweisen?

Diese durchaus erfolgreiche und funktionierende Stadtentwicklung hat in den Augen des italienischen Architekten Luigi Zanzi allerdings auch ihren Preis. Von dem einst geplanten ›galaktischen‹ Stadtmodell, so der Planer, der einst mit seinem französischen Kollegen Roger Anger das großartige Galaxiemodell des Stadtplans von Auroville entworfen hatte, seien heute nicht einmal Ansätze auszumachen. Der von »der Mutter« gewollte Idealplan werde von den Aurovillanern keineswegs als ein Dogma verstanden, denn ihrer Auffassung nach sollte die Vision mit den bestehenden Lebensbedürfnissen der Menschen in Übereinstimmung gebracht werden. Auch wollte man Neuankömmlinge, die ihr Geld in Auroville investierten, indem sic hier ein Haus bauten, nicht dadurch verschrecken, daß man ihnen verbot, an bestimmten Stellen Grundstücke zu erwerben, nur weil hier einmal eine Prachtstraße geplant war. Darüber hinaus war das Galaxiemodell schon deswegen nicht verwirklichbar, weil die Aurovillaner nur einen Teil des ursprünglich anvisierten Geländes besitzen.

Auf der Karte von Auroville sieht man noch heute mitten im Zentrum viele weiße Flecken. Das sind Gebiete, die nicht zu Auroville gehören.

Das zumindest teilweise Abrücken von den Idealplänen hatte aber auch noch andere Gründe. Die heftigen Auseinandersetzungen in den achtziger Jahren mit der in Pondicherry sitzenden Shri-Aurobindo-Gesellschaft dämpfte die Lust der Bewohner, noch weiterhin für die idealen Pläne einzustehen. Lange Zeit mußten sie sich gegen die Machtansprüche der Aurobindo-Sekte zur Wehr setzen. In allen Angelegenheiten, insbesondere in der Verwaltung der Finanzen, beanspruchte die Aurobindo-Gesellschaft die alleinige Entscheidungskompetenz für sich. Es kam zu heftigen Auseinandersetzungen mit Anschlägen, Prügeleien und gegenseitigen Beschimpfungen.

Stacheldrahtzäune und Verbotsschilder wurden aufgestellt. Auf das Matrimandir wurde ein Brandanschlag verübt. Von der einst so selig propagierten universalen Brüderlichkeit war nichts mehr zu spüren. Auf der einen Seite standen die Sektenführer der Aurobindo-Gesellschaft, die ihre Orthodoxie – als einzige rechtmäßige Verwalter des Erbes Aurobindos und »der Mutter« – den Aurovillanern aufpfropfen wollten. Auf der anderen Seite wehrten sich die Bewohner Aurovilles gegen jede Art von Bevormundung; schließlich gehörten viele von ihnen der autoritätskritischen 68er Generation an. Es kam zu Gerichtsverfahren, und nachdem mehrere Instanzen durchlaufen waren, erkannte der oberste indische Gerichtshof 1982 den Aurovillanern die volle Souveränität zu. Der Aurobindo-Gesellschaft wurden die Veruntreuung gewaltiger Geldsummen, eine eklatante Mißwirtschaft und Desorganisation sowie der Mißbrauch privater Spenden und Schenkungen nachgewiesen.

Nach dieser erfolgreich bestandenen ›wilden Phase‹ mußten die Bewohner Aurovilles ihr Leben noch einmal ganz neu und dieses Mal völlig selbständig organisieren. Froh über die gewonnene Freiheit, machte zunächst jeder, was er wollte. Dieser anarchische Zustand wurde allerdings bald überwunden. Grundsätzliche Fragen standen zur Entscheidung an. Was wollte man: eine anarchische Kommune? Ein Dorf? Oder die universelle Stadt, wie sie den Aurovillanern von »der Mutter« aufgetragen worden war? Man einigte sich dann auf einen Kompromiß. Bestehende Komplexe, die an falscher Stelle errichtet worden waren, sollte soweit möglich erhalten bleiben. Stadtplanern wie Luigi Zanzi und anderen wurde aufgetragen, Pläne für eine kleinere Version des ursprünglichen Idealplanes zu erstellen.

Nach der Befreiung von der Diktatur des Ashrams hat es Auroville erfolgreich vermieden, starren sektiererischen Strukturen zu verfallen. Das zeugt von dem weltoffenen und toleranten Geist seiner Bewohner. In Auroville gibt es kein geistiges Zentrum, keine Kirche. Hier herrscht keine Priesterkaste, und es gibt auch keinen Yogi, der Anleitung böte für die richtige Versenkungspraxis. Auch der Tempel, das Matrimandir, ist nur mehr ein symbolisches spirituelles Zentrum. Die meisten Besucher des Tempels sind Alternativtouristen aus aller Welt. Zwar wurde im Matrimandir ein großer weiß ausstaffierter Meditationssaal eingerichtet, aber jeder ist frei, nach seiner eigenen Methode zu meditieren, still zu beten oder einfach nur zu schweigen. Es gibt weder eine dogmatische Lehre noch ein bestimmtes rituelles System – das Schweigen während der Meditation im Matrimandir ist das einzige verbindende Element. Auroville hat auch keine auf längere Zeit gewählte politische Führung; die notwendigen Ämter rotieren.

Ist Auroville also eine ›gelebte Utopie‹? In mancher Hinsicht schon, denn nur an wenigen Stellen in der Welt wird eine annähernd vergleichsweise soziale Aufbauarbeit geleistet. Auf allzu menschliche Schwächen wird man natürlich auch hier stoßen: So hat sich bei einigen Aurovillanern eine träge Laissez-faire-Haltung breitgemacht, die den einst so euphorisch verkündeten universalen Anspruch konterkariert. Und doch bietet Auroville ein sehr konstruktives gelebtes Modell eines globalen Dorfes, das sich zur Stadt entwickeln will, bewohnt von Menschen wie du und ich, ob schwarz oder weiß, ob Hindu oder Christ. Ist nicht dieser kosmopolitische und multikulturelle Geist seiner so unterschiedlichen Bewohner bereits eine Form gelebter Utopie – auch ohne den ›supranaturalen Übermenschen‹, wie er von Aurobindo konzipiert wurde?

»Idealisten, Dealer und Verrückte« – Im Zentrum Kopenhagens lebt der Freistaat Christiania nach eigenen Regeln

von Ulrich Sonnenschein

Als am 26. September 1971 eine Gruppe Jugendlicher ein Loch in den Zaun der stillgelegten Kaserne Badsmandsstrede im Kopenhagener Stadtteil Christianshavn schnitt und das 36 Hektar große Gelände zum Freistaat Christiania ausrief, tat sie dies im Geist der Hippies, deren Botschaften gerade aus Amerika nach Europa gedrungen waren. Diese jungen Leute lehnten die feudalen Strukturen der Wohlstandsgesellschaft ab, kämpften gegen Krieg und Ausbeutung und für ein freies, selbstbestimmtes Leben. Und ein Mittel, sich von den Ritualen dieser Gesellschaft zu trennen, waren jene sogenannten ›weichen Drogen‹, deren Legalisierung sie nachhaltig forderten. In Christiania wollte man frei sein von den Zwängen des Alltags, von der Belastung durch Lohnarbeit und Eigentum, wollte niemandem Rechenschaft ablegen, aber doch füreinander dasein und sich selbst darin neu erfahren. Die Utopie, die sich hier zu verwirklichen begann, war einfach in ihrer Struktur. In erster Linie bestand sie in Ablehnung, man wollte die bürgerlichen Lebensformen hinter sich lassen und war bereit, mit ihnen auch auf die Annehmlichkeiten der technologisch fortgeschrittenen Gesellschaft zu verzichten. Als Insel der verantwortungsvollen Individuen sollte diese Gemeinschaft mitten in der leistungsorientierten kapitalistischen Gesellschaft all denen Raum bieten, die sich dem System nicht anpassen wollten. Bei aller Ablehnung allerdings ist es bis heute dennoch der Staat, die

Institution der ausgleichenden Solidargemeinschaft, die Christiania am Leben erhält. Denn mehr als zwei Drittel der Bewohner sind offiziell arbeitslos oder leben von der Sozialhilfe.

Als diese jungen Hippies 1971 also das Kasernengelände besetzten, wurden sie als kurzlebige Widerstandsgruppe ohne Gefahrenpotential geduldet. Der Eigentümer, das Verteidigungsministerium unter Kjeld Oelsen, reagierte gelassen und ließ sie gewähren. Selbst als aus der kleinen Gruppe 300 und schließlich über tausend Jugendliche geworden waren, sah man keine dringende Notwendigkeit, radikal einzugreifen und das Gelände zu räumen. Schließlich traten ja überall in Europa junge Menschen mit einem starken Veränderungswillen an die Öffentlichkeit, und diese Aufbruchstimmung war ansteckend. Außerdem übte sich der dänische Staat damals wie heute gern in Toleranz. Aus der besetzten Kaserne, für die man ohnehin keinen angemessenen Nutzen hatte, wurde das ›soziale Experiment‹ Christiania. Diesen Status haben sich die Christianiter, allen öffentlichen, politischen und gesellschaftlichen Anfeindungen zum Trotz, bis heute bewahrt. Doch ein Experiment ist diese lebendige Gemeinschaft von Künstlern, Musikern, linken Intellektuellen, reichen Idealisten, Haschisch-Dealern, Drop-Outs, Obdachlosen und Verrückten schon lange nicht mehr.

Heute erkennt man kaum mehr, daß dieses Gelände an der Prinsessegade einmal eine Kaserne war. Um sich der Invasion der Schweden erwehren zu können, wurden auf dem Gelände, das der dänische König Christian IV. im siebzehnten Jahrhundert hatte trockenlegen lassen, Festungsanlagen errichtet. Obwohl sie nie zur Abwehr benutzt wurden, blieben sie im Besitz des Militärs. Innerhalb der Jahrhunderte hatte sich dieser nach Christian IV. benannte Stadtteil Christianshavn zu einem zentralen und attraktiven Viertel entwickelt.

Schon in den fünfziger Jahren des vergangenen Jahrhunderts wollten die städtischen Behörden das Gelände mit seinen über 170 Gebäuden übernehmen, um es einem zivilen Nutzen zuzuführen. Dazu gehörten kleine Hütten, Ställe und Werkstätten bis hin zu großen Wohnkomplexen, die zum Teil unter Denkmalschutz stehen. Doch erst Ende der sechziger Jahre erklärte sich die Armee zu einer Räumung bereit. Als sie schließlich 1971 abzog, fehlte es dem Kultusministerium der Stadt Kopenhagen an Geld, die geplanten Kultur- und Bildungseinrichtungen zu realisieren, und so ließ man die Kaserne vorerst leer stehen. Die ersten Besucher waren Altmetallhändler und Kinder aus den nahe gelegenen Aladdin-Slums, die zerstörten, was noch brauchbar war. Dann kamen junge Eltern, die für ihre Kinder Spielplätze bauen wollten und die Häuser als Sommerlager nutzten. Erst als die Hippies alle »Zutritt verboten«-Schilder ignorierten und sich in den Kasernen häuslich einrichteten, reagierte die Militärpolizei. Doch da die Hippies behaupteten, daß sie sich mit der Erlaubnis des Kultusministeriums dort aufhielten, wußten die Militärs nicht genau, wie sie sich verhalten sollten. Obwohl sämtliche Behörden sofort eingeschaltet wurden, kamen sie zu keiner Lösung. Aus der Unentschlossenheit wurde Toleranz und schließlich Akzeptanz, eine Schrittfolge, die man sich in Deutschland nur sehr schwer vorstellen kann.

Zu dieser Zeit erschien ein Artikel in der unabhängigen Stadtzeitung *Hovedbladet*, der die Nutzung leerstehender Kasernen diskutierte und sie als Ort für junge Obdachlose anpries. Aus dem ganzen Land kamen nun Hausbesetzer nach Kopenhagen, stiegen in die Buslinie Nr. 8, und schon bald lebten über 300 Leute in Christiania, ein Name, auf den man sich schnell geeinigt hatte und der sowohl auf den Stadtteil Christianshavn zurückzuführen ist als auch auf die erste Freihandelszone Skandinaviens, Christiania, das heutige Oslo.

Doch Christiania war mehr als nur ein willkommener Ort für gesellschaftliche Aussteiger, die kostenlosen Wohnraum inmitten der Hauptstadt suchten. Schon zu Beginn hielt die Gruppe Versammlungen ab, bei denen sie ihre gemeinsamen Ziele formulierte und ihr Vorgehen gegenüber den Behörden abstimmte.

»Das Ziel von Christiania ist der Aufbau einer selbstverwalteten Gesellschaft, in der jedes Individuum sich frei entfalten kann, der Gemeinschaft als ganzer aber verantwortlich bleibt. Die Gesellschaft soll ökonomisch unabhängig sein; gemeinsames Ziel muß dabei immer sein, daß man versucht zu zeigen, daß sich geistige und physische Umweltvergiftung verhindern läßt«, heißt es in einer Grundsatzerklärung vom November 1971. Außerdem war man sich schnell einig, daß man Haschisch akzeptieren, gegen harte Drogen aber vorgehen wollte, daß die Häuser allen gehören und daß der Freistaat autofrei bleiben sollte. Zu diesen wenigen Grundregeln ist bis heute keine weitere hinzugekommen. Noch immer werden Entscheidungen auf anarchistische Weise gefällt, was viele, die sich theoretisch einen großen Freiraum davon versprachen, erst mühsam lernen mußten. In einem euphorischen Artikel in der Zeitung *Information* hieß es:

»Die freie Stadt ist geboren, hat bereits zwei Monate lang funktioniert und findet jetzt langsam zu sich selbst. Wir können jetzt eine aufkeimende Struktur von Individuen und Gemeinschaft entdecken, die größer und stärker werden wird, bis sie eines Tages so mächtig sein wird, um den Zaun zwischen uns und der alten Gesellschaft einzureißen. Doch im Augenblick müssen wir diesen Keimling, der die Freiheit in sich birgt, noch schützen – wir müssen das gemeinschaftliche Leben lernen – wir müssen Solidarität lernen.«

Der Enthusiasmus des Aufbruchs hat sich heute, 30 Jahre später, nur noch sehr vermittelt erhalten. Lars ist Musiker und lebt seit 25 Jahren in Christiania. Als er kam, sagt er, habe er daran teilhaben wollen, eine alternative Lebensform zu entwickeln, und bis heute hat er sein Ziel nicht erreicht. »Christiania verlangt viele Kompromisse, aber es ist immer noch ein guter Ort«, sagt er. Sicherlich habe er immer wieder darüber nachgedacht, wegzugehen, wenn ihm alles zuviel wurde, die Drogen und die Touristen, doch es sei schwer, einen vergleichbaren Ort zu finden. Seine Biographie ist von diesem Lebenskompromiß geprägt, der mit der radikalen Ablehnung des Establishments einhergeht.

»Heute bin ich in erster Linie Musiker und spiele Saxophon, Jazz vor allem, aber leben kann ich davon nicht. Also muß ich rausgehen und andere Arbeiten machen. Ich entwerfe und baue Bühnenbilder für das Theater und unterrichte an der Theaterakademie, außerdem baue ich Möbel, denn früher, in einem anderen Leben, bin ich mal als Architekt ausgebildet worden.«

Freiheit war von Anfang an das wichtigste Gut in Christiania. Daß der dänische Staat den Menschen hier diese Freiheit gab, sie in großem Umfang selbst entscheiden ließ, wie sie leben wollten, ist eines der Wunder innerhalb der modernen Kontrollinstanzen. Dabei bestimmten Angst und Unsicherheit die Reaktion des Staates genauso wie eine unbestimmte Toleranz. Denn schon bald war beiden Seiten klar, daß Christiania eine Art Auffangbecken für all jene würde, die sich innerhalb der festen Regeln der bürgerlichen Gesellschaft nicht zurechtfinden konnten und somit zur Schwachstelle, zum Problem, wurden. Diese Menschen sind immer ein Unsicherheitsfaktor für ein Staatsgefüge, sowohl für den dänischen Staat, für die Stadt Kopenhagen, aber auch für die junge Gemeinschaft Christiania. »Es ist leicht, über Anarchie zu reden«, sagt Lars, »doch sehr schwer, sie zu leben.«

In der Aufbauphase Christianias herrschte ein großer Optimismus. Die Kasernen wurden bewohnbar gemacht, neue Häuser entstanden am Ufer des Flusses, und der Freistaat glich schon bald einem mittelalterlichen Dorf, das sich ins zwanzigste Jahrhundert verirrt hatte und nun weder in die eine noch in die andere Zeit paßte. Dennoch mußte man sich mit den Behörden einigen. Im Mai 1972 kam ein vorläufiger Zehn-Punkte-Plan zustande, der die Zahlungen für Wasser und Strom, das Melde- und Gesundheitswesen und die Abfallbeseitigung betraf. Die sozialdemokratische Regierung hatte großes Interesse daran, die Lage zu normalisieren, weil die Opposition durch breite Kampagnen ein Politikum daraus machte. Christiania wurde in zehn unabhängige Bezirke aufgeteilt, die jeweils einen eigenen Kassierer bekamen. Entscheidungen wurden immer noch nach dem Prinzip der absoluten Mitbestimmung eines jeden einzelnen gefällt, doch die kleineren Einheiten beschlossen jetzt dezentral, wie sie ihre jeweiligen Probleme zu lösen gedachten. Bereits damals entstanden zwei unterschiedlich orientierte Lager.

Auf der einen Seite standen die Idealisten, jene Künstler und Intellektuelle, die jenseits der gesellschaftlichen Zwänge eine freie, ungebundene Lebensform Wirklichkeit werden lassen wollten und all ihre Bemühungen auf der Einsicht und dem Verantwortungsbewußtsein des einzelnen aufbauten. Auf der anderen dagegen, mit voller

Der Freistaat »Christiania« mitten in Kopenhagen
(Foto: Mihaly Moldvay/STERN)

Gleichberechtigung, lebten jene, die zwischen Drogen, Musik und freier Liebe eher hedonistischen Idealen nahestanden und sich weder um ein Morgen noch um einen geregelten Alltag in der Gegenwart kümmern wollten. Da nach außen eher diese Gruppe repräsentativ war, beschworen die Gegner Christianias eine Gefahr für die gesellschaftliche Sicherheit, und so kam es immer wieder zu Übergriffen durch die Polizei. Die Geschichte der Razzien durch die Uro-Patrouille, einer nicht uniformierten Gruppe der Polizei, die sich vor allem mit sozialen Problemen und der Drogenbekämpfung befaßte, ist so lang wie die Geschichte Christianias selbst. Das harte Durchgreifen dieser Polizisten, Hausdurchsuchungen ohne richterlichen Befehl, körperliche Gewalt und mutwillige Zerstörung, ließ viele Christianiter schon in den ersten Jahren aufgeben. Doch die Gemeinschaft zerbrach daran nicht.

Christiania stand zwischen zwei Mächten, die sich gegenseitig die Verantwortung zuschoben. Auf der einen Seite war das Verteidigungsministerium noch immer Eigner des Geländes und nominell verantwortlich für das, was dort geschah. So schrieb die dänische Regierung einen Planungswettbewerb aus, der innerhalb von drei Jahren über die Zukunft des Geländes entscheiden sollte. Bis dahin sollte Christiania als soziales Experiment weiter bestehen dürfen. Die Stadtverwaltung andererseits setzte das Verteidigungsministerium mit einer langen Liste von feuerpolizeilichen Vorschriften und Verordnungen im Gesundheits- und Wohnbereich unter Druck. Wenn diese nicht erfüllt seien, so hieß es, müßten die Kasernen abgerissen werden. Erst als eine Einwohnerin Christianias ins Stadtparlament gewählt wurde, ließ dieser Druck nach.

Gleichzeitig aber hatten die Christianiter eine Art Abwehrplan entwickelt. Sollten die Abrißbirnen tatsächlich anrücken, wären innerhalb weniger Stunden Hunderte von Sympathisanten mittels einer Telefonkette mobilisiert worden, die sich den Behörden entgegenstellen. Daraus wurde die Organisation »Unterstützt Christiania«, die ausschließlich aus Menschen außerhalb des Freistaates bestand und die sich erfolgreich auch politisch gegen einen Abriß wehrte. Während dieser Zeit der Unsicherheit entwickelte sich das gesellschaftliche Leben in Christiania ganz unbekümmert weiter. Werkstätten und Kindergärten entstanden, ein öffentliches Badehaus, ein Abfallbeseitigungs- und Recycling-System, Restaurants, Rock-Clubs, Ateliers und Versammlungssäle, vor allem aber das unabhängige Theater Solvognen, das über die dänischen Grenzen hinaus bekannt wurde und viele Vorurteile abzubauen half.

Für die kommunalen Aufgaben wurde eine Regenbogenarmee eingesetzt, die für einen reibungslosen Ablauf der alltäglichen Notwendigkeiten sorgte, wie Lebensmittelbeschaffung, Koordination der kulturellen Aktivitäten, Abfallbeseitigung und Wohnraumbeschaffung. Als die Regierung schließlich eine Evakuierung zum 1. April 1976 beschloß, war allen klar, daß niemand sein Haus, und sei es nur einen Bretterverschlag, kampflos verlassen würde. Christiania war nicht mehr nur ein soziales Experiment, sondern eine lebende, widerstandsfähige Gemeinschaft. Als der 1. April vorüberging, ohne daß etwas geschah, war der erste ›Staatsfeiertag‹ der alternativen Bewegung geboren.

In den folgenden Jahren verlagerte sich der Konflikt. Er fand jetzt nicht mehr im politischen Raum statt, sondern beschäftigte die Gerichte. Räumungsklagen wurde stattgegeben, dann wieder aufgehoben, Nutzungspläne wurden vorgelegt und wieder zurückgenommen, Kostenaufstellungen und Sozialpläne widersprachen sich, so daß bald eine Schließung des Freistaates in immer weitere Ferne rückte. Nicht nur die soziale Komponente, die vielen Arbeitslosen und Sozialhilfeempfänger, die in Christiania zufrieden lebten, waren ein Argument, sondern auch die hohen Kosten, die es verursachen würde, das Gelände in eine andere Nutzung zu überführen.

Die Konflikte mit Staat und Stadtverwaltung gehören zu der Geschichte Christianias und werden nicht enden, solange der Staat im Staat besteht. Heute allerdings haben sie die Form diplomatischer Beziehungen angenommen. Man akzeptiert die gegenseitige Existenz, Christiania hält sich weitgehend an die Gesetze des Staates, leistet seine Abgaben für öffentliche Leistungen, bezahlt Steuern, Strom und Wasser und erfüllt behördliche Auflagen. Der Staat dagegen akzeptiert die uneingeschränkte Selbstverwaltung im Inneren und hat auch den Haschisch-Markt auf der Pusher-Street weitgehend toleriert. Denn nicht nur um weitere Razzien zu vermeiden, sondern auch, um der eigenen Verslummung vorzubeugen, hat Christiania selbst die harten Drogen radikaler bekämpft, als es der Staat jemals vermocht hätte. Die Dealer wurden derart vehement vertrieben, daß sie nicht zurückkehrten. Mit der Anti-Heroin-Kampagne demonstrierte Christiania auch in Drogenfragen ein Verantwortungsbewußtsein, das in der Gesellschaft auf Anerkennung stieß.

Daß bis heute die rote Flagge mit den drei gelben Punkten, die von den drei i's Christianias abgeleitet »Liebe Hoffnung und Freiheit« symbolisieren sollen, über der ehemaligen Kaserne weht, hätte damals, vor dreißig Jahren, kaum jemand gedacht. Von den Gründungsvätern leben heute nur noch wenige in der Stadt. Viele haben sich in dem jahrelangen Kampf um Autonomie und inneren Frieden zerrieben, haben resigniert, als Christiania zum

Zentrum der Junkies zu werden drohte, oder sind einfach, wie Jacob Ludvigsen, der heute eine große Werbeagentur besitzt, in das bürgerliche Leben zurückgekehrt. In einer Gemeinschaft wie Christiania kann es solch einen Wohlstand, wie ihn die moderne Leistungsgesellschaft ermöglicht, schon deshalb nicht geben, weil sich die anarchische Grundhaltung nur mit dem Prinzip der relativen Gleichheit verwirklichen läßt. In Christiania ist Eigentum nach wie vor nur im kleinen Rahmen möglich. Die Häuser dürfen weder ge- noch verkauft werden, selbst wenn sie unter großem persönlichen und finanziellen Aufwand gebaut wurden. Wer Christiania verläßt, nimmt nur das mit, was er tragen kann, betont Syd, der seit 13 Jahren dort lebt und täglich im Nyt-Forum, dem Informationszentrum, arbeitet. Mit einer starken Abwanderung allerdings hat Christiania kein Problem, eher mit der Zuwanderung. In den letzten zehn Jahren lag die Bevölkerungszahl konstant bei etwa 1000, und die Zahl derjenigen, die gerne in Christiania leben würden, ist groß. Doch da der Raum knapp bemessen ist, wird strikt darauf geachtet, daß nicht zu viele Menschen nach Christiania kommen. Lars sieht aber neben dem Platzproblem noch ein anderes.

»Die jungen Leute, die heute hierherkommen«, sagt er, »fühlen sich nicht in dem Maße der Gemeinschaft verpflichtet, wie ich es gerne hätte. Und so sind die Kreise, die sich wenig um die Drogenszene kümmern, recht geschlossen, da kommt selten jemand Neues hinzu. Bei denen allerdings, die auf der Pusher-Street ihr Geld mit Haschisch verdienen, gibt es immer wieder neue Gesichter. Die Leute schließen Freundschaften und ziehen dann in irgendein Zimmer ein. Das finde ich bedenklich, aber sie haben dasselbe Recht, hier zu sein, wie ich. Damit muß ich klarkommen.«

Doch im allgemeinen sind die Drogen kein Problem, weder für die Existenz des Freistaates noch für den einzelnen, seit die harten Drogen strikt verboten wurden. Für Line, die im Gesundheitshaus arbeitet, sind es viel mehr die Leute, die zuviel Alkohol trinken, denen sie selbst oft nicht mehr helfen kann und für die sie dann doch den Krankenwagen der städtischen Kliniken rufen muß. Das Gesundheitshaus aber ist eines der Beispiele, wie Idealismus und Pragmatismus Hand in Hand gehen können, ohne daß die Ideale dabei über Gebühr strapaziert werden. Das Gesundheitshaus ist wie das Badehaus eine Einrichtung der Gemeinschaft für die Gemeinschaft. Doch während man im Badehaus für die warme Dusche und die Sauna einen geringen Betrag bezahlen muß, ist die Behandlung im Gesundheitshaus frei und vor allem anonym. Nicht jeden Tag ist ein Arzt dort zugegen, doch die sieben alternativen Mediziner leisten Erste Hilfe, verabreichen Tees, Salben und Verbände, und das, ohne nach den Ursachen zu fragen.

Für einen Staat, der die Legalität des einzelnen nicht an dessen Papieren festmacht, ist Anonymität eine Selbstverständlichkeit. Die meisten Christianiter leben nur unter ihrem Vornamen hier, manche, weil sie einer Strafverfolgung entgehen wollen, andere, weil sie kein Visum haben, und wieder andere, weil sie es nicht für nötig halten, differenzierte Unterscheidungen namentlich festzuschreiben. Wie in den archaischen Gesellschaften wird hier jeder damit in Verbindung gebracht, was er leistet. Per, der Schmied, Ole, der Bäcker, und Joe, der Pusher. Und wenn die absolute Gleichberechtigung auch ein unerfüllbares Ideal ist, so besteht in Christiania zumindest die theoretische Möglichkeit.

Insofern liegt es auf der Hand, daß sich Christiania als

Hort für die anbietet, die innerhalb der Gesellschaft als verrückt gelten. Das exzentrische Verhalten hat in Christiania einfach mehr Raum, wenngleich es auch dort Grenzen gibt. Erstaunlicherweise werden diese Grenzen von nahezu allen akzeptiert. Die Privatsphäre des einzelnen wird respektiert, und man ist bemüht, durch den eigenen Freiraum, den man sich nimmt, den des anderen nicht einzuschränken. Diese Menschen mit extremen Verhaltensweisen tragen zum öffentlichen Bild Christianias bei und haben die gesellschaftliche Struktur dort aufgelockert, indem sie ein strenges Regelsystem gar nicht erst möglich machten. Auf der anderen Seite aber sind sie auch eine Belastung für die Gemeinschaft. Immer wieder raten Psychiater ihren Patienten, nach der Entlassung aus der Psychiatrie nach Christiania zu gehen. Denn dort würden sie länger durchhalten, ohne rückfällig zu werden. Doch Christiania ist keine therapeutische Einrichtung und will dies auch gar nicht sein. Die sogenannten Verrückten werden ebenso allein gelassen wie jeder andere auch und sind in ihrer individuellen Einzigartigkeit Teil des Ganzen.

Diese Struktur, die die Rechte des einzelnen über die der Gemeinschaft stellt, könnte dem Freistaat schließlich zum Verhängnis werden. Schon sehr schnell zeichnete sich nämlich ab, daß viel Idealismus dazugehört, mit einer derartigen Offenheit zu leben und all die Nachteile, die das mit sich bringt, zu akzeptieren. Wenn man heute als Besucher nach Christiania kommt, öffnet sich vordergründig ein Bild, das von sozialem Elend, Schmutz und Verwahrlosung geprägt ist. Der Kontrast zu den immer klinischer werdenden Innenstädten könnte größer kaum sein. Doch die vorschnellen Urteile über die Struktur Christianias werden dann korrigiert, wenn man in das System eindringt und sich mit den Leistungen dieser bunten Gemeinschaft beschäftigt.

Wie in jedem Staat finden auch in Christiania die unterschiedlichsten Menschen zusammen, allerdings werden sie hier nicht einem sozialen Stigma ausgesetzt. Die persönliche Mißachtung tritt weitgehend hinter der Grundregel der allgemeinen Toleranz und Akzeptanz zurück. Verstöße gegen die Interessen der Gemeinschaft werden so lange geduldet, wie sie diese nicht gefährden. Und über einen Ausschluß berät der gesamte Staat. Auch hier finden sich die Rituale der archaischen Gesellschaften wieder. Bei den großen, unregelmäßig stattfindenden Versammlungen wird beispielsweise immer nur ein Tagesordnungspunkt verhandelt, da es weder Hierarchien noch einfache Mehrheitsentscheidungen gibt. Die fundamentalen Unterschiede zur bürgerlichen Gesellschaft, die sie umgibt, sind Gründe des Erfolges und Mißerfolges zugleich. Zum einen machen sie jede Form von Verbindung unmöglich. Es gibt keine Annäherung an die streng bürgerlichen Lebensformen des Staates. Christiania ist wie ein weißer Elefant, ein Wesen, dessen Gleichheit hinter einem eher unwesentlichen Unterschied verschwindet. Inmitten der Stadt als Kumulation ihrer Ränder weiterzubestehen, das ist Christianias Chance, einfach weil es inzwischen dreißig Jahre überlebt hat, gleichzeitig aber auch sein Verhängnis. Denn in dieser Form der reduzierten Mittel und Möglichkeiten, fernab von dem Luxus der postmodernen Gesellschaft, ist Christiania zum Stillstand gezwungen, während sich alles drumherum bewegt. Das Gelände ist begrenzt, nicht nur in seiner Fläche, sondern auch in den Möglichkeiten der Veränderung. Die Zahl der Menschen bleibt gleich, doch diejenigen, die sich wirklich langfristig einsetzen, werden immer weniger. So trocknet der Staat im Staat langsam, sehr langsam aus. Er wird zu einem kulturellen Reservoir, dessen einziger Rohstoff die Ideen sind, die sich in Form von Bildern, Liedern, Romanen und Theaterstücken manifestieren.

Aus der einstigen Gegenkultur ist ein wohlbewahrtes Ghetto für Andersdenkende geworden, das die Gesellschaft schützt wie ein altes Haus, das nicht wegen seiner architektonischen Schönheit bewahrt wird, sondern wegen seiner Geschichte. In dem Maße, wie kulturelle Impulse von Christiania ausgingen, alte Handwerkstraditionen wiederbelebt und ausgeweitet wurden, Bob Dylan, Blur und Alanis Morisette in der großen »Grauen Halle« spielten und sich die Christianiter mit ihren eigenen Leistungen der Bevölkerung öffneten, kam es auch zu einem immer entspannteren Verhältnis mit den Bürgern in Kopenhagen. Inzwischen weiß auch die Stadt die zahlreichen Touristen zu schätzen, die alljährlich zu den Veranstaltungen nach Christiania kommen oder nur, um zu sehen, ob dort der lebende Untergrund zu finden ist oder nur, wie es hieß, ein »Zoo für Alt-Hippies«. Und Christiania lebt davon, Führungen werden angeboten, und die Werkstätten stellen unaufwendige, gebrauchsfertige Souvenirs her. Wenn sich dann einer der Touristen doch einmal in eine jener Bars verirrt, in der der Rauch dicker ist als die Fenster, die das Sonnenlicht hereinlassen sollen, und dort die wild, aber zufrieden aussehenden Menschen betrachtet, wundert er sich. »Sie stehen da«, schreibt Mark Edwards in dem ersten Buch, das Christiania wirklich gerecht wurde, »in ihren schicken Freizeitklamotten und betrachten die Leute, die aus ihrer wohlgeordneten komfortablen Welt weggelaufen sind.«

Jeder Fremde wird zwar als solcher behandelt, doch immer mit Respekt, Selbstachtung und einer Würde, die das Betteln zum Beispiel nicht zuläßt. Bei allem notwendigen Miteinander ist der Blick auf die Touristen noch immer von Dissidenz geprägt und nicht von einem minderwertigen Gefühl der Abhängigkeit. Der aktive Widerstand allerdings ist aus dem bewußten Anderssein gewichen, Christiania stellt keine Bedrohung mehr dar, und so ist die Gelassenheit auf beiden Seiten eine der Grundlagen für das Weiterbestehen des Freistaates. Wenn auch heute reiche Kopenhagener für das Gelände viel Geld zu zahlen bereit wären, so weiß doch jeder, daß ein wie auch immer gearteter Bebauungsplan nicht zu realisieren wäre. Zu hoch wäre der Preis, den man für eine Räumung zu zahlen hätte. Denn alle die, die nach dem Kampf noch übrigblieben, trügen zu einem massiven sozialen Problem in der Hauptstadt bei. Also ging man den Weg der Vernunft, und es sieht alles danach aus, daß dies Christiania auch weiterhin eine Zukunft sichert.

Indem der Staat den Druck auf Christiania verringerte, stieg die Bereitschaft zur graduellen Anpassung. Die Utopie verblaßte, und die vielbeschworene normative Kraft des Faktischen übernahm das Regiment. So ist die Freiheit hier ebensowenig absolut wie außerhalb. Dadurch, daß der einzelne über dem Ganzen steht, hat zwar jeder das Recht und die Macht, die Gemeinschaft zu zerstören oder an ihr mitzuarbeiten, tatsächlich aber gibt es auch in unhierarchischen Gruppen stabilisierende Faktoren, die eben eine Ausweitung der zerstörerischen Kräfte verhindern. Die stärksten Führer waren auch in der Geschichte immer wieder diejenigen, die sich nicht als solche präsentierten, sondern sich ganz dem Gemeinwohl unterstellten. So ist es auch in Christiania. Niemand wird gezwungen, seinen Beitrag zu leisten, doch die, die sich weigern, ihre Abgaben für die Wohnraumnutzung zu bezahlen, gehen früher oder später freiwillig. Es besteht keine Pflicht, sich an den Problemlösungsprozessen zu beteiligen, kulturelle Ideen zu entwickeln oder sich sonstwie nützlich zu machen, und doch tun es zumindest diejenigen, die beschlossen haben, in Christiania zu bleiben. Solange die Macht beim Individuum liegt, wird Christiania als rudimentäre Gesellschaft bestehen und archaische Ideale pflegen können. Es wird jedoch nicht von den Problemen verschont bleiben, die die Gesellschaft außerhalb verursacht hat, weder auf ökologischer, finanzieller noch politischer Ebene.

Vor ein paar Jahren gab es in Christiania ein Benefiz-Konzert für die Indianer in Big Mountain, USA. Christianias Situation ist ähnlich. Da sich der Status des Experiments nicht ewig erhalten läßt, wird es zu einer Art Reservat der unpolitischen, unspezifischen Idee einer alternativen Lebensform. Doch da es außer sich selbst keine Zielrichtung hat, hängt die Zukunft einzig an der Bevölkerung. Wie die Indianer-Reservate in den USA wird Christiania irgendwann eine unspektakuläre gesellschaftliche Besonderheit, wenn es das nicht schon heute ist. Die Konflikte mit Stadt und Staat sind einer Angleichung gewichen, die die Mauern um den Freistaat herum nur noch auf ihre befriedende Funktion reduziert. Heute gibt es niemanden mehr, der behaupten würde, die ganze Welt könnte so sein wie Christiania. Jeder weiß, daß er auf Kosten eines reichen Staates lebt und sich dennoch nicht notwendigerweise parasitär verhalten muß. Christiania ist der politische Glücksfall einer stabilen Ökonomie in einem toleranten Land. Der Beitrag der einzelnen, daß diese Balance funktioniert, ist auf allen Seiten groß. Hätte der dänische Staat auf einer vollständigen Autonomie bestanden, sowohl Elektrizität als auch Sozialhilfe gesperrt, wäre Christiania längst untergegangen. Man hätte den

Freistaat buchstäblich austrocknen können. Obwohl alternative Gesellschaften gerade daraus eine ungeheure Energie entwickeln, wie Nick Aubrey in seinem Buch über die englischen Alternativbewegungen feststellt, sie hätte kaum über einen Zeitraum von 30 Jahren gereicht. Inzwischen sind die Hippies Geschichte, selbst die Punks, die in den achtziger Jahren nach Christiania kamen, haben sich inzwischen überlebt und sind einer neuen Jugendkultur gewichen, deren Widerstand nur noch eine Frage des Stils ist. In Christiania findet man immer noch etwas von all diesen Stilen, Haltungen und Lebensauffassungen. Bunt, harmonisch, in selbstgewählter Armut, mit einem hohen Maß an Menschlichkeit, aber ohne jene aufrührerische Energie, die sich einst in den verlassenen martialischen Bollwerken breitmachte.

Was aber bleibt der Stadt Kopenhagen? In anderen Städten wie Amsterdam, London oder Berlin sind die alternativen Projekte Teil des städtischen Lebens. Die schrägen Bars, Clubs, Restaurants und Kleinkunstbühnen bereichern das großstädtische Flair und tragen so zu einer gemischten vielfältigen Gesellschaftsstruktur bei. In Kopenhagen ist all diese Energie an Christiania gebunden, so daß die Hauptstadt selbst, in umfassender Ordnung und Sauberkeit, unbehelligt ihren Regierungsgeschäften nachgehen kann.

»Diktator, König, Kaiser oder sag einfach Otto« – die »Aktions-Analytische Organisation« des Otto Mühl

von Andrea Gerk

»Ich bin der Häuptling. Ich habe das Ganze hier ins Leben gerufen und entwickelt, und aus diesem Grunde beherrsche ich den Apparat und fühle mich sauwohl darin. Ich bin der Medizinmann /... / sag Schamane, Guru, Meister, Diktator, König, Kaiser zu mir oder sag einfach Otto.«

(Otto Mühl, 1976)

»Man ist da so hineingewachsen. Zuerst waren wir eine kleine Gruppe von sechs Leuten, und auf einmal war das eine Riesensekte. Aber wenn das damals jemand zu mir gesagt hätte, hör mal, du bist in einer Sekte, wäre ich empört gewesen und hätte gesagt, wie kannst du das nur sagen, wir sind doch frei.«

(Toni Elisabeth Altenberg, ehemalige Mühl-Kommunardin, 2000)

Als umfassende Befreiungsaktion von Eigentums- und Besitzdenken, von persönlichen Frustrationen und Fixierungen war es gedacht – jenes Gegenmodell zur bürgerlichen Gesellschaft, das Anfang der siebziger Jahre in einer Wiener Wohnung begann und knapp 20 Jahre später vor dem Haftrichter endete: die »Aktions-Analytische Organisation bewußter Lebenspraxis«, kurz das »AAO-Modell« oder auch, nach ihrem Gründer und Anführer, Otto-Mühl-Kommune genannt.

Toni Elisabeth Altenberg war eine Kommunardin der ersten Stunde. 18 Jahre lebte die kleine Frau mit den kurzgeschnittenen dunklen Haaren in der Mühl-Kommune, die meiste Zeit davon in einer Berliner Dependance. Fast zwanzig Jahre lang hat sie ihre gesamte Arbeitskraft, ihr Geld und, wie sie heute sagt, ihren eigenen Kopf dem Mühl-Imperium gewidmet. Ihr Sohn, dessen Namen die fast 60jährige lieber nicht nennen will, wurde in der Kommune geboren und erfuhr erst Anfang der neunziger Jahre, bei einem großangelegten Vaterschaftstest innerhalb der Gruppe, wer sein leiblicher Vater ist. Den Absprung aus der Kommune wagte sie erst, als sie sich verliebt hatte und sich dem Anti-Zweierbeziehungsverdikt Otto Mühls nicht länger beugen wollte. Heute lebt Toni Elisabeth Altenberg, die ihre Erfahrungen in der Mühl-Kommune in einem Buch verarbeitet hat, allein in einer Berliner Altbauwohnung.

Als 27jährige stieß sie 1970 zu der damals aus sechs Leuten bestehenden Wohngemeinschaft Otto Mühls, nicht ahnend, wie sie heute sagt, »daß da mal eine Sekte von ein paar hundert Leuten daraus werden würde«.

Auf Otto Mühl aufmerksam geworden war Toni Elisabeth Altenberg nicht nur durch ihren damaligen Freund, der in Mühls kleiner Praterstraßen-Kommune wohnte. Vielmehr war Mühl, seit Mitte der sechziger Jahre, ein weit über die Wiener Szene hinaus bekannter Aktionskünstler, der in Studentenkreisen so beschrieben wurde: »Da gibt es den Otto Mühl, der legt Frauen hin, gießt Mehl und Ketchup auf ihnen aus und malt auf ihnen herum.«

Mühls Blut- und Fäkalienorgien und vor allem seine zunächst nur künstlerische Propagierung eines enthemmten, von allen Tabus befreiten Sexualsubjekts sind zweifellos eine wichtige ideologische Voraussetzung seines späteren Sektenimperiums.

1925 wird Otto Mühl in Grodnau im österreichischen

Burgenland geboren. Mit 14 Jahren wird er zur Hitlerjugend eingezogen, 1944 nimmt er an der Ardennenoffensive teil und wird noch zwei Tage vor Kriegsende als »letzter Angehöriger der deutschen Wehrmacht zum Leutnant befördert«. Seine martialischen Notizen über die Kriegserlebnisse sind in der 3. Person verfaßt:

»Großartige Aktionsbilder, Leichen durch Panzerketten in den Morast gequetscht und eingefroren wie in Aspik. Gefrorene Leichen wie ein Holzstoß geschichtet, von Schnee überweht. Soldaten mit abgerissenen Händen und Füßen, in einem Minenfeld schreiend. Otto Mühl ißt daneben ein Schmalzbrot. Er wird mit dem Eisernen Kreuz 2. Klasse ausgezeichnet.«

Anfang der fünfziger Jahre absolviert Otto Mühl eine Lehramtsprüfung an der Wiener Universität und besucht anschließend die Kunstakademie. Großen Erfolg als bildender Künstler hat er zunächst nicht. Erst mit seinen Bildzerstörungsaktionen, die er »als Überwindung des Tafelbildes durch Darstellung seines Vernichtungsprozesses« feiert, sowie mit einigen Aktionen, bei denen er sich unter anderem in einen Keller einmauern läßt oder einen Küchenschrank auf die Straße stürzt, erregt er eine gewisse Aufmerksamkeit.

Ab 1966 äußert sich Mühl zunehmend politisch und macht deutlich, daß es auch ihm um das für beinahe jede Avantgarde gültige Konzept einer Überführung der Kunst ins Leben geht. Gemeinsam mit dem Autor Oswald Wiener und den Künstlern Günter Brus, Hermann Nitsch und Rudolf Schwarzkogler gründet er ein »Institut für direkte Kunst« und die Partei ZOCK; beides mit dem Ziel einer Kunst, die agitatorisch und direkt gesellschaftlich verändernd wirksam sein soll. 1967 schreibt Mühl in sein Tagebuch: »es ist notwendig, die kunst direkt politisch einzusetzen. sie muß offiziell werden, nicht underground.« Das politische Umfeld, gegen das sich die Aktionisten wenden, sehen sie in der postfaschistischen Nachkriegsgesellschaft, die sich besonders in Österreich allzugern als erstes ›Opfer‹ der Nationalsozialisten definierte, anstatt sich mit den eigenen Verstrickungen auseinanderzusetzen. Als schließlich 1966 in Österreich die große Koalition zerbricht und die Konservative Partei allein regiert, sehen viele Intellektuelle einen neuen Faschismus heraufziehen.

Der aggressive Charakter der Materialaktionen soll als Symbol des gesellschaftlichen Ausstiegs und der radikalen Provokation wirksam werden. Um dies – zumindest ästhetisch – zu erreichen, werden die tradierten Kunstbegriffe auf den Kopf gestellt, und die traditionelle Malerei soll über ihren starren Rahmen hinauswachsen. Was in den USA als »Happening« stattfindet, wird so in Wien noch einmal erfunden und von Mühl als »Materialaktionen« postuliert: »malerei wurde über die bildfläche in den raum hinaus verlängert ... der inhalt ist aus dem verlogenen rahmen ausgebrochen, er täuscht nicht mehr ewigkeit und dauer vor ... nicht unterhaltung, erbauung, schönheit ... nicht theater, oper, konzert, bild, skulptur und sonstigen festwochenunsinn. für kunst braucht man kein klavier. waschpulver, marmelade und urin tun's auch. kunst kann in jedes material und aus jedem loch schlüpfen ... freiheit über alle gliedmaßen des menschlichen und tierischen körpers. ab sofort wird dem publikum nichts mehr vorgemacht, alles, was es gibt, wird direkt dargestellt.«

Bei ihren Publikumsaktionen und Happenings verwenden die Künstler Nahrungs- oder Waschmittel, Schweineblut, Urin oder Marmelade; auf offener Bühne werden Tiere geschlachtet, und die zumeist nackten Darsteller agieren ekstatisch. Was später als Wiener Aktionismus in die Kunstgeschichte eingeht, provoziert, aber belustigt auch die Öffentlichkeit, wie eine Rezension aus der *Kölnische Rundschau* vom 18. Oktober 1969 belegt: »Seine Materialaktion ›Die Ermordung der Sharon Tate‹ konnte bis zur völligen Erschöpfung der Titeldarstellerin Waltraud über die Bühne gebracht werden. Nach gegenseitigem Bepinkeln der vier nackten Akteure, nach einer Mundspülung mit lebenden Regenwürmern und dem Versuch, Waltraud das Eierlegen zu lehren, schickte sich der 44jährige Untergrundfilmer aus Wien dann an, coitus coram publico zu praktizieren. Hierbei zeigt sich zunächst des ehemaligen Oberschullehrers Geist williger als sein Fleisch, das offensichtlich repressiver und daher depressiver veranlagt war als des Meisters Wille, ein ›Antikunstwerk‹ zu schaffen. Erst als das 200köpfige Publikum der Aufforderung ›nicht lachen, sonst kann ich nicht‹ Folge leistete, brachte Otto Mühl etwas zustande, wofür ihm Oswald Kolle allenfalls eine 4 gegeben hätte. Nur ein anderer nackter Mitspieler hatte Mitleid mit dem sich auf den harten, von der Stadt Köln zur Verfügung gestellten Brettern wälzenden Paar und deckte es zumindest mit bereits einmal gegessenen roten Beten und warmem Urin zu.«

Auf dem Höhepunkt der Studentenunruhen in Deutschland, 1968, starten Mühl und Brus eine legendäre Aktion in der Wiener Universität, bei der die Künstler im vollbesetzten Auditorium verwirklichen, was sie im Titel ankündigen:

»Brunzen, Scheißen, Schlagen, Reden, Hymnesingen, Onanieren.«

Die Provokation funktioniert: Die Presse drischt auf die »Uni-Ferkel« ein, und Mühl, der für einen Monat ins Gefängnis geht, fühlt sich voll und ganz bestätigt. In einem Fernsehfilm über den Wiener Aktionismus, den der NDR 1969 dreht, erklärt er vollmundig:

»Ich führe seit 1962 meine Aktionen durch, habe Filme in verschiedenen Städten gezeigt, in Deutschland, in New York, in London. Aber meine Position in Österreich verdanke ich allein der Polizei. Der Erfolg meiner bisherigen 7 Jahre Arbeit besteht darin: 14 Tage Arrest, 2 Monate U-Haft, 5000 Schilling Geldstrafe an Gemeinde Wien, 20 000 Schilling Rechtsanwaltskosten.«

Mit seinen meist blutrünstigen, sexualfixierten Happenings gelingt Otto Mühl so mancher Skandal: In Köln und Braunschweig schreitet die Polizei in seine Aktionen ein, und auch in Hannover beschäftigt Mühl die Staatsanwaltschaft. Doch die Kunst genügt ihm als alleiniges Wirkungsfeld bald nicht mehr, schließlich will er nicht mehr und nicht weniger, als »die Erlösung meiner Zeitgenossen und aller zukünftigen Generationen« zu bewirken. Der Kunsthistoriker Peter Weibel interpretiert Mühls Aktionen und Collagen als Angriff auf die zivilen Institutionen der Hegemonie: »In seinen künstlerischen Aktionen, in seinen Plakaten und Texten, in seinen Praktiken alternativer Lebensformen geht es Mühl immer wieder um das eine: wider die Entmündigung der atomisierten Subjekte durch die zivilen Institutionen der Zustimmung, mit denen die Macht auf unsichtbare Weise ihre Macht ausübt.«

Um sein messianisches Ziel zu erreichen, muß die Psyche seiner Zeitgenossen gleichsam umdisponiert werden, meint Mühl. Genaugenommen erinnern bereits seine ersten sogenannten »Versumpfungs-Aktionen« an jene »Aktions-Analytischen Selbstdarstellungen«, die zur praktizierten ideologischen Grundlage in der späteren Mühl-Kommune werden.

Die avantgardistische Idee einer Überführung von Kunst in Leben dreht Mühl noch eine entscheidende Runde weiter: »Ich betrachte die Materialaktion als psychische Wühlarbeit. Sie soll die Grundfesten, die Scheinkonstruktion von Sittlichkeit und Moral, auf die sich der Staat beruft, um seine Verbrechen – Unterdrückung und Verdummung – zu bewerkstelligen, zum Einsturz bringen.«

1970 ziehen zunächst einige Leute in Otto Mühls Wohnung in der Wiener Praterstraße ein und leben dort, ganz zeitgemäß, als normale Wohngemeinschaft zusammen. Noch besteht Privateigentum, vor allem auch am eigenen Körper, das heißt, zu dieser Zeit wohnen hier einige Paare in einer gemeinsamen Wohnung.

In späteren Kommune-Manifesten gibt Mühl unumwunden zu, daß für ihn die Motivation für den radikalen Lebens-Wandel in seiner persönlichen Frustration bestand: »Ich wußte damals nur, nachdem meine 6jährige Ehe zu Ende war und ich allein in der Wohnung saß, daß ich gegen meine Depression und gegen mein Alleinsein etwas unternehmen müßte. Ich war jedem dankbar, der zu mir zog.«

Zwei Jahre später schließt sich die mittlerweile aus etwa zehn Leuten bestehende Mühl-Gruppe mit zwei anderen Wiener Kommunen zusammen. Gemeinsam kaufen die Kommunarden im Burgenland, in der Nähe des Neusiedler Sees, den sogenannten Friedrichshof. Das Anwesen besteht zu der Zeit, wie Toni Elisabeth Altenberg erzählt, nur aus einem einzigen Haus und einem völlig verfallenen Getreideschüttkasten ohne Dach, in den es hineinregnet. »Wir haben das gekauft«, erklärt die ehemalige Kommunardin, »da gab's keinen Strom, kein Wasser, kein Telefon, kein gar nichts. Da war nur das Haus, der Stall, eine Ziege, ein paar Hühner, sonst nichts. Rund herum flaches Land.«

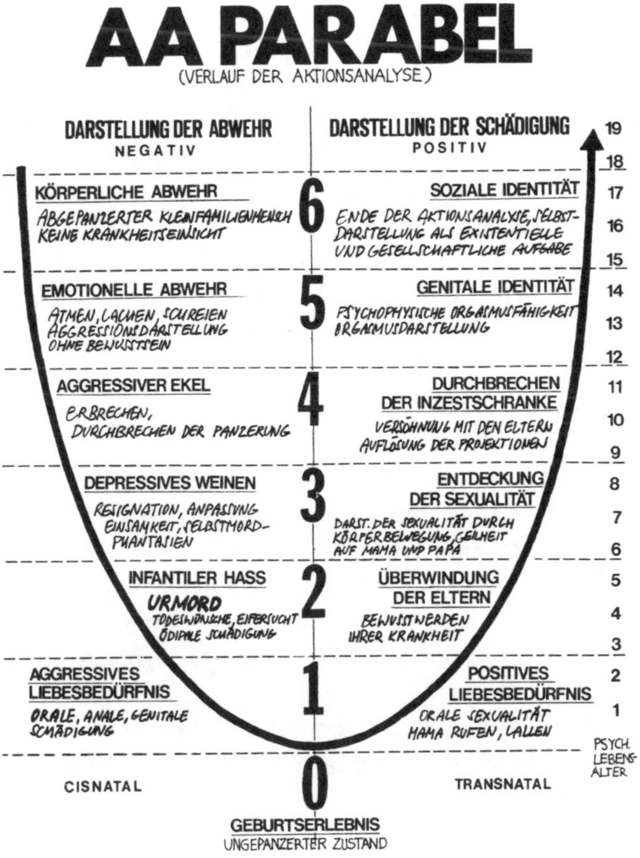

Aktions-Analytische Parabel: »Emotionelle Stufen, die der Selbstdarsteller während der Analyse durchläuft« (AAO)

Wie alle anderen Gründungsmitglieder steckt Toni Elisabeth Altenberg ihr ganzes Erspartes in die Friedrichshof-Kommune. Da die meisten jung sind und nicht allzuviel besitzen, nehmen sie Jobs jeglicher Art an oder verdienen etwas Geld, durch Blutspenden oder als Aktmodelle. Otto Mühl selbst verkauft seine Siebdrucke und steuert als Ältester das meiste Geld bei. Außerdem heiraten die Kommunarden, um das Startgeld zu erhalten, das der österreichische Staat seinerzeit Frischvermählten mit auf den Weg gibt.

Zu dieser Zeit hat Otto Mühl bereits damit begonnen, sogenannte Einzel-Selbstdarstellungen abzuhalten, eine von ihm durchgeführte und selbsterfundene Therapie, die sich vor allem auf Wilhelm Reich bezieht und die wenig später der Gruppe ihren Namen beschert: »Aktions-Analytische Organisation bewußter Lebenspraxis«. Die daraus entstehenden sogenannten »Selbstdarstellungen« werden zur Grundlage des Zusammenlebens in der Kommune erklärt. Theorie und Praxis der Aktionsanalyse beschreibt Mühl 1974 so:

»die aktionsanalyse stützt sich auf die ideen von wilhelm reich, besonders auf die entdeckung des ›KÖRPER-PANZERS‹ und auf verschiedene darstellungselemente des wiener aktionismus.

wir führen in unserer kommune seit zwei jahren einzel- und gruppenanalysen durch. anfänglich ausschließlich verbal, später mit mehr aktionistischen elementen, seit einem halben jahr aber nur mehr körperbehandlung mit darstellungscharakter. die durch die körperbehandlung hervorgerufenen erregungszustände werden dargestellt durch schreien, jammern, weinen, brüllen, lachen, fauchen, stöhnen, zähnefletschen, grimassieren, heftiges atmen, gebärdensprache des körpers usw. der behandelte gerät in ekstatische zustände, und dies ermöglicht ein emotionelles durchleben frühester geschehnisse der kindheit bis zum geburtserlebnis hinunter. im prinzip geht es um die selbstdarstellung der eigenen krankheit./ ... /

da die kleinfamiliengesellschaft ohne ausnahme nur kranke menschen produziert, schädigung der kinder im frühesten alter durch die eltern, weitere schädigung durch kindergarten, erziehungsheim, schule, universität, wehrdienst, berufsrolle, ehe, gefängnis, irrenhaus, schädigung durch konsumterror, freizeit- und unterhaltungsindustrie, schädigung durch die blödmachenden massenmedien rundfunk, fernsehen, presse, durch die allgemein lebensfeindlichen tendenzen der kleinfamiliengesellschaft, besteht massenbedarf an aktionsanalyse.«

1973 werden sämtliche Paarbeziehungen aufgelöst und eine »neue lebenspraxis« postuliert, die sich vor allem über »Freie Sexualität und Gemeinschaftseigentum« definiert. Gleich im ersten Kommune-Manifest, den sogenannten *AA-Nachrichten*, wird 1975 deutlich gemacht, wo von nun an der Feind steht: Die »Kleinfamilie« wird zum Hort allen menschlichen Übels erklärt: »Von der Kommune her gesehen, erscheint die Zweierbeziehung, deren gesetzliche Ausformung die Ehe und Familie ist, als öffentlich geförderte Krankheit.«

Um sich auch äußerlich ganz deutlich vom Kleinfamilienmenschen, dem sogenannten »Wichtel« oder »kfm«, zu unterscheiden, rasieren sich alle Kommunarden eine Glatze und entsagen der verpönten Zweier-Beziehung. Um die freie Sexualität auch wirklich umzusetzen, haben die Männer in der Anfangszeit der Kommune keine eigenen Zimmer, sondern müssen sich für jede Übernachtung eine neue Bettgefährtin suchen. Die Kommunarden üben sich in umfassenden Gemeinschaftserlebnissen, was nicht immer so leicht ist, wie sich Toni Elisabeth Altenberg erinnert: »In der Sexualität waren die Hemmschwellen weniger groß, viel größer waren sie bei den Toiletten, denn die hatten keine Türen. Einmal haben wir ein kleines Häuschen gebaut mit Solaranlagen, drei Fallgruben nebeneinander, aber ohne Wände dazwischen – das hat mich mehr Überwindung gekostet. Die Idee dabei war, daß es nichts Peinliches gibt, nichts, was man vor dem anderen verbergen müßte. Das ist nicht so ausgesprochen worden, sondern das hat sich so entwickelt. In der Sexualität hat uns das eher gefallen. Das war normaler Alltag für uns, daß 40 Leute auf einem Bett wild rumgevögelt haben. Das war schon ein schöner Anblick – das würd' ich eher als die positiven Seiten der Kommune sehen.«

Mit dem gemeinsam erwirtschafteten Geld beginnt die Gruppe den verfallenen Friedrichshof auszubauen; man gibt eine Kommunezeitung heraus, eröffnet Jeansläden und verschiedene Handwerksbetriebe.

Aus der einzeln abgehaltenen Aktionsanalyse entwickelt sich die Selbstdarstellung vor der ganzen Gruppe: eine Mischung aus Gestalt-, Urschrei-, und Gruppentherapie, bei der mit viel Geschrei und Erbrechen Geburtserlebnisse heraufbeschworen werden oder sogenannte Urmord-Szenen unter Beteiligung der ganzen Gruppe durchlebt und dargestellt werden sollen. Mühl verfaßt dazu eine krude Theorie, in der er die Selbstdarstellung als Kunst definiert. Sie soll helfen, genitale und anale Schädigungen durch die Kleinfamilie zu heilen, und zwar durch »Geburtserlebnisse«, »Überwindung der Eltern« durch »Urmorde« und »Durchbrechung der Inzestschranke«. Im Kommune-Organ *Das AA-Modell Band 1* von 1976 erklärt er: »er /der Selbstdarstellungskünstler/ wird sein publikum zutiefst erschüttern, indem er nochmals seine schädigung produziert, sich ins geburtserlebnis hineinfallen läßt und als neugeborener zeigt, was gesundheit ist.

er wird dem publikum das positive liebesbedürfnis vorführen, und die geschädigten kleinfamilienmenschen werden erkennen, welche bedürfnisse ein baby hat.

er wird im urmord seine geschädigten eltern beseitigen und beim durchbrechen der inzestschranke sich mit den positiven eltern versöhnen.

der selbstdarstellungskünstler ist in der lage, sich sozial und genital im leben zu verwirklichen. er ist zum ›lebenskünstler‹ geworden.«

Was sich Otto Mühl tatsächlich unter Lebenskunst vorstellt, wird in den folgenden Kommunejahren immer deutlicher. Wobei der selbsternannte »geile Wotan« eigentlich von Anfang an gar keinen Hehl daraus macht, daß er die Kommune vor allem als eine Art sexuellen Gemischtwarenladen für seine ganz persönliche Befriedigung auffaßt. So schreibt er 1975 in der ersten Buchveröffentlichung der AAO-Kommune:

»Im Unterschied zu Freud und Reich erfolgt die Heilung nur, wenn der Analytiker sehr sexy ist. Deshalb habe ich hauptsächlich Frauen in meiner Praxis. Am meisten freut mich an dieser Arbeit, daß Geschlechtsverkehr zur Pflicht gehört und ich dafür auch bezahlt werde.«

Durch sogenannte Kommunelehrgänge, Selbstdarstellungskurse oder »Aktions-Analytische Intensivgruppen«, aber auch durch Mal- oder Theaterkurse am Friedrichshof werden ständig neue Mitglieder angeworben. Auch in Deutschland und in der Schweiz, in Frankreich und in Norwegen entstehen sogenannte Stadtgruppen, die durch Gruppenleiter-Besuche vom Friedrichshof auf Kurs gehalten werden. Außerdem sind schon einige Kommune-Kinder auf die Welt gekommen, die jedoch meist von ihren leiblichen Müttern getrennt werden und in einer eigenen Kindergruppe aufwachsen. Wer ihre Väter sind, interessiert zunächst nicht – erst 1990, als die Gruppe bereits in Auflösung begriffen ist und plötzlich Alimente eine Rolle spielen, werden per Blutuntersuchung alle Vaterschaften geklärt.

In den siebziger Jahren wächst die gesamte Mühl-Kommune auf über 500 Personen an. Wer jetzt noch einziehen will, wird per Fragebogen auf Kommunetauglichkeit geprüft. Dabei wird nicht vergessen zu fragen, ob in absehbarer Zeit »Erbschaften erwartet werden«.

Da die Kommune reichlich Publicity betreibt, immer mehr Mitglieder anwirbt und in mehreren europäischen Ländern bekannt ist, wird die Presse aufmerksam. Zahlreiche kritische Artikel erscheinen, in denen Mühl als Sekten-Guru angeprangert wird. Daraufhin verbreitet die Kommune das Gerücht, die Aktions-Analytische Organisation habe sich aufgelöst. In gewisser Hinsicht stimmt das auch. Denn zumindest äußerlich versucht man sich der Gesellschaft anzupassen: 1979 wird die Einheitsglatze aufgegeben, und selbst das Gemeinschaftseigentum wird für kurze Zeit aufgelöst.

Von einer gleichberechtigten Gemeinschaft kann aber immer weniger die Rede sein. Schon 1975 führt Mühl sogenannte Strukturwahlen ein, in denen eine immer strengere hierarchische Ordnung unter den Kommunarden eingeführt wird. Den Grund dafür sieht Toni Elisabeth Altenberg im raschen Anwachsen der immer unübersichtlicher werdenden Kommune: »Wir haben die Organisation nicht in den Griff gekriegt, es gab ja keine Vorbilder. Bei Familien gibt es Strukturen, die durch Jahrtausende entstanden sind, wie man sich in der Familie verhält, wie man kommuniziert. Auch da gibt es genug

Schwierigkeiten, aber zumindest gibt es Vorbilder, man weiß, wie man so etwas macht. Bei uns war das nicht klar: Wie organisiert man das Zusammenleben von ein paar hundert Leuten – das Essen, das Wohnen, die Sexualität? Für den gesamten Lebensalltag mußten erst Formen geschaffen werden. Und die Formen, die entstanden sind, sind ziemlich autoritär gewesen.«

Zunächst, sagt Toni Elisabeth Altenberg, begründete Otto Mühl die Einführung der sogenannten »Struktur« mit den vielen, oft kostspieligen Pannen, die in den kommuneeigenen Firmen oder mit dem Gemeinschaftseigentum passierten: »Er hat erst einmal eine Art Polizisten erfunden, der sollte herumgehen und aufschreiben, wer was gemacht hat. Das wurde dann öffentlich vorgelesen. So hat es angefangen.« Dies wird nach Freud »Fehlleistung« genannt. Mühl will damit ausdrücken, daß die Schlampereien unbewußt Schädigungen der Gruppe sind.

Sogenannte Fehlleistungs-Palaver werden eingeführt, mit der Folge, daß bald einer den anderen belauert, bespitzelt und verrät, um selbst in der Hierarchie aufzusteigen. In wöchentlichen Wahlen wird festgelegt, wer wo steht – vom ersten bis zum letzten Kommunarden werden alle in Gruppen und Untergruppen eingeteilt. Die »bags«, eine Kurzform für »Bewußtseins-Arbeits-Gruppe«, bestehen aus jeweils sechs bis acht Leuten. Natürlich führt Otto Mühl mit einigen Auserwählten den ersten »bag«.

Als Kriterien für den Aufstieg in der Hierarchie gelten korrektes Sozialverhalten, künstlerische Fähigkeiten, sexuelle Beliebtheit und die Fähigkeit, viel Geld zu verdienen. Schon bald ist jedoch nicht zu übersehen, daß die wahren Kriterien aus Mühls persönlichen Vorlieben bestehen.

Wer sich in der Hierarchie an oberer Stelle befindet, muß

weniger arbeiten, hat die bessere Auswahl an Sexualpartnern, bekommt ein besseres Zimmer, sitzt am Gemeinschaftstisch auf einem besseren Platz, und – dies nicht zuletzt – er ist näher an Guru Mühl dran. Da alle Kommunarden dem Meister möglichst nah sein wollen, gibt es immer absurdere Szenarien, wie Toni Elisabeth Altenberg beschreibt: »Daß immer alle beim Mühl sein wollten, ging von uns aus. Wenn er durch die Tür ging, drängten alle mit, wenn er mit dem Auto von Wien zum Friedrichshof fuhr, wollten alle bei ihm im Auto sein. Das gab jedesmal Streiterei; beim Essen wollten die Leute neben ihm sitzen, immer entstand ein Gerangel, denn die Leute wollten in seiner Nähe sein – aber bei 50 Leuten funktioniert das einfach nicht mehr.«

Wie weit der Personenkult um Otto Mühl ging, zeigt auch der Umstand, daß mit größter Akribie alles notiert und protokolliert wurde, was der Meister von sich gab. Dieser Hang zur allumfassenden Dokumentation besteht auch in den meisten totalitären Herrschaftssystemen.

»Innerhalb der Gruppe«, berichtet Toni Elisabeth Altenberg, »wurde das, was der Mühl von sich gegeben hat, weitergereicht. Er hat über Kunst geredet, über Pädagogik, über dies oder das – er hat immer sehr theoretische Gespräche geführt. Die wurden auf Tonband aufgenommen und von Leuten von morgens bis abends abgetippt. Das wurde vervielfältigt und an die Gruppen geschickt und dann dort zum Beispiel bei der Autofahrt vorgelesen, oder der Gruppenleiter hat rezitiert, was der Mühl jetzt gerade über Picasso gesagt hat oder Kindererziehung, oder er wurde auf Video aufgenommen, und diese Videos wurden später in den Gruppen vorgeführt. Und damit war mehr oder weniger festgelegt, was zu reden und zu denken ist. Das war kein plötzlicher Prozeß – ich war ja 18 Jahre in der Kommune, und das hat sich im Lauf der Jahre so entwickelt. Was er gesagt hat, das war schließlich wie ein Gebot – das war die Wahrheit.«

Die Hierarchie bestimmt rasch das gesamte Zusammenleben der Kommunarden und reglementiert von der Sitz- über die Sexordnung jegliche Kommunikation: So darf ein »Unterer« einem »Oberen« nicht ins Wort fallen, und selbst beim Zähneputzen ist der jeweils Oberste für korrektes Verhalten und ordentliche Gesprächsführung verantwortlich. Auch in punkto Sexualverhalten ist von der anfangs postulierten Freiheit bald keine Spur mehr vorhanden, da jeder nur noch statusgemäß, also auf seiner Hierarchie-Ebene, verkehren darf. Als eine der schlimmsten Sanktionen gilt die Abstufung in die sogenannte Hygienegruppe. Aus Angst vor Geschlechtskrankheiten und vor AIDS müssen neue Gruppenmitglieder eine Art Quarantäne durchlaufen und dürfen nur innerhalb ihrer eigenen Gruppe Sex haben. Was die Einstufung eines langjährigen Kommunemitglieds in diese Gruppe bedeutet, ist leicht vorstellbar.

Mühls Hierarchie funktioniert: Aus der Kommune wird ein Spitzel-System, in dem keiner dem anderen traut, wie Toni Elisabeth Altenberg ausführt: »Dadurch konnte man das, was man dachte, nicht äußern, konnte mit den andern nicht wirklich reden, was man denkt, weil das sofort gemeldet worden wäre und man in der Hierarchie abgestiegen wäre. Deshalb war man mit seiner Kritik allein. Wenn man keinen Austausch hat, kein Korrektiv, zweifelt man an seinen eigenen Gedanken. Ich kann mir vorstellen, daß es in der DDR ähnlich war mit der Stasi. Nur bei uns war das noch perfekter, weil wirklich jeder jeden beobachtet hat – ständig. Vom Aufstehen bis zum Schlafengehen. Dadurch konnte man weder irgend etwas machen noch etwas äußern, was nicht konform ging. Wenn kein Austausch stattfindet, zweifelt man an seinem Verstand und denkt, alle anderen finden das offenbar gut. Außerdem wurde noch das Bild aufgebaut, daß draußen alles ganz schrecklich sei.«

Die Dämonisierung der Außenwelt, als ebenso profanes wie primitives Mittel, um die Kommunarden an die marode Innenwelt zu binden, funktioniert in der Mühl-Kommune nahezu perfekt. Denn die Abschreckung basiert nicht nur auf persönlicher Frustration oder Versagensangst, die viele Kommunarden aus gescheiterten Beziehungen in dieses alternative Lebensmodell gedrängt hatte. Die Abschottung vor Außeneinflüssen ist Programm, das heißt, die Kommunarden gehen weder ins Kino noch ins Theater, besitzen weder Fernseher noch Zeitungen. Stattdessen drehen sie selbst Filme, die sie sich dann anschauen dürfen, »oder mal eine Nachrichten-Zusammenfassung einmal die Woche«, sagt Toni Elisabeth Altenberg, »aber nie ein Fußballmatch oder einen Film. Die Gruppenleiter haben dagegen heimlich Fußball geschaut und aufgepaßt, daß das kein Gruppenmitglied mitkriegt.«

Vor allem für die auf dem Friedrichshof geborenen und aufgewachsenen Kinder hat die Ausblendung der Außenwelt weitreichende Folgen. Da es sogar eine eigene, staatlich anerkannte Schule auf dem Friedrichshof gibt, ist manches Kommunekind mit 15 oder 16 überhaupt zum ersten Mal ›draußen‹. Mit der Folge, daß sie zum Teil nicht einmal wissen, »ob man bei rot oder grün über die Ampel geht«, wie ein in der Mühl-Kommune geborener Junge erklärt. »Wir wurden nicht auf das normale Leben vorbereitet, sondern auf ein Leben in der Kommune.«

In finanzieller Hinsicht floriert die Kommune von Jahr

zu Jahr besser. Durch den Verkauf von Versicherungen und Immobilien kann der Bau eines großen Wohnkomplexes am Friedrichshof finanziert werden. 1987 kauft die Mühl-Kommune für mehrere Millionen Mark auf der kanarischen Insel La Gomera die Bucht El Cabrito als Feriendomizil. Auf der Finca, die von 320 Hektar Orangenhainen, Palmen- und Bananenplantagen umgeben ist, residiert Otto Mühl mit seiner Führungs-Clique ganz ungeniert im Herrenhaus. Seine Anhänger, wie Toni Elisabeth Altenberg, leben etwas bescheidener: »Wir haben alles abgegeben, auch Erbschaften, das ist alles in den Friedrichshof reingeflossen oder auf Gomera. Jetzt ist das eine Genossenschaft und aus den roten Zahlen raus; aber anfangs hat das viel Geld gekostet. Wir haben alles abgegeben, wir hatten eine eigene Schule mit hundert Kindern, das kostet auch Geld. Und wir haben in Berlin fünf Mark ausgegeben pro Tag und Person. Wir haben immer die gebrauchten Kleider von den Leuten aufgetragen, ganz selten was Neues, haben nie Möbel gekauft. Es gab eine Großküche für alle Leute, wir waren ganz sparsam.«

Was man von Häuptling Otto nicht behaupten kann. Während sich Mühl mit Delikatessen, Spirituosen und Tabak bedienen läßt, predigt er seinen Anhängern Askese. Auch lebt Mühl selbst ganz ungeniert in einer der von ihm so verteufelten Zweierbeziehungen. Er heiratet sogar die von ihm zur ersten Frau geadelte Claudia Mühl. Der gemeinsame Sohn Attila wird als Thronfolger installiert, und das Mühl-Ehepaar baut selbst unter den Kleinkindern eine strenge Hierarchie auf.

Mühl geht in seinen Feudalherren-Attitüden aber noch weiter, besser gesagt, er geht einen entscheidenden Schritt zu weit. In einer Neuauflage des mittelalterlichen ›ius primae noctis‹ nimmt er für sich in Anspruch, die in der

Kommune geborenen und aufgewachsenen Mädchen, wie er es nennt, »in die Sexualität einzuführen«.

Zoe Schumacher, die 1970 auf dem Friedrichshof geboren wurde, wirft den erwachsenen Kommunarden vor, daß sie den offensichtlichen Mißbrauch der Mädchen einfach ignoriert haben, obwohl »jeder das hätte sehen können. Jeder konnte es sehen auf dem Friedrichshof«.

Doch erst aus der Distanz zu Guru Mühl gehen einigen Kommune-Mitgliedern die Augen auf: 1988 strengen einige ehemalige Kommunarden einen Prozeß gegen Otto Mühl wegen Verführung Minderjähriger an. Viele Mädchen, die in der Kommune aufgewachsen sind, sagen gegen Mühl aus. Erst als Mühls Anwalt Einsicht in die Prozeßakten erhält, scheint auch die Führungsclique am Friedrichshof zu begreifen, daß Mühl ins Gefängnis gehen wird. Ende 1990 wird er als Kommune-Leiter abgesetzt, das Gemeinschaftseigentum wird abgeschafft.

1991 wird Otto Mühl verhaftet und im November zu sieben Jahren Haft verurteilt: unter anderem wegen Beischlaf mit Unmündigen, Mißbrauch des Autoritätsverhältnisses, aber auch wegen Verstößen gegen das Drogengesetz. Kurze Zeit später wird auch seine Frau Claudia verhaftet.

In seiner Verteidigungsrede beim Prozeß in Eisenstadt 1992 – der unter Ausschluß der Öffentlichkeit stattfindet – gibt sich Mühl als reumütiger Büßer:

»Eine große Zahl der wider mich erhobenen Anklagepunkte besteht zu Recht, und ich lege diesbezüglich ein reumütiges, rückhaltloses und volles Geständnis ab ... Ich erlaube mir, darauf zu verweisen, daß ich in der Ideologie der sechziger Jahre der Meinung war, daß Zweierbeziehungen auf Dauer nicht ehrlich entstehen können, und habe deshalb die Kommune Friedrichshof gegründet. Sinn und Zweck der Kommune war die freie Sexualität und Gemeinschaftseigentum. Ich war tatsächlich der Meinung, damit Menschen zu einem besseren und glücklicheren Leben führen zu können ...«

Während sich die *Bild*-Zeitung freut, daß »Schweine-Otto hinter Gittern« sitzt, findet Mühl trotz der Anklage wortmächtige Verteidiger in der Kunst-Welt: So unterzeichnen unter anderen Jean Christoph Amman, Christian Attersee, Jan Hoet und Hermann Nitsch ein Manifest zugunsten des inhaftierten Mühl, indem sie darauf hinweisen, daß dieser, unabhängig von seinen mutmaßlichen Verbrechen, noch immer als bedeutender Künstler bewertet werden müsse: »Am Friedrichshof sind alternative Lebensformen zwei Jahrzehnte lang gelebt worden, von dort sind wichtige Impulse für die österreichische und internationale Kunst ausgegangen.«

Pünktlich zur Haftentlassung Mühls, die am 23. Dezember 1997 unter Einrechnung einer sechsmonatigen Amnestie nach fast siebenjähriger Haft erfolgt, wird im Wiener Burgtheater eine Benefiz-Veranstaltung zugunsten Mühls gegeben, bei der er ganz selbstbewußt und unverbesserlich verkündet: »Die meisten Künstler besitzen nicht die Fähigkeit, die Kunst in den Dienst einer erfolgreichen, sexuellen Lebenspraxis zu stellen.«

Auch seine siebenjährige Haft münzt Mühl noch zum positiven Exempel um: »Die ganze Haft genommen, muß ich sagen, war für mich sehr wichtig, existentiell positiv. Ich gehe sogar so weit, daß es für viele Künstler gut wäre, wenn sie freiwillig diese zölibatäre Klausur auf sich nehmen könnten. Hat mich echt weitergebracht, ich habe mich als Künstler derartig verwirklicht, wie es draußen nie möglich gewesen wäre, der Druck der Justiz hat mich förmlich gezwungen dazu.«

Von der Kommune distanziert sich Mühl. Er kehrt nicht zum Friedrichshof zurück, sondern geht nach Portugal, wo er mit einer kleinen Gruppe von Anhängern lebt und dem Personenkult ganz neue Seiten abgewinnt: »Ich weiß, welche Fehler ich gemacht hab'. Viele Fehler – ich mach' eine neue Sache jetzt: Atelier Algarve, wo ich überhaupt keine Absicht habe sozial, sondern ich will nur einem helfen – mir selber.«

Der Friedrichshof ist in eine Genossenschaft umgewandelt worden. Noch immer leben hier auch frühere Kommunarden in einer Art Wohngemeinschaft mit Privateigentum – auch am eigenen Körper. Die Auflösung der Kommune brachte für viele aber auch existentielle Sorgen mit sich. Mancher, der immer nur in der Kommune gearbeitet hat, besitzt keinerlei Altersvorsorge. Die meisten der ehemaligen Mühl-Kommunarden sehen ihre Vergangenheit heute eher kritisch – die Utopie vom sexuell befreiten Menschen ein Trugbild?

«Wir haben gedacht, wir machen da ein Modell, und die ganze Welt könnte mal so werden«, sagt Toni Elisabeth Altenberg, »das ist ungefähr wie mit dem Kommunismus – das war auch mal als Modell und Gegenwelt gedacht, aber es war doch furchtbar, was daraus entstanden ist. Also wenn das, was wir daraus gemacht hätten, sich verbreitet hätte, das wär noch ärger geworden als der Kommunismus.«

Den Gegner umarmen, Blumen ins Haar – Flower-Power-Pazifisten: die Hippies

von Peter Kemper

»Langes Haar ist ihre Unabhängigkeitserklärung, Popmusik ihr Esperanto, und in ihren Friedenspfeifen rauchen sie Gras.« (Richard Neville)

»Wenn Liebe ihr Kennwort war, war Paranoia ihr Stil.« (Hunter S. Thompson)

Vom Gütesiegel einer Gegen-Öffentlichkeit zum Schimpfwort für unbelehrbare Träumer: Wer in den heutigen Jugendkulturen als »Hippie« geschmäht wird, gilt als ewig gestriger Sonderling, der mit seinem demonstrativen Friedens- und Zärtlichkeitswahn, seinem Faible für farbige Kleidung, lange Haare und handgemachte Musik die grassierende ›coolness‹ technologiebegeisterter Lebensstile unterminieren möchte. Hippies sind heute die Hüter der Naivität, auch wenn ihre Parole »Love, Peace & Happiness« mittlerweile von der Techno-Generation als merkantiles Motto okkupiert worden ist. Zwar haben typische Ideale von freier Liebe, spiritueller Selbsterfahrung oder einer magischen Körperkultur an den Stränden von Goa und in anderen exotischen Nischen überlebt, auch die »Cybertribe-Visionen« eines gegenkulturellen Netzwerks in der »virtual reality« und die Trance-Rituale der Elektronik-Jünger sind von Rauschgefühlen einer Gemeinschaftlichkeit beseelt – doch das Befreiungsprojekt der Hippies gilt als definitiv gescheitert. Ihre kindlichen Blütenträume, die Mitte der sechziger Jahre im Haight-Ashbury-Viertel von San Francisco und im Greenwich Village von New York zu reifen begannen, sind längst als hilflos-provokante Weltverbesserungskonzepte durchschaut. Dabei scheiterten die Hippies nicht an der verhaßten Wohlstandsgesellschaft, sondern zuallererst an den eigenen Illusionen. Gleichwohl lieferte ihre gefühlige Opposition gegen den US-Materialismus und -Militarismus das Modell eines spontanen Internationalismus.

Die zweite Hälfte der Sechziger läßt sich rückblickend als eine befreiende Zeit kulturellen Aufbruchs und sozialer Phantasie charakterisieren. Der neue Erfahrungshunger speiste sich nach Jahren wirtschaftlicher Prosperität in den westlichen Gesellschaften jetzt aus dem Überdrußempfinden und der Langeweile der Wohlstandskinder. Die Konsumgesellschaft produzierte in ihren Augen vor allem geistige und emotionale Leere. Die Suche nach existentiellem Sinn, nach der Melodie des Seins im eigenen Innern, nach dem Heiligen der Natur, all das mündete in eine durchgreifende Zivilisationskritik. In den USA waren große Teile der heranwachsenden Generation nicht länger bereit, am ›rat race‹ um Karriere und Dollars teilzunehmen. Das Unbehagen am sakrosankten ›American way of life‹, wie ihn die Eltern pflegten, war – wenn auch intuitiv und wenig reflektiert – dennoch nicht gänzlich unpolitisch: Die bloße Symbolfunktion, die der amerikanische Krieg in Vietnam für viele Jugendliche gefühlsmäßig erfüllte, verkehrte sich in ein ebenso nebulöses wie sanftes Gemeinschaftsideal als Gegenbild zur Aggression des Staates. Die Folge war ein demonstratives Bekenntnis zur Gewaltlosigkeit, zur Menschlichkeit schlechthin, zur nicht-utilitaristischen Liebe. Ein neuer, auf die Autoritäten damals unglaublich provozierend wirkender kultureller Code suchte mit missionarischem Drang ›das wahre Leben‹. Es sollte nicht mehr nur ein Friedhof mit Komfort

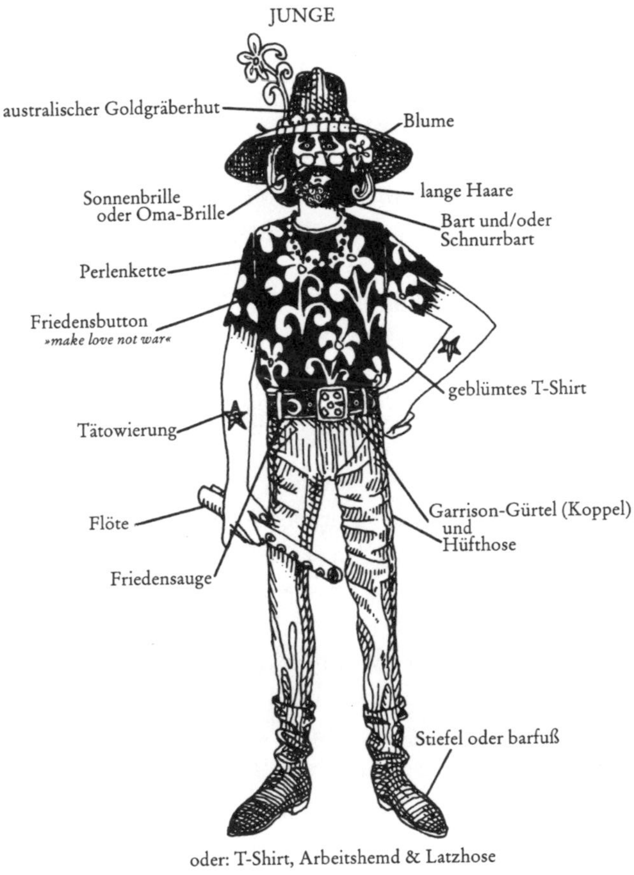

Kleiderordnung: »Hip fashion, masculin«, Illustration von 1967

und Luxus sein, vielmehr eine permanente Feier der Lust und Leidenschaften. Klaus Theweleit hat den hochfahrenden Hedonismus jener Jahre als eine gesamtgesellschaftliche Stimmungslage rückblickend auf den Begriff gebracht: »Der Schub kam, politisch, 1967 durch die Sprache des Marxismus, die öffentlich werdende Sprache der Psychoanalyse, die Sprache eines militanten Internationalismus (Anti-USA/Vietnam), verbunden mit den Sprechweisen des Kinos, der Rockkultur: insgesamt die neue Sprechweise einer sexualisierten Frechheit, die alles ergriff. Mitauslöser: die Pille. Resultat: die schubartige Umwandlung des Lebens in eine Abfolge intensiver Momente unter weitgehendem Wegfall jeder Zukunftsplanung.«

Trotz dieser treffenden Diagnose darf man die subversiv scheinende Haltung der Hippies nicht als intellektuelle Position mißverstehen. Zwar hatten Theoretiker wie Wilhelm Reich, Herbert Marcuse oder Marshall McLuhan unterschwellig ihre Schriften im Spiel, doch führende Hippie-Protagonisten haben immer wieder den Anti-Intellektualismus der Bewegung betont. Janis Joplin etwa erklärte: »Ein Intellektueller zu sein – das bedeutet eine Menge Fragen und keine Antwort – was wirklich zählt, sind Gefühle.« Und Louis H. Rapoport, bekennender Hippie und 1967 Besitzer eines Poster-Ladens in San Francisco, sekundierte: »Warum denn lesen, wo es doch viel wichtiger ist, einfach zu leben und zu lieben.« Dabei hatte die amerikanische Hippie-Szene sehr wohl literarische Wurzeln. Bücher wie Jack Kerouacs *On The Road* oder sein Zen-bewegtes *The Dharma Bums* wie *The Way Of Zen* von Alan Watts oder Hermann Hesses *Steppenwolf* bildeten die diffuse Mentalitäts-Folie, auf der sich die Hippie-Ideologie entfalten konnte. Vor allem die »Beatniks«, allen voran ihr programmatischer Dichter Allen Ginsberg, waren Vorläufer und Mittler zugleich. Schon 1955 hatte Ginsberg mit seinem Gedicht *The Howl* die erste Hippie-Hymne geschrieben – eine visionäre Imagination, die oft genug ein düsteres und beängstigendes Amerika-Bild zeichnet und zugleich im Stil eines biblischen Propheten die Heiligsprechung von »soul, skin, nose, tongue, cock, hand, asshole« forderte. Dabei wurde Ginsbergs wütende Attacke auf die menschenverachtende Technokratie Amerikas von der Verstrickung des Landes in den Vietnam-Krieg zeitgleich bestätigt. Als der Dichter sein »Geheul« im Oktober 1955 in der »Six Gallery« in San Francisco erstmals anstimmte, fand mit dieser klassischen Beatnik-Performance zugleich die Urszene der kommenden ›unruhigen Sechziger‹ statt. Schon die erste Zeile rührte an den Nerv der Zeit: »I saw the best minds of my generation destroyed by madness...« Und Ginsberg sehnt sich nach »angelhearted hipsters burning for the ancient heavenly connection to the starry dynamo in the machinery of night...«. Die Lesung löst einen öffentlichen Skandal aus. »Seine Glorifizierung von Wahnsinn, Drogen und Homosexualität, seine generelle Verachtung und sein Haß auf alles Gesunde, Normale oder Anständige« werden von dem neokonservativen Publizisten Norman Podhoretz noch dreißig Jahre später beklagt. »Das Gedicht hat die Werte der Jugendkultur der sechziger Jahre vorweggenommen und gleichzeitig geholfen, sie zu propagieren.« Zumindest trugen Ginsberg und seine Aussteiger-Clique dazu bei, den latent Unzufriedenen in den USA ein oppositionelles Zukunftsgefühl zu vermitteln. Viel ist in der Folgezeit über den Unterschied zwischen »Beatniks« und »Hippies« spekuliert worden, dabei waren die Übergänge fließend. Fast alle Merkmale der Hippie-Ära waren Mitte der Sechziger bereits vorhanden: musikalische Auslöser wie Bob Dylans skandalöse Elektrifizierung des Folk beim Newport-Festival 1965, die »British Invasion« von Rockbands wie den »Beatles«, den »Rolling Stones« oder den »Animals«, der dramatische Erfolg synthetischer Drogen wie »LSD«, Lightshows, Neonfarben, öffentliche Happenings, psychedelische Partys – all diese Faktoren kamen in San Francisco zusammen. Der Stadtteil »Haight-Ashbury« – bald »Hasch Bury« genannt – hatte als angesagtes Epizentrum der Boheme »North Beach«, die Heimat der Beatniks, verdrängt. Schnell kolportierten die Medien die Mär von den »Beautiful People«, die in Trapperkleidung, militärischen Uniformen, afghanischen Gewändern, farbenprächtigen Piratenhemden, indischen Saris, römischen Togas oder indianischen Wildlederanzügen die Straßen bevölkerten. Die blühende Avantgarde-Szene der Bay Area mischte sich mit naiven Blumenkindern, Vertretern des »Free Speech Movement« in Berkeley und anarchistischen Gruppen wie den »Diggers« zu einer bunten Kommune.

Angeblich hatten schon die Beatnik-Veteranen den Begriff »Hippie« abfällig für junge Möchtegern-Hipster gebraucht. Er leitet sich jedoch zuallererst aus dem Adjektiv »hip« ab, das im Jargon der Bebopper der vierziger Jahre soviel wie »erfahren, weise« bedeutete. Ein »Hippie« weiß demnach, was läuft, wo's langgeht. Zugleich schwingt in »hip« die Erkenntnis der Randgruppenexistenz bereits mit. Schon die schwarzen Jazzmusiker der Bebop-Ära waren sich ihrer Marginalisierung am Rand Amerikas durchaus bewußt und kehrten sie in ein stolzes Selbstbekenntnis um: Ich bin weiser als die weißen Lehrer und letztlich der kulturell Überlegene. Bei aller etymologischen Ausdeutung des »Hippies« muß jedoch der Wortgebrauch berücksichtigt werden: Zeitungsberichte und TV-Reportagen beförderten das Klischee, die »Beatniks« stünden für

Trübsal und Tragik, während die »Hippies« kindlichen Optimismus verkörperten. Die Historikerin und Janis Joplin-Biographin Alice Echols hat kürzlich jedoch klargestellt:

»Bevor die Medien über Haight-Ashbury herfielen, lebten Hippies und Beatniks in Koexistenz und hatten viele Gemeinsamkeiten.... Als der Ausdruck ›Hippie‹ in einem Artikel des *San Francisco Examiner* vom September 1965, der Haight-Ashbury zu ›einer Art West Beach‹ ausrief, zum ersten Mal in der Presse auftauchte, lautete die Überschrift ›Ein neues Paradies für Beatniks‹. ... In einem langen Essay über Hippies im *New York Times Magazine* bestätigte Hunter S. Thompson die Verbindung und die feinen Unterschiede zwischen den beiden Gruppen. Er berichtete, Hippies weisen jede Verwandtschaft mit der Beat Generation damit zurück, daß ›diese Typen negativ waren, aber unser Ding ist positiv‹. Sie lehnen auch die Politik ab, die ›nur ein weiteres Spiel‹ ist. Sie mögen auch kein Geld oder jegliche Art von Aggressivität... Jerry Garcia behauptete später, es hätte eine größere Nähe zu den Beatniks gegeben: ›Das Bild der Medien von dem unschuldigen Hippie-Blumenkind war ein Joke. Hey, jeder wußte, was lief. Es war nicht *so* unschuldig. Unser eigener Hintergrund war irgendwie dieser zutiefst zynische Beatnik-Bereich, der sich mit der Ankunft der psychedelischen Drogen zu etwas Netterem entwickelt hat.‹«

Weitere Merkmale von Nähe und gleichzeitiger Differenz werden im Interview mit einem anonymen Hippie deutlich, das 1965 in San Francisco geführt und 1969 in dem bahnbrechenden Textsammelband *ACID – Neue amerikanische Szene* auch in der Bundesrepublik veröffentlicht wurde: »Zunächst einmal: Die Beats hatten kein LSD. Sie waren Intellektuelle. Sie waren natürlich irrsinnig modern – also rauchten sie Pot, 'ne Mordssache! – Pot ist ja nichts anderes als 'ne Zigarette. Man wird zwar high, aber na ja. Die Beats waren nichts anderes als eine Neuauflage der alten Boheme. Die Hippies sind das nicht. Die Hippies sind sehr religiös. Die Beats sagen und sie sagen's noch: Gott ist tot. Und ich kenne keinen Hippie, der so etwas sagen würde.« Selbstbeschreibung und distanzierte Analyse von außen klaffen, wie so oft, auch im Fall der »Hippies« auseinander. Dennoch wird in allen Aussagen die zentrale Rolle hervorgehoben, die Drogen an der Entstehung der neuen Jugendkultur hatten. Vor allem das 1943 von dem Schweizer Chemiker Dr. Albert Hofmann im Selbstversuch per Zufall entdeckte LSD (Lysergsäurediäthylamid) versprach Bewußtseinserweiterung durch einen »Orgasmus hinter den Augäpfeln«. Hippie-Chemiker in Haight-Ashbury, wie der Student und frühe LSD-Pionier Augustus Owsley, lernten bald, den Stoff leicht und billig selbst zu synthetisieren. Die halluzinogene Wirkung der Droge öffnete nach einem Wort des Schriftstellers Aldous Huxley »die Pforten der Wahrnehmung«. Auch andere psychoaktive Substanzen wie Marihuana, Peyote, Psilocybin, Meskalin, Methedrin oder Benzedrin sensibilisieren den Geist für die Fülle der Stimuli, die bei normaler Gehirnfunktion als sukzessive Folge leicht zu kontrollieren sind. Unter dem Einfluß psychedelischer Drogen aber entwickelt sich für die Wahrnehmung eine betäubende Gleichzeitigkeit von Reizen, die im besten Fall die ersehnten »ozeanischen Gefühle« von Unendlichkeit freisetzen. Kosmische Empfindungen, Spiritualität und Sinnlichkeit sollten sich im Rauschzustand versöhnen, ein frei floatender Eros die Folge sein. Oder wie es Allen Cohen, Redakteur der Underground-Zeitung *S. F. Oracle* ausdrückte: »Die Droge wäscht uns von den hinderlichen

Einflüssen der Außenwelt rein.« Kein Wunder, daß bald der Trip-Slogan kursierte: »Du mußt dem Fluß in deinem Innern bis zur Quelle folgen!«

Zum populärsten Propagandisten psychedelischer Drogen avancierte in den USA Timothy Leary. Der Psychologe und ehemalige Dozent der Harvard University, der 1960 bei einem Besuch in Mexiko erstmals mit Meskalin in Kontakt gekommen war, sah in der psychedelischen Revolution den Aufbruch zu neuen Ufern menschlicher Selbsterkenntnis. In seinem wahnhaften Optimismus propagierte er: »Ein gewaltiges transzendentales Erlebnis wird jeden beeinflussen und sein Leben von Grund auf verändern.« Deshalb gründete er seine »League For Spiritual Discovery« (LSD) und wurde nicht müde, die religiösen Qualitäten der neuen »Psychedelikatessen« zu betonen. Learys Leitsatz »Turn On, Tune In, Drop Out« brachte die Hippie-Philosophie auf den prägnanten Punkt: Törn dich mit Drogen an und erwecke deine körperlichen und seelischen Energien, schwing dich auf ein gemeinschaftliches Leben mit neuen Formen der Selbstverwaltung ein und steig aus dem vorhandenen Gesellschaftssystem aus. In seiner Abscheu gegenüber der amerikanischen Realität traf sich Leary übrigens mit Allen Ginsberg, der Amerika als »Hölle« mit »Campbell-Suppenbüchsen und Pepsi-Cola-Flaschen, Johnsons Visage und McNamaras ton- und gefühlloser Roboterstimme« schilderte. Kein Wunder, daß während der Anti-Vietnam-Kundgebung, die im Oktober 1967 in Washington stattfand, die Politrockband »The Fugs« um die Dichter Ed Sanders und Tuli Kupferberg die Kriegstreiber der Regierung als diabolische Mächte beschwor. Norman Mailer hat dieses denkwürdige Ritual in seinem Tatsachen-Roman *Heere aus der Nacht* beschrieben: »... Mädchen mit bunten Perlenketten und Sandale und überall sah man Blumen in den Haaren und Nickelbrillen auf jungen Gesichtern – und die Musik – nein, eigentlich eher das Spiel – hatte begonnen... Und unser Teilnehmer erkannte, daß es sich um den Anfang der angekündigten Teufelsaustreibung am Pentagon handelte, ja, die Zeitungen hatten viel hergemacht über den Antrag, den ein Hippie-Führer namens Abbie Hoffman bei der Regierung gestellt hatte: Er wollte die Genehmigung, das Pentagon mit zwölfhundert Menschen zu umstellen und so einen Beschwörungskreis zu bilden, der stark genug sein sollte, den ganzen Gebäudekomplex hundert Meter hoch in die Luft zu heben. Wenn das erreicht war, so hieß es weiter, dann würde das schwebende Pentagon als nächstes orangefarben leuchten und gleichzeitig so lange vibrieren, bis alle von ihm ausgehenden bösen Ausstrahlungen getilgt waren. Im selben Augenblick war der Krieg in Vietnam zu Ende... Die ›Fugs‹ dienten dabei als musikalisches oder theatralisches Medium, sie spielten ihre Musik und standen dabei auf der Ladefläche eines Lastwagens... Und das Echo ihrer scharfen Anrufungen aller mythischen Giganten und aller Kräfte des Donners und der Natur wurde von den Triangeln und Zimbeln, von den Trommeln und Glocken aufgenommen, während die säurescharfe Qual einer Trompete das unsichtbare Böse suchte und hastig durch die Zelte eines mittelalterlichen Volksfests eilte. Und dann schrien alle Musiker plötzlich auf: ›Weicht, Dämonen, weicht – zurück in die Dunkelheit, o Diener des Satans, weicht, Dämonen, weicht! ... Dies sind die magischen Augen des Sieges‹, hob Sanders wieder an, Sieg – Sieg für den Frieden. Geld erschuf das Pentagon – schmelzt es ein. Geld erschuf das Pentagon – schmelzt es um in Liebe.‹«

Am 1. Januar 1966 hatte in Haight-Ashbury der erste

»Psychedelic Shop« der Welt eröffnet, in dem Rauschmittel aller Art frei zu kaufen waren. Erst im Oktober 1966 erklärte die US-Regierung die Droge LSD offiziell für illegal, nachdem die CIA jahrelang an der kalifornischen Stanford University in Versuchsreihen mit der angeblichen »Wahrheitsdroge« experimentiert hatte. Doch das Verbot tat dem exzessiven Drogenkonsum in San Francisco keinen Abbruch. Öffentliche »Acid Tests« (Säure-Tests) wurden als Happenings immer beliebter. Unter der Führung von Ken Kesey – Autor von *Einer flog übers Kuckucksnest* – avancierten seine Freunde, die Gruppe der »Merry Pranksters«, zu *den* LSD-Missionaren der Bay Area. Zusammen mit Bands wie den »Grateful Dead«, »Jefferson Airplane« oder »Big Brother & The Holding Company« inszenierten sie musikalische Trips mit Light-Shows voller zerfließender Farben, mit Körper-Bemalung und Matrazenlagern. Haight-Ashbury, das ehemalige verschlafene, gemischtrassische Arbeiterviertel, explodierte 1967 im vielzitierten »Summer Of Love« in einem Karneval ausgeflippter Körper. Gerade erst hatte der Sänger Scott McKenzie die Stadt an der Westküste als eine einzige romantische Fummelkommune bedröhnter Blumenkinder ausgerufen: »If you go to San Francisco, be sure to wear some flowers in your hair…« Der neue Werbeslogan der Stadt des Hl. Franziskus lautete jetzt »Flower Power«. Von vielen politisch engagierten Hippies – sie nannten sich nach ihrer Protestorganisation »Youth International Party« (YIP) selbstbewußt »Yippies« – wurde dieses in den internationalen Hitparaden erfolgreiche Lied McKenzies als »Sargnagel« der Bewegung, als heillose Hymne des ganzen Liebesschwindels verstanden. Milan Melvin, einer der Liebhaber von Janis Joplin, faßte die Verärgerung der Haight-Ashbury-Gemeinde in den Sätzen zusammen:

»Die Spießer waren auf dem Marsch und traten die Gartenzäune von kleinen alten Damen nieder, um sich Blumen ins Haar zu stecken, damit sie auch nur ja in der beschriebenen Aufmachung ankommen konnten.« Trotz solcher vernichtenden Urteile über die »flower children« und selbsternannte »love generation« wurde die *Blume* das markanteste Symbol der Hippies. Der Literaturwissenschaftler Jost Hermand hat darauf hingewiesen, daß dies nicht zufällig in San Francisco geschah, der »Stadt des heiligen Franz, der mit seinem Sonnengesang, seiner Nähe zu Blumen und Vögeln und seiner betonten Bedürfnislosigkeit von den High Priests als ein Vorläufer der Hippie-Bewegung aufgefaßt wird«. Die Blume galt schon immer als Sinnbild der Schönheit, Natürlichkeit und Unschuld. Für den Soziologen Walter Hollstein sind diese Pflanzen deshalb als Zärtlichkeits-Zeichen besonders prädestiniert, »weil Blumen *nur* sind« und gegen niemanden etwas haben. Sie signalisieren zugleich die Wiederentdeckung natürlicher Reize inmitten eines Amerikas, das sich zunehmend in einen computergestützten Überwachungsstaat zu verwandeln schien. Zugleich sind sie Geschöpfe von »Mother Earth«, jener natürlichen Macht gegen die »Todeskultur des Establishments«. Das bloße *Sein*, das sich in den mythischen Kräften der Erde manifestiert, gilt den Hippie-Jüngern als Garant einer »Cosmic Awareness«. Spielerische Organisationsformen wie »Be-Ins« waren die soziale Entsprechung solcher Seinsverliebtheit. Ed Sanders schreibt dazu in seinem Buch *Der Sommer der Liebe – Tales Of Beatnik Glory*: »Das Be-In war als eine amorphe, nichthierarchische Versammlung gedacht, die im Unterschied zu den rechteckigen militärischen Präsentationsformen eher die Form eines Tropfens hatte. Dahinter steckte die Vorstellung, daß das Leben wellenförmig und nach Art der lebendigen Zellen der geheiligten Form eines Rauschgifttropfens ablaufen sollte. Diejenigen, die oben von der Bühne HERABBLICKTEN, waren endlich VEREINT mit denen, die AUF die Bühne starrten, und alle liefen zusammen herum im graziösen Tempo der Post-Beatniks und tanzten unter Rauschgift in der zeitlosen Zone des Zen.« Neben Be-Ins fanden 1966/67 im »Golden Gate Park« von San Francisco auch zahllose »Kiss-Ins« und »Love-Ins« statt. All diese Strategien einer neuen, zwanglosen Gemeinschaftlichkeit gehen zurück auf jene »Sit-Ins«, die schon Anfang der Sechziger als Demonstrationen gegen die rassistische Politik in den US-Südstaaten erprobt wurden. Und über den rührenden Versuchen einer selbstbestimmten Sexualität schwebte als süße Wolke stets die Verheißung Timothy Learys: »Der Tempel unserer Religion ist der Körper. Wenn sich jeder antörnen würde, wären die Straßen bald mit Gras bewachsen, und schuhlose, schlipslose Götter würden durch die Städte tanzen.«

Doch nicht alle Hippies hatten gänzlich abgehoben. Die fast mönchische Fraktion der »Diggers« erprobte an der amerikanischen Westküste handfeste Formen der Selbstorganisation. Sie wollten die Versorgung mit Kleidung, Nahrungsmitteln, Medikamenten, Wohnungen sicherstellen und zugleich eine Art antiautoritären Privatkommunismus auf die Beine stellen. Zu diesem Zweck richteten sie »Free Shops« und »Free Clinics« ein, organisierten »Free Concerts«, um mit solchen kostenlosen Angeboten die Zwangsherrschaft des Geldes zu unterlaufen: »Be free, do things free, help kill money.« Die ökonomische Losung der »Diggers« lautete: »Wenn jemand nach deinem Chef fragt, antworte ihm, daß er selbst der Chef sei.« Nach ihren blauäugigen Vorstellungen sollte die große »Zusammenkunft der Stämme« fortan im selbstverwalteten

»People's Park« auf dem Universitätsgelände von Berkeley stattfinden. Doch Stacheldrahtverhaue und 2500 Nationalgardisten mit Hubschraubern und Wasserwerfern brachten die rosarote Seifenblase schnell zum Platzen. Dauerhafter war da der Erfolg der Drucksachen aus dem Underground. Die *Los Angeles Free Press* beispielsweise schuf eine Gegen-Öffentlichkeit, indem sie gerade jene Dinge beim Namen nannte, die in der bürgerlichen Presse verschwiegen wurden – von geheimen Napalm-Angriffen in Vietnam bis zu Umweltsünden der Chemiekonzerne. Selbst die beliebten Underground-Comics eines Robert Crumb, die damals in fast allen Szene-Zeitungen gedruckt wurden, provozierten mit ihrem saftigen Optimismus und der nicht selten obszönen Bildersprache die herrschenden Medien. Die zügellose Hippie-Mentalität schien sich wie eine soziale Seuche auszubreiten. Nach *Newsweek* bevölkerten mehr als hunderttausend berauschte Blumenkinder im »Summer Of Love« San Francisco. Gleichzeitig hatten, einer Studie des amerikanischen Soziologen Stuart Hall zufolge, im selben Jahr 79% aller Haight-Ashbury-Hippies schon unfreiwillig mit der Polizei zu tun gehabt. In seiner einflußreichen Studie betonte Hall dennoch: »Die Hippies sind Reisende, Entdecker, Abenteurer des Unbewußten, der unterirdischen Keller im Menschlichen, der inner-psychischen Realität des revolutionären Moments.«

Doch die blumengeschmückte Bewegung tanzte nur einen Sommer. Bereits am 6. Oktober 1967 fand im »Buena Vista Park« von San Francisco die symbolische Beerdigung der Hippie-Insignien statt. Man legte Blumen, Friedenspfeifen, Drogen, bunte Gewänder und Ketten in einen Sarg, um das »Modephänomen Hippie« zu Grabe zu tragen. Die gnadenlose Kommerzialisierung der Idee hatte längst eingesetzt: Hippie-Perücken für Feierabend-Aussteiger waren auf den Wühltischen von »Woolworth« im Angebot, Reiseunternehmen organisierten Sightseeing-Tours durch die In-Lokale von Haight-Ashbury, die amerikanischen Fast-Food-Ketten hatten »Love Burgers« im Programm, und in Deutschland nutzte »Fleurop« den »Flower Power«-Werbespruch.

Schlimmer aber war die Verelendung der in lebenspraktischen Dingen oft hilflosen Hippies. Der apokalyptische Rand der riesigen Party wurde breiter. Nicht nur Janis Joplin erkannte ernüchtert: »Am Ende des ›Summer Of Love‹ war die Haight-Ashbury-Street von Leuten mit Problemen gesäumt.« Auch Leonhard Wolf beschrieb 1968 die sich ausbreitende Hoffnungslosigkeit der einst himmelhochjauchzenden Bewegung: »Die Acid-Erfahrung führte, wenn sie nicht himmlisch ausfiel, ins höllische Extrem... In jenen Kommunen, wo man nichts von der Zubereitung und Lagerung von Nahrungsmitteln verstand, trat infektiöse Gelbsucht auf... Jede Menge Hippies haben ganze Tage verbracht, in denen sie sich lediglich von einem Schoko-Riegel für zehn Cents und einer Flasche Coca-Cola ernährten. Schlechte Zähne, schlechte Verdauung, Schlafmangel, Hautprobleme und die allgemeine Erkältung waren ihre weitestverbreiteten Probleme... Der Beschluß, sexuell frei zu sein, produzierte nicht selten angsterregende Begegnungen, von deren psychischen Folgen man sich nur ganz allmählich erholte. Geschlechtskrankheiten forderten ebenfalls ihre Opfer... Als saubere, gescheite Kinder der soliden weißen Mittelklasse hatten sie ihr Zuhause im erdrückenden Komfort verlassen und waren nicht auf eine Existenz vorbereitet, in der das schlichte Überleben ein tägliches Problem war.« Auch der Innerlichkeitswahn geriet zunehmend ins Zwielicht. Kein Wunder, daß sich das linke Polit-Blatt *Resistance* über Allen Ginsbergs Meditations-Reise nach Indien mokierte: »Was Ginsberg nach seiner Rückkehr aus Indien zu erzählen vergaß, war, daß ihm der Genuß des heiligen Wassers aus dem Ganges vier Wochen Diarrhoe bescherte. Das ist ein Symbol dafür, wie korrupt der Pfad nach Nirvana geworden ist.«

Das wachsende Chaos in Haight-Ashbury begünstigte zudem asoziale Elemente, kriminelle Banden und Sexualverbrecher. Überfälle, Belästigungen und Vergewaltigungen häuften sich in der Hochburg der Liebe. Ein hellsichtiger Zeitdiagnostiker wie der französische Schriftsteller Michel Houllebecq behauptet heute sogar, daß die moralische Orientierungslosigkeit der permissiven Gesellschaft unserer Tage ihren unseligen Anfang in den Experimenten der »love generation« genommen hat. Aus läppischen Liebesfesten wurden angestrengte Orgien, die Folge waren organisierte Swinger-Partys, und heute triumphiert eine seelenlose Porno-Industrie. Was die Anfänge der sexuellen Befreiung in der Pre-Aids-Phase anging, hatte Paul Krassner von der Zeitschrift *The Realist* mit seiner psychoanalytisch gefärbten Beobachtung natürlich recht: »Auf der ganzen Welt sind die unbefriedigten Bullen sauer auf die Tatsache, daß so viele junge Leute ein besseres Sexualleben haben als sie selbst.« Doch die psychotischen Verfallserscheinungen, die sich aus der egoistischen Selbstverwirklichung der Haight-Ashbury-Gemeinde ergaben, bleiben ein Beispiel für den Wahn einer völlig freien Liebe.

Ein letztes Mal feierte der Glaube an die gesellschaftsverändernde Kraft einer hedonistischen Pop-Internationale vom 15. bis 17. August 1969 fröhliche Urständ. Das Woodstock-Festival mit seinem »Love & Peace«-Motto funktionierte als ein gruppendynamisches Experiment, ohne jeden Gewaltausbruch. Drei Tage lang inszenierten sich fast fünfhunderttausend Menschen auf einer Wiese als eine einzige »See-Me-Touch-Me-Feel-Me«-Kommune. Musik, Politik, Lebensstil – all das kam hier als Manifestation kollektiver Utopien zusammen. Richie Havens resümiert beschönigend: »In Woodstock ging es nicht um Sex und Drogen und Rock'n'Roll. Es ging um Spiritualität und um Liebe, es ging darum, zu teilen und einander zu helfen, um ein Leben in Frieden und Harmonie.« Die Woodstock-Teilnehmerin Lisa Law, die dort für die Verteilung des »free food« verantwortlich war, ist trotz aller kommerziellen Symbolwirkung der »drei Tage des Friedens und der Musik« noch immer von der Einzigartigkeit der damaligen Gemeinschaftserfahrung überzeugt: »Wir waren unschuldige Blumenkinder, die in einer Kommune lebten ... Wir alle wollten den Krieg in Vietnam beenden. Geistige Führer lehrten uns den Atem des Feuers und wie wir mit unserem innersten Selbst in Berührung kamen ... Woodstock, das waren für mich die Leute, das war das Auskommen miteinander, das Teilen, die Sorge, das Verarzten, das Füttern. Wir waren zum ersten Mal für etwas verantwortlich, und wir haben der Welt gezeigt, wie das Leben hätte sein können.« Zudem beruht der Woodstock-Mythos auf der »symbolischen Politik« dieses Festivals. Ob Richie Havens sein »Freedom« spontan erst auf der Bühne erfand, Jimi Hendrix die amerikanische Nationalhymne im Splitterbomben-Sound seiner Gitarre verenden ließ oder ob Country Joe Mac Donald die Erweckung durch ein kollektiv gebrülltes F-U-C-K erreichte, in solchen magischen Momenten verschmolzen individuelle Bedürfnisse mit gesamtgesellschaftlichen Visionen. Für den einzelnen leuchtete die »Plötzlichkeit« eines »richtigen Lebens im falschen« auf. Doch schon die gewalttätige Massenhysterie des Folge-Festivals in Altamont nur vier

Monate später machte alle Hoffnungen auf die neue friedliebende Freiheit zunichte. Der »schwärzeste Tag in der Geschichte des Rock'n'Roll« wurde zum Schwanengesang der Hippie-Kultur – mit Todesfolge.

Natürlich hatte sich Ende der sechziger Jahre auch in europäischen Metropolen wie London, Amsterdam oder München eine Hippie-Bewegung entwickelt. Doch die europäischen Hippies waren zuallererst urbane Lebenskünstler. Ihnen fehlte nicht nur das spezifisch Religiöse der amerikanischen Flower-Power-Pazifisten, sie waren auch weniger schwärmerisch und naturverbunden. Dennoch konnte sich London neben San Francisco und New York City in den ausgehenden Sechzigern als drittgrößte Hippie-Kolonie mit »free concerts« im Hyde-Park, mit Underground-Postillen wie der *International Times* und einer linken *free press* etablieren. Doch schon bald diente der Hippie-Bonus eines »Swinging London« vor allem der Touristenwerbung. Im Kommerz der »Carnaby Street« verflachte der Flower-Power-Stil zum bloß modischen Phänomen. Auch in deutschen Städten wie München, Frankfurt oder Berlin wurde das Hippie-Phänomen vor allem in der weichgespülten Variante eines angesagten Import-Artikels spürbar. Die Haschrebellen im Englischen Garten an der Isar, die Felljackenträger und Groupies in der Berliner Disco »Blow Up« oder die Räucherstäbchen und Poster im Frankfurter »Heidi Loves You«-Shop – all diese Erscheinungen wirkten wie ein Imitat »just for kicks & fun«.

Kann man heute noch von einer historischen Leistung der Hippies sprechen? Zumindest haben sie es für kurze Zeit geschafft, der amerikanischen Gesellschaft der »Plastic People« (Frank Zappa) ein positives Bild von Glücksverlangen, Sinnsuche und Gegenseitigkeit entgegenzuhalten. Dabei war das Auftreten der Hippies hoch-imaginativ, improvisiert und immer um Vorläufigkeit bemüht. Schon Jost Hermand hat darauf hingewiesen, daß das frühe Umweltbewußtsein der Hippies sie zu Vorkämpfern der heutigen Ökologie-Bewegung gemacht hat. Ebenso können die Selbstverwaltungsideale der »Diggers« als Vorgriff auf die Alternativ-Bewegung der siebziger Jahre interpretiert werden. Den »Hippie« als Stereotypen gab es nie. Ihre widersprüchliche Vielfalt war geradezu die Existenzbedingung der Hippies: Anhänger von Naturnahrung neben chemiegläubigen LSD-Freaks, Landkommunen neben Stadtindianern, Einzelgänger neben Stammesorganisationen. Das historische Hauptverdienst der Hippies hat der Soziologe Stuart Hall auf den Begriff gebracht: »Sie haben nicht nur geholfen, einen Lebensstil zu definieren, sie haben die Frage nach dem Stil als eine politische Frage gestellt.« Oder wie es in der blumigen Hippie-Sprache hieß: »To come together is blessed, to go together is divine.«

Zu den Autoren

Heiner Boehncke, geb. 1944. Literaturredakteur beim Hessischen Rundfunk. Professor für Literaturwissenschaft an der Universität Frankfurt/Main. Publizist, Autor mehrerer Bücher über historische Räuberbanden, Alltagskultur und Literaturgeschichte. Zuletzt erschienen ein Ratgeber über Schreiben an der Universität sowie der Kunstkrimi *Cézanne geht immer* (2001), den er zusammen mit acht Bremer Kunststudenten verfaßt hat.

Ruth Fühner, geb. 1953. Arbeitete nach dem Abitur im Kibbuz. Danach Studium der Germanistik und Geschichte. Promotion über den Subjektbegriff in der modernen Autobiographie. Theater- und Literaturkritikerin für verschiedene Zeitungen, Autorin, Moderatorin und Redakteurin beim Hessischen Rundfunk. Reiste für ihren Aufsatz zum ersten Mal nach fast 30 Jahren in »ihren« Kibbuz von damals.

Andrea Gerk, geb. 1967. Studium der Angewandten Theaterwissenschaft in Gießen. Lebte einige Jahre in Wien und veröffentlichte zahlreiche Arbeiten zur österreichischen Literatur. Volontariat beim Hessischen Rundfunk, anschließend freie Mitarbeiterin. Seit 2000 Literaturredakteurin beim NDR.

Hans-Jürgen Goertz, geb. 1937. Studium der Theologie, Anglistik, Philosophie und Geschichte in Hamburg, Göttingen, Tübingen und Hillsboro, Kanada. Seit 1982 Professor für Sozial- und Wirtschaftsgeschichte an der Universität Hamburg. Wichtigste Veröffentlichungen: *Die Täufer* (1980/1988, engl. 1996), *Thomas Müntzer. Mystiker, Apokalyptiker, Revolutionär* (1989, engl. 1992, jap. 1995).

Steffen Graefe, geb. 1953. Studium der Philosophie, Indologie und Religionswissenschaften. Organisierte in Hamburg in den achtziger Jahren das »Atelier für philosophische Praxis«. Veranstalter von Seminaren, Tagungen und Kongressen. Hörfunkautor. Publikationen u.a.: *Der gespaltene Eros – Platons Trieb zur ›Weisheit‹* (1989), *Julia Kristevas ›phallomanische Dementia‹* (1992).

Inken Heeb, geb. 1968. Promovierte Medienwissenschaftlerin. Studierte in Marburg und in Pennsylvania inmitten des Amishlandes (Lancaster-County). Nach Volontariat und Arbeit als Tageszeitungsredakteurin ist sie seit dem Jahr 2000 Redakteurin beim F.A.Z.-Institut.

Dieter Hildebrandt, geb. 1932. Nach Studienjahren in Amerika, in Bonn, Berlin und München (Promotion bei Artur Kutscher) ein Jahrzehnt lang bei der Frankfurter Allgemeinen Zeitung, dann Lektor im Suhrkamp Verlag und Dramaturg am Schillertheater in Berlin. Lebt als freier Schriftsteller im Spessart. Zuletzt erschien: *Piano, piano! Der Roman des Klaviers im 20. Jahrhundert* (2000).

Peter Kemper, geb. 1950. Leiter des Abendstudios beim Hessischen Rundfunk. Zahlreiche Veröffentlichungen zu Themen der Alltags- und Jugendkultur in Zeitungen, Fachzeitschriften und Sammelbänden. Zuletzt erschien von ihm als Mitherausgeber (zusammen mit Ulrich Sonnenschein) *Sucht und Sehnsucht – Rauschrisiken in der Erlebnisgesellschaft* (2000).

Conrad Lay, geb. 1949. Studium der Rechts- und Politikwissenschaften in Tübingen und Frankfurt. Promotion über die Nachkriegsentwicklung Süditaliens. Seit 1980 freier Autor und Publizist, zahlreiche Beiträge für Hörfunk und Fernsehen. Nach 1989 Leitung von Seminaren und Projekten zur deutsch-deutschen Annäherung. Mehrere Journalistenpreise. Lebt in Frankfurt am Main.

Joachim Meißner, geb. 1962. Studium der Geschichte und Politikwissenschaften in Frankfurt. Promotion über den »Mythos Südsee«. Seit 1988 als Publizist und freier Hörfunk- und Fernsehjournalist tätig.

Dorothee Meyer-Kahrweg, geb. 1961. Diplom-Biologin. Redakteurin bei einer Fachzeitschrift. Autorin mehrerer Sachbücher und einer Hörbuch-Reihe zur Geschichte der Bundesrepublik und der DDR. Arbeitet als Redakteurin, Autorin und Moderatorin beim Hessischen Rundfunk.

Michael Niedermeier, geb. 1954. Studium der Germanistik, Anglistik und Pädagogik an der Humboldt Universität Berlin. Lehrtätigkeiten an den Universitäten in Wien, Klagenfurt, Budapest, Massachusetts. Wissenschaftliche Themenschwerpunkte u.a. Mensch-Natur-Beziehung, Kultur- und Ökologiegeschichte, Gartenhistorie. Autor zahlreicher Bücher. Zuletzt erschien: (Hg. mit Peter Morris-Keitel) *Ökologie und Literatur* (2000).

Richard Saage, geb. 1941. Studium der Politikwissenschaft, Geschichte und Philosophie in Frankfurt. Seit 1992 Professor für Politikwissenschaft an der Martin Luther Universität Halle-Wittenberg. Seit 1998 Mitglied der Sächsischen Akademie der Wissenschaften zu Leipzig. Zahlreiche Publikationen, unter anderem im Bereich der Utopieforschung, z.B. *Politische Utopien der Neuzeit* (2. Aufl. 2000).

Hans Sarkowicz, geb. 1955. Studium der Germanistik und Geschichte in Frankfurt. Seit 1979 beim Hessischen Rundfunk. Leitet den Programmbereich Kultur und Hörspiel. Zuletzt erschienen von ihm im Insel Verlag: *Schneller, höher, weiter. Eine Geschichte des Sports* (1996), *Die Geschichte der Gärten und Parks* (1998) und *Aufstände, Unruhen, Revolutionen. Zur Geschichte der Demokratie in Deutschland* (1998).

Hans-Jürgen Schmitt. Lektor, Rundfunkredakteur, Editor, Übersetzer aus dem Spanischen. Lebt als freier Autor in Frankfurt und Barcelona. Veröffentlichte u. a.: *Die Expressionismusdebatte* (1973). Zuletzt erschien: *Schreiben wie mit gezücktem Messer in der Nacht – drei lateinamerikanische Lyrikerinnen* (2000).

Dorothea Schuler, geb. 1956. Studium der Philosophie, Kunstgeschichte und Germanistik. Rundfunkjournalistin. Lebt und arbeitet in Frankfurt. Zuletzt veröffentlicht: *Der neue Mensch – selektiert, gezüchtet und geklont – über die »coolen« Denker der Bioethik* (SWR 2001).

Martin Maria Schwarz, geb. 1963. Studium der Germanistik, Romanistik und Kunstgeschichte in Marburg und Bordeaux. Seit 1997 beim Hessischen Rundfunk als Moderator, Redakteur, Sprecher und Autor tätig. Publikationen zur hessischen Geschichte. Zahlreiche Veröffentlichungen als Sprecher von Hörbüchern.

Ulrich Sonnenschein, geb. 1961. Studium der Germanistik in Essen. Promotion über Arno Schmidt. Lektor an der Universität Limerick. Arbeitet seit 1989 als Autor, Moderator und Redakteur beim Hessischen Rundfunk. Verschiedene Veröffentlichungen zur Geschichte Hessens und zur Jugendkultur.

Ute Steinbicker. Verlagslektorin, Politiklehrerin. Veröffentlichte u. a. *Die Mythen wollen nicht sterben – Über die Generation der Nazikinder* (1993). Lebt als freie Autorin in Frankfurt und Barcelona.

Michaela Wunderle, geb. 1946. Studium der Germanistik, Politik und Romanistik. Seit 1982 als freie Journalistin, Buch- und Funkautorin tätig; zahlreiche Übersetzungen aus dem Italienischen.

Literaturhinweise

»Mein Reich ist nicht von dieser Welt« – die Utopie der Klöster

Die Regel des Heiligen Benedikt (eingel. u. übers. von Basilius Steidle), Beuron 1990

Georges Duby: *Die drei Ordnungen. Das Weltbild des Feudalismus*, Frankfurt/Main 1986

Kaspar Elm/Peter Joerißen: *Die Zisterzienser – Ordensleben zwischen Ideal und Wirklichkeit*. Köln/Bonn 1980

Christopher Frayling: *Geheimnisvolle Welt – eine Reise durch das Mittelalter*, Köln 1995

Mönchtum, Orden, Klöster – Ein Lexikon. Hg. v. Georg Schwaiger, München 1994

Ernst Werner/Martin Erbstößer: *Kleriker, Mönche, Ketzer. Das religiöse Leben im Hochmittelalter*, Freiburg 1994

Joachim Wollasch: *Mönchtum des Mittelalters zwischen Kirche und Welt*, München 1973

Die Frömmigkeit der Radikalen: Geist der Utopie im Täufertum

Ernst Bloch: *Thomas Müntzer als Theologe der Reformation*, Frankfurt/Main 1985

Hans-Jürgen Goertz: *Die Täufer. Geschichte und Deutung*, München 1988

Hans-Jürgen Goertz: *Konrad Grebel – Kritiker des frommen Scheins (1498-1526). Eine biographische Skizze*, Hamburg 2000

Ralf Klötzer: *Die Täufergemeinschaft von Münster: Stadtreformation und Welterneuerung*, Münster 1992
Marion Kobelt-Groch: *Aufsässige Töchter – Frauen im Bauernkrieg und in der Täuferbewegung*, Frankfurt/Main 1993
Das Königreich der Täufer. Ausstellungskatalog. Hg. v. Barbara Rommé, Münster 2000
Ferdinand Seibt: *Utopica: Modelle totaler Sozialplanung*, Düsseldorf 1972 (Neuaufl. u. d. T.: Utopica. Zukunftsvisionen aus der Vergangenheit. München 2001)

Narren Gottes? – Von Amish, Hutterern und Shakern

Hutterer:
Rolf Wilhelm Brednich: *Die Hutterer – Eine alternative Kultur in der modernen Welt*, Freiburg 1998
John A. Hostetler: *Hutterite Society*, Baltimore 1997
Amish/Mennoniten:
Merle & Phyllis Good: *20 Most Asked Questions about the Amish and Mennonites*, Lancaster 1979
Bernd G. Längin: *Gottes letzte Inseln – Wie die Hutterer und Amischen leben*, Augsburg 1996
Stephen Scott: *Plain Buggies*, Lancaster 1981
Ruth Hoover Seitz: *Amish Country*, New York 1987
Shaker:
June Sprigg/David Larkin: *Shaker – Kunst, Handwerk, Alltag*, Ravensburg 1991
Stephen J. Stein: *The Shaker Experience in America*, New Haven 1992
Scott T. Swank: *Shaker Life, Art, and Architecture*, New York 1999

Die Uhren Voltaires oder: die Stunde Europas

Voltaire: *Candide*. Hg. v. Dieter Hildebrandt (Dichtung und Wirklichkeit, 12), Frankfurt/Main und Berlin 1963

Georg Holmsten: *Voltaire* – Rowohlts Monographien, Reinbek 1999

Joachim G. Leithäuser: *Er nannte sich Voltaire – Bericht eines großen Lebens*, Stuttgart 1961 (Neuaufl. u. d. T.: Voltaire. Leben und Briefe. Bericht eines großen Lebens. Essen 1996)

Alfred Noyes: *Voltaire*, München 1958 (ungek. u. erw. Taschenbuchausg. München 1976)

Jean Orieux: *Das Leben des Voltaire*, Frankfurt/Main 1994

Voltaire et L'Europe. Ausstellungskatalog. Hg. v. Françoise Bléchet, Paris 1994

Der Garten der Liebe und der Garten der Naturgeheimnisse: die Gartenentwürfe des Franz von Dessau in Wörlitz und des Herzogs Ernst II. von Sachsen-Gotha-Altenburg

Erhard Hirsch: *Dessau-Wörlitz: »Zierde und Inbegriff d. XVIII. Jh.«* (2., durchges. Aufl.), München 1988

Michael Niedermeier: *Erotik in der Gartenkunst. Eine Kulturgeschichte der Liebesgärten*, Leipzig 1995

Michael Niedermeier: Wörlitz als höfische Veranstaltung? Eros zwischen höfischer Selbstreflexion, pädagogischer Kontrolle und naturalisierter Utopie, in: *Von der Geometrie zur Naturalisierung. Utopisches Denken im 18. Jahrhundert zwischen literarischer Fiktion und frühneuzeitlicher Gartenkunst*, hg. v. Richard Saage und

Eva-Maria Seng, (Hallesche Beiträge zur Europäischen Aufklärung, Bd. 10) Tübingen 1999, S. 180-208
Michael Niedermeier: »Die ganze Erde wird zu einem Garten« – Gedächtniskonstruktionen im frühen deutschen Landschaftsgarten zwischen Aufklärung und Geheimnis, in: *Weimar – Archäologie eines Ortes*, Hg. v. Georg Bollenbeck u. a. Köln/Weimar 2001, S. 120-175
Weltbild Wörlitz. Entwurf einer Kulturlandschaft. Ausstellungskatalog, hg. v. Frank-Andreas Bechtoldt und Thomas Weiss, Stuttgart 1996

Vom Elend der Zivilisation zum kollektiven Glück der Genossenschaft: die Sozialutopien des Charles Fourier

Charles Fourier: *Theorie der vier Bewegungen und der allgemeinen Bestimmungen*, hg. v. Theodor W. Adorno, Frankfurt/Main 1966
Charles Fourier: *Ökonomisch-philosophische Schriften. Eine Textauswahl*, hg. v. Lola Zahn, Berlin 1980
Gerd de Bruyn: *Die Diktatur der Philanthropen. Entwicklung der Stadtplanung aus dem utopischen Denken*, Braunschweig/Wiesbaden 1996, S. 103-130
Iring Fetscher: Charles Fourier (1772-1837), in: *Klassiker des Sozialismus I. Von Babeuf bis Plechanow*, hg. v. Walter Euchner. München 1991, S. 58-75
Helmut Jenki: *Sozialutopien – barbarische Glücksverheißungen? Zur Geistesgeschichte der Idee von der vollkommenen Gesellschaft*, Berlin 1992, S. 341-358
Thilo Ramm: *Die großen Sozialisten als Rechts- und Sozialphilosophen*, Stuttgart 1955, S. 318-411
Michael Winter: Fourier, in: *Metzler Philosophen-Lexikon*, Stuttgart 1989, S. 253-256

»Nach Ikarien, Brüder, nach Ikarien!« – Robert Owen, Etienne Cabet, Giovanni Rossi: Experimente für eine bessere Gesellschaft

Etienne Cabet: *Die Reise nach Ikarien*, Berlin 1979
Robert Owen: *Das soziale System*, Leipzig 1988
Giovanni Rossi: *Utopie und Experiment*, Berlin 1979
Franziska Bollerey: *Architekturkonzeptionen der utopischen Sozialisten*, Berlin 1991
Heinrich Lux: *Etienne Cabet und der ikarische Kommunismus*, (Nachdruck d. 1894 erschien. 1. Aufl.) Berlin/Bonn-Bad Godesberg 1974
Guido Steinacker: *Philanthropie und Revolution. Robert Owens »Rational System of Society« und seine Kritik durch Marx und Engels*, Saarbrücken 1997
Petra Weber: *Sozialismus als Kulturbewegung. Frühsozialistische Arbeiterbewegung und das Entstehen zweier feindlicher Brüder, Marxismus und Anarchismus*, Düsseldorf 1989

»nur einmal das menschliche Dasein, ohne falschen Beigeschmack, durchaus rein zu genießen« – Lebenstraum Südsee

Gerd Stein (Hg.): *Europamüdigkeit und Verwilderungswünsche. Der Reiz, in amerikanischen Urwäldern, auf Südseeinseln oder im fernen Orient ein zivilisationsfernes Leben zu führen* (3. Band der ethnoliterarischen Lesebücher), Frankfurt/Main 1984
Paul Gauguin: *Vorher und Nachher* (Neudruck d. Ausg. München 1920), Köln 1998

Paul Gauguin: *Noa Noa. Voyage de Tahiti*, hg. und komm. v. Pierre Petit, München 1992

Paul Gauguin, Emil Nolde und die Kunst der Südsee. Ausstellungskatalog, hg. v. Patricia Rochard, Mainz 1997

Paul Gauguin – Das verlorene Paradies. Ausstellungskatalog, hg. v. Georg-W. Költzsch, Köln 1998

Ingrid Heermann: *Mythos Tahiti. Südsee-Traum und Realität*, Berlin 1987

Oliver Todd: *Jacques Brel – ein Leben*, Bremen/Hamburg 1997

Sehnsucht nach einer neuen Welt: Landkommunen als alternative Sozialisation

Thomas Demele: *Leben & Lernen in Landkommunen. Die Landkommune als alternatives Erziehungsmodell*, Herford 1979

Harald Glätzer: *Landkommunen in der BRD. Flucht oder konkrete Utopie?* Bielefeld 1978

Rolf Goetz: *Von der Landkommune zur Dorfgemeinschaft. Ökologische Modelle zwischen Anarchie und Spiritualität*, Herford 1980

Werner Gross: *Landkommunen*, Waldbronn 1977

Bernd Leineweber: *Pflugschrift. Über Politik und Alltag in Landkommunen und anderen Alternativen*, Frankfurt/Main 1981

Ulrich Linse (Hg.): *Zurück o Mensch zur Mutter Erde. Landkommunen in Deutschland 1890-1933*, München 1983

Expressionismus der Liebe: Heinrich Vogeler und die Kommune Barkenhoff in Worpswede

Heinrich Vogeler: *Werden. Erinnerungen. Mit Lebenszeugnissen aus den Jahren 1923-1942*, Fischerhude 989
Heinrich Vogeler: *Das Neue Leben. Schriften zur proletarischen Revolution und Kunst*, hg. v. Dietger Pforte, Darmstadt/Neuwied 1972
Walter Hundt: *Bei Heinrich Vogeler in Worpswede. Erinnerungen*, Lilienthal bei Bremen 1981
Siegfried Bressler: *Heinrich Vogeler*, Reinbek 1996
David Erlay: *Künstler – Kinder – Kommunarden. Heinrich Vogeler und sein Barkenhoff*, Fischerhude 1979
Katharina Erling: Worpswede. In: *Deutsche Künstlerkolonien 1890-1910*. Ausstellungskatalog, hg. v. Erika Rödiger-Diruf und Brigitte Baumstark, Karlsruhe 1998
Bernd Küster: *Das Barkenhoff Buch*, Lilienthal bei Bremen 1989
Ulrich Linse (Hg.): *Zurück o Mensch zur Mutter Erde. Landkommunen in Deutschland 1890-1933*, München 1983

Der Zauberberg der Gegenkultur: Monte Verità

Werner Ackermann: *Ascona – Monte Verità: auf der Suche nach dem Paradies*, Frankfurt/Main 1979 (Neu hg. und mit einem Nachw. v. Martin Dreyfuss. Frauenfeld/Stuttgart/Wien 2000)
Christoph Conti: *Abschied vom Bürgertum. Alternative Bewegungen in Deutschland von 1890 bis heute*, Reinbek 1984

Jakob Flach: *Ascona gestern und heute*, Zürich/Stuttgart 1960, 1971

Ida Hofmann/Henri Oedenkoven: *Monte Verità – Wahrheit ohne Dichtung*, Lorch (Württ.) 1906

Erich Mühsam: *Ascona. Eine Broschüre*, (Nachdruck der 1905 in Locarno erschien. 1. Aufl.) Berlin 1977

Curt Riess: *Ascona. Geschichte des seltsamsten Dorfes der Welt*, Zürich 1964, 1977

Monte Verità. Berg der Wahrheit. Lokale Anthropologie als Beitrag zur Wiederentdeckung einer neuzeitlichen sakralen Topographie. Ausstellungskatalog, hg. v. Harald Szeemann, Locarno/Mailand 1980

Oase in der Ödnis: die Utopie Kibbuz

Nazeh Brik: *Kibbuz. Legende und Wirklichkeit*, Hamburg 1991

Christiane Busch-Luety: Der israelische Kibbuz heute – Vom Siedlungspionier zum Schrittmacher sozialer Innovationen. In: *Aus Politik und Zeitgeschichte* 46/47, Trier 1984, S. 31 ff.

Dan Diner: Das Utopische der Kibbuz-Idee ist längst verschlungen worden. In: *Päd. Extra* 7/8, Frankfurt/Main 1983, S. 57

Bernhard Harthoff: Dolce vita im Kibbuz? In: *Tribüne* 89, Frankfurt/Main 1984, S. 81 ff.

Stefan Heitzmann: *Die neuen Menschen – Lernbiographien deutschsprachiger Kibbuzpioniere*, Frankfurt/Main 1999

Georg Neubauer/Wolfgang Melzer: Ist der Kibbuz über'n Jordan? In: *Päd. Extra* 7/8, Frankfurt/Main 1983, S. 49 ff.

Wolfgang Melzer/Werner Fölling: *Biographien jüdischer Palästina-Pioniere aus Deutschland*, Opladen 1989
Chaim Seeligmann/Gabi Madar: *Kibbuz. Ein Überblick*, Tel Aviv 2000

Hoffnung auf eine Weltrevolution: die Münchner Räterepublik

Revolution und Räterepublik in München 1918/1919: in Augenzeugenberichten, hg. v. Gerhard Schmolze, Düsseldorf 1969
Oskar Maria Graf: *Wir sind Gefangene*, Frankfurt/Main 1982
Lida Gustava Heymann: *Erlebtes – Erschautes. Deutsche Frauen kämpfen für Freiheit, Recht und Frieden 1850-1940*, Neuausg. Frankfurt/Main 1992
Gustav Landauer und die Revolutionszeit 1918/19. Die politischen Reden, Schriften, Erlasse und Briefe Landauers aus der November-Revolution 1918, 1919, hg. v. Ulrich Linse, Berlin 1974
Erich Mühsam: *In meiner Posaune muß ein Sandkorn sein. Briefe 1900-1934*, Vaduz 1984
Erich Mühsam: *Fanal. Aufsätze und Gedichte*, hg. v. Kurt Kreiler, Berlin 1977
Ernst Toller: *Eine Jugend in Deutschland*, Reinbek 1994
Friedrich Hitzer: *Anton Graf Arco*, München 1988
Illustrierte Geschichte der deutschen Revolution (Nachdruck d. Ausg. Berlin 1929), Frankfurt/Main 1970
Bernhard Grau: *Kurt Eisner – eine Biographie*, München 2001

Ein Ort für eine Schule: Alexander S. Neill und Summerhill

Alexander Sutherland Neill: *Theorie und Praxis der antiautoritären Erziehung – das Beispiel Summerhill*, Reinbek 1998

Alexander Sutherland Neill: *Das Prinzip Summerhill*, Reinbek 1999

Alexander Sutherland Neill: *Die Grüne Wolke*, Reinbek 1994

Axel D. Kühn: *Alexander S. Neill – Rowohlts Monographien*, Reinbek 1995

Informationen im Internet: www.summerhill.paed.com

Natürliche Wirtschaftsordnung? – Die Utopie der geldlosen Gesellschaft

Manon Baukhage/Daniel Wendl: *Tauschen statt Bezahlen. Die Bewegung für ein Leben ohne Geld und Zinsen*, Hamburg 1998

Günter Hoffmann: *Tausche Marmelade gegen Steuererklärung. Ganz ohne Geld – die Praxis der Tauschringe und Talentbörsen*, München/Zürich 1998

Margrit Kennedy: *Geld ohne Zinsen und Inflation – Ein Tauschmittel, das jedem dient*, München 1996

Fritz Schwarz: *Das Experiment von Wörgl*, Bern 1951 (Neudruck: Initiative für Natürliche Wirtschaftsordnung e.V.; Max-Bock-Straße 55, D-60320 Frankfurt)

Informationen im Internet: Domain von Michael Wünstel www.tauschring.de

Ein globales Dorf in Süd-Indien: Auroville

Shri Aurobindo – Zyklus der menschlichen Entwicklung, Bern/München 1974

Renate Böger: *Auroville – Eine Vision blüht*, Niedertaufkirchen 1993

Michael Klostermann: *Auroville – Stadt des Zukunftsmenschen*, Frankfurt/Main 1976

»Idealisten, Dealer und Verrückte« – Im Zentrum Kopenhagens lebt der Freistaat Christiania nach eigenen Regeln

Klaus Bischoff: *Christiania – der autonome Freistaat in Kopenhagen. Der Kampf um eine alternative Gesellschaft*, Berlin 1995

Mark Edwards: *Christiania – Versuche, anders zu leben*, Reinbek 1980

Informationen im Internet unter: www.christiania.org

»Diktator, König, Kaiser oder sag einfach Otto« – die »Aktions-Analytische Organisation« des Otto Mühl

Das AAO-Modell (Bd. 1 und Bd. 2), Neusiedl/See 1976

Toni Elisabeth Altenberg: *Mein Leben in der Mühlkommune. Freie Sexualität und kollektiver Gehorsam*, Wien/Köln/Weimar 1998

Friedrich-Wilhelm Haack u.a.: *»Therapie« als Religionsersatz. Die Otto-Mühl-Bewegung*. Arbeitsgemeinschaft für Religions- und Weltanschauungsfragen, München 1990

Bernd A. Laska: Die Aktions-Analytische Organisation, Wien, in: *Wilhelm-Reich-Blätter* 3, Nürnberg 1976, S. 42-43

Frank Nordhausen/Liane von Billerbeck: Die Diktatur der freien Liebe: Zentrum für experimentelle Gesellschaftsgestaltung (ZEGG) / Aktions-Analytische Organisation (AAO), in: Dies.: *Psycho-Sekten. Die Praktiken der Seelenfänger*, Berlin 1997, S. 166-204

Andreas Schlothauer: *Die Diktatur der freien Sexualität. AAO, Mühl-Kommune, Friedrichshof*, Wien 1992

Den Gegner umarmen, Blumen ins Haar – Flower-Power-Pazifisten: die Hippies

Willy Bucher/Klaus Pohl (Hg.): *Schock und Schöpfung – Jugendästhetik im 20.Jahrhundert*, Darmstadt/Neuwied 1986

Alice Echols: *Janis Joplin – Piece Of My Heart*, Frankfurt/Main 2000

Jost Hermand: *Pop International – Eine kritische Analyse*, Frankfurt/Main 1971

Walter Hollstein: *Die Gegengesellschaft – Alternative Lebensformen*, Bonn 1980

Norman Mailer: *Heere aus der Nacht*, München/Zürich 1968

Ed Sanders: *Der Sommer der Liebe – Tales Of Beatnik Glory*, St. Andrä-Wörden 1997